読みなおす日本史

謙信と信玄

井上鋭夫

吉川弘文館

はしがき

上杉謙信と武田信玄とは戦国の両雄として喧伝せられた武将である。この両雄はたがいに死力を尽くして戦ったが、同時にその立っている基盤に於て、環境に於て、戦国大名として多くの共通点を持つものであった。共通するところが多いからこそ、たがいに好敵手であり、またともに天下を制することができなかったともいえる。

本書はこの両雄の共通点を踏まえて、そこにおける相違点と交渉とを注目して行きたい。彼等が如何にして領国を統一し、版図を拡大し、西上の望みを抱いたか。またその限界はどこにあり、何故それなりに雄図は挫折したのか。総じて、日本封建社会のなかで両雄を如何に位置づけることができるか。こうしたところに視点をすえて、戦国武将の典型としての謙信と信玄にスポット・ライトをあてながら、支配体系の性格・領国経済の構造的特質・軍制と戦法などを論述したいと思う。

およそ人間が人間を支配し管理することは至難の業に属する。戦国乱世の下剋上の時期にあって、他人を死地に赴かせる軍事組織を作り上げ、生産大衆から余剰生産物を収取して政権の基礎を固める仕事においては、とくに然りであろう。それにもかかわらず、両雄はともに伝統的権威を再生産して、数か国を制圧することに成功した。天下人となることはできなかったが、やはり名将と呼ぶにふさわしいものと言わねばならない。

人が人を語ることは、また自分自身を語ることでもあると言う。本書で謙信と信玄の両雄を論ずることは、人間的にも学問的にも未熟な私自身を表白するにほかならないのであるが、乱世に苦悩しつつ自己の運命を切り拓いて行った名将の生涯に心を寄せる一人として、私は本書を草したつもりである。広く識者の御叱正を仰ぎたいと思う。

昭和三十八年十二月十日

井上鋭夫

目次

8

『謙信と信玄』を読む

池　享……二六七

第一章　家系と生いたち

一　上杉家と長尾氏

守護領国の発展　上杉謙信は長尾氏より出て上杉家を相続した。この上杉家は藤原鎌足七代の孫、勧修寺高藤の庶流といわれる。高藤から十世を経て修理大夫重房のとき、丹波国上杉荘（京都府何鹿郡東八田村上杉）を得て上杉氏を称し、建長四（一二五二）年宗尊《むねたか》親王に従って鎌倉に下り、足利氏と姻戚になり、坂東の名族として栄えた。その略系は次頁のようである。

建武二（一三三五）年、足利尊氏が鎌倉で自立を計ると、憲房は上野守護として、新田義貞の本拠上野の経略に向かった（梅松論）。憲顕は建武四年上野守護を継ぎ、やがて（遅くも暦応四年）越後守護に補せられた。この補任は、建武二年に斯波家経を奥羽管領に任じたことと同様、尊氏の支配体制樹立の一環として行なわれたものであり、同時にそれら諸国が新田一族の拠点であったことを考え合わせるとき、憲顕の足利政権内部での地位の重さを見ることができよう。観応の擾乱で直義《ただよし》に味方した憲顕は守護職を失うが、足利基氏が関東管領となると再び起用され、貞治元（一三六一）年関東管

〔上杉系図〕

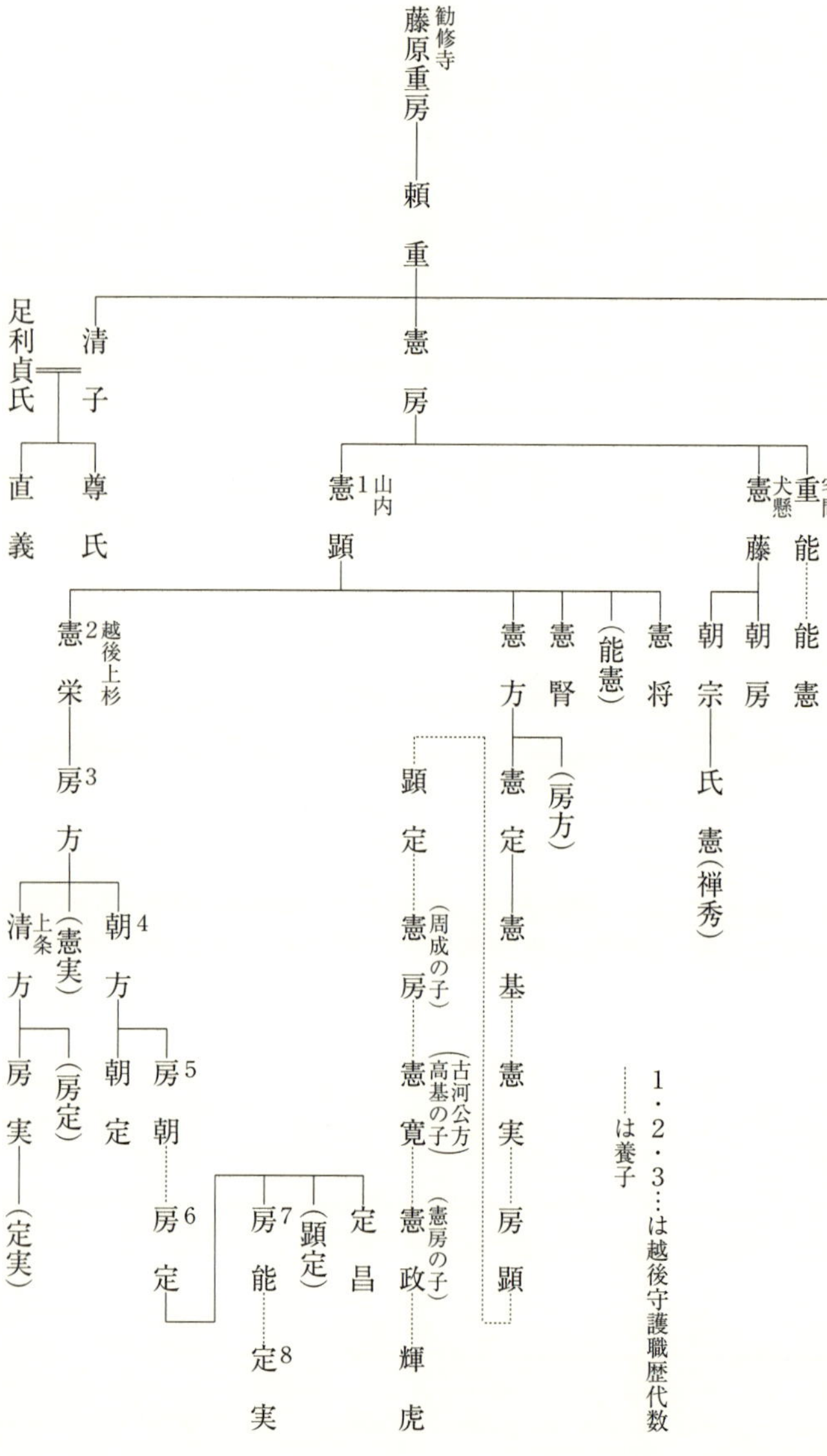
勧修寺 藤原重房
頼重
清子
憲房
重顕
足利貞氏
尊氏
直義
山内 憲顕 1
宅間 重能
犬懸 憲藤
扇谷 朝定
越後上杉 憲栄 2
憲方
憲賢
(能憲)
憲将
朝宗
朝房
能憲
房方 3
顕定
憲定
(房方)
氏憲(禅秀)
上条 清方
(憲実)
朝方 4
憲房 (周成の子)
憲基
房実
(房定)
朝定
房朝 5
憲寛 (古河公方 高基の子)
憲実
(定実)
房定 6
房能 7
(顕定)
定昌
憲政 (憲房の子)
房顕
定実 8
輝虎
1・2・3…は越後守護職歴代数
……は養子

領執事となり、越後守護に還補された（上杉家文書一）。その子能憲も応安二（一三六九）年、伊豆守護職となり、武蔵守護をも兼ねた。憲方以後は鎌倉の山ノ内に住して山ノ内上杉氏と称せられ、関東管領足利満兼が自ら鎌倉公方と称すると、執事は管領と呼ばれることになった。上杉禅秀の乱で犬懸上杉氏の衰えてのちは、扇ケ谷《おうぎがやつ》上杉氏とともに両上杉氏と称せられ、永享の乱で足利持氏が滅ぼされると、名実ともに憲実は関東管領となり、鎌倉足利家に代わることになった。

越後上杉家はこの山ノ内上杉氏の支流で、国持衆・評定衆または侍所司となるべき家格をもっていた。越後守護となった憲顕は貞治三（一三六四）年から憲将《のりまさ》に国政を沙汰させたが、憲将に子供がなく、弟憲賢《のりかた》も早世したので、さらにその弟左近大夫憲栄《のりよし》が越後守護職をついだ。しかしいくばくもなく憲栄も遁世したので、憲方《のりまさ》の子民部大輔房方《ふさまさ》が守護代長尾高景に招かれて越後守護に迎えられ、その長子朝方《ともまさ》は父の跡をつぎ、三子憲実は宗家山ノ内家をついで関東管領となった。朝方の子房朝には嗣子がなかったため、叔父上条《じょうじょう》（刈羽郡）清方の子房定を嗣とし、房定の長子は長享二（一四八八）年上野白井に自尽し、弟顕定は宗家を継いだため、越後守護職は末弟房能《ふさよし》にうけ継がれた。この房能にもまた男子がなく、上条房実の子定実に女子を配して守護職を譲り、自分は直峰《のうみね》（東頸城郡）に退隠し、松之山温泉に風月を楽しんでいた。定実も実権を守護代長尾氏に握られて国政を見ず、国内動乱と長尾氏国主化の趨勢のうちに天文十九（一五五〇）年病死してしまった。越後上杉家はここにいたって断絶したのである。

このように越後上杉家は房能以後、権威を喪失して断絶してしまったが、当初は足利尊氏の支配体系の重要な一環として守護職を握り、その軍事指揮権を拠点として数代にわたって守護領国を展開したものであった。およそ守護大名が領国を形成してゆくためには、幕府の権威が必須の条件ではあるが、それは決して十分な条件となるものではない。将軍家から付与せられた軍事指揮権を槓桿《てこ》として、所領を拡大し、一族、直臣団を強化し、国人を掌握して行くことが大名化の近道にほかならない。しかし上杉氏における惣領制は南北朝期に解体していたから、惣領を中心に一族の力を結集して越後の地頭勢力を圧伏するという方向は、ここでは見ることができなかった。また上杉氏の鎌倉期以来の「根本被官」の第一人者である長尾氏も、憲顕にしたがって新たに越後に入部したものであるから、国内に確固たる勢力を、当初から樹立したと見ることも困難である。しかし上杉憲房がまず越後国衙領を与えられ、これが憲顕・憲藤に分割され、越後上杉氏と山ノ内上杉氏に伝領されたことは重要な意味を持つと考えられる。

元来越後は関東御分国であり、その守護は北条氏一門の名越氏であって、鎌倉幕府倒壊後に新田義貞が国司・守護を兼帯したものである。従って新田氏を倒して国衙の支配機構を掌握し、新田氏の旧領を手に入れ、国人層の力を利用できたことが、上杉氏の領国形成の第一歩であると考えられるのである。

この国衙の把握はそれ自体権威的なものであるが、これに将軍からの守護任命という条件が加わって、国人の被官化が推進されることになる。この当時越後の国人は惣領制的一族結合の解体期にあり、所領を接するもの相互の間で領主制伸長過程での抗争が続けられていた。彼等は利害を等しくするものが地域的に結束し、所領の確保＝拡大を求めて積極的に南北朝の内乱に参加してきたのである。この場合、国人の軍忠を立証し、本領安堵・新恩給与を最終的に決定する「遵行《じゅんぎょう》」の担当者は守護であるから、国人は結束して新来の守護に対抗するよりも、むしろ守護と結び、その権威を仰いで自己保存をはかったのである。

このことは守護の国人層馴化を結果したものであるが、同時に守護も根本被官の増大よりも国人の既成勢力との妥協を策したということもできる。長尾はともかく、黒川・水原・毛利・安田等鎌倉期以来の地頭に対する検断権の付与つまり「守護使不入」の特権の付与はその現われである。大犯三ケ条の重要部分である検断権の譲与は、国人に対する守護権の放棄であるが、かかる大きな譲歩なしには、強大な越後国人を馴化することができなかったとも言える（反町十郎氏所蔵文書、羽下徳彦「越後における守護領国の形成」）。

長尾氏の家系と抬頭　上杉憲顕が管領執事として鎌倉の要職についたことは、越後の経営を守護代長尾氏に委託することになり、長尾氏は領国経営の実質的主体として国人に接触していた。長尾氏は桓武平氏と称し、相模国鎌倉郡長尾荘を本貫としたといわれる。千葉・梶原・土肥・三浦・大庭・秩父・上総の諸氏とともに坂東八平氏と呼ばれ、鎌倉幕府御家人の主流を構成していた。しかし鎌倉初期の地位はさほど高いものではなく、三浦氏の被官であった（佐藤進一「鎌倉幕府守護制度の研究」）。宝治合戦で三浦一党が族滅せられたとき、景茂が逆心一味であったため本領を没収せられ、その孫景為は浪人となって上杉家に頼り上杉被官となった（続群書類従「長尾系図」）。景忠になって、上杉憲顕にしたがって越後に入り、以後守護代を相伝し、越後経営にあたった。後年守護代家のほかに、上田・三条・栖吉《すよし》などに分家があったが、その系譜関係は明らかではない。いましばらく次のように考定しておこう（上杉家文書二）。

〔長尾系図〕

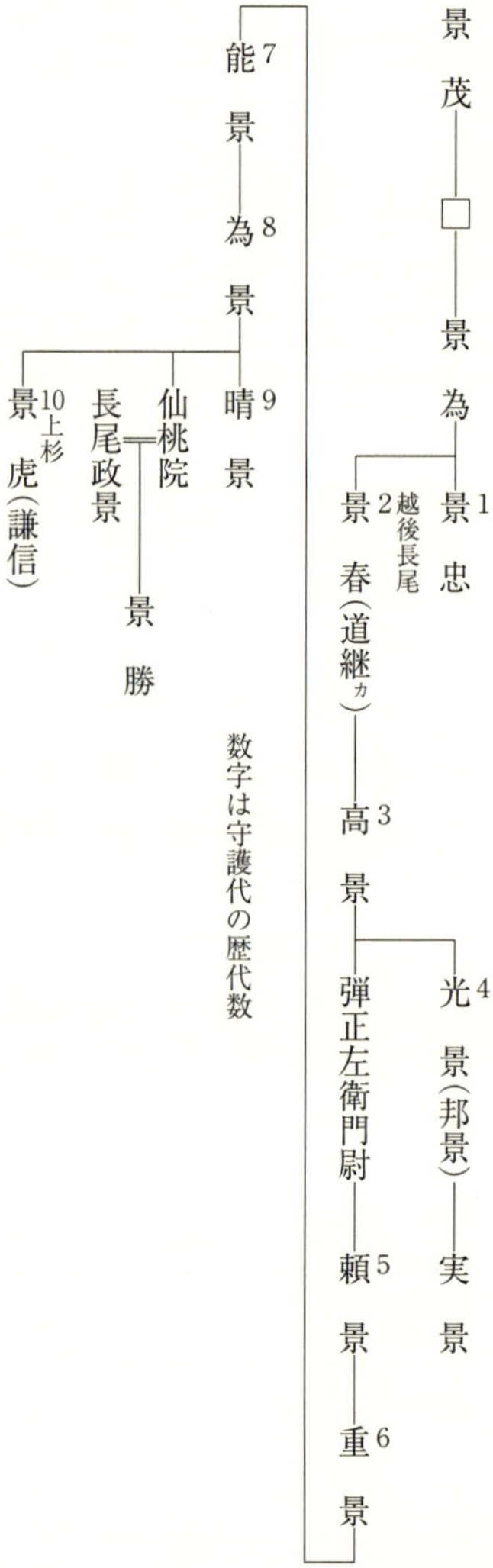

ところで南北朝内乱期に侵入した足利軍は、上杉や長尾にせよ、観応擾乱でこれに代わった宇都宮一党（芳賀禅可）にせよ、国人を一味させたにすぎず、地頭・名主を被官化したものではなかった。関東型の板碑が越後では魚沼地方に散見するのは、彼等が侵入者として異種の文化を担っていたものであることを示している。奥山荘土沢渡しの太郎太夫が、新田軍に加担したと伝承されるように、南軍も北軍も地頭層・名主層の利害の錯綜を進出・制圧の基礎としていたのであった（新潟県教委「奥山庄」）。しかし国人の領主化は相互の抗争を激化させ、またその族的結合の弛緩は宗家と庶家の対立の条件を成熟させてきた。そこに守護権力の内部分裂が発生するとき、これを契機として力の均衡は破れ、「内外様の面々、内々謀計を構え有る者も、又直に度々心替りして弓を引族もあり、色々様々謀略窮りなきなり」（反町氏所蔵文書『中条房資覚書』）という混乱状態が起こることになる。越後の応永大乱がこれである。

この乱は幕府が御教書を下して守護代長尾邦景を治罰しようとしたものであるが、当時の守護上杉房朝は幼少であったから、実質的には邦景と長尾朝景・上杉頼藤との守護家の主導権をめぐっての対立であったと思われる。しかし「諸人の進退、勝げて計うべからず」と記されているように、この抗争の基礎には国内をあげての混乱があり、これこそ封建制再編への越後社会の陣痛とも見なすべきものであった。この乱は邦景が「上意御免」となってふたたび守護代に復帰するという平板な結末を見るが、しかしそれは大乱の意義をゼロにするものではない。たとえば「この乱の砌、関沢掃部助顕元、守護の被官となる」とあるように、大乱の過程で上杉（実質的には長尾）に対して明確に臣従するものが現われてきたことが注目される。

この関沢家は、奥山庄惣領地頭で平姓三浦和田氏の高井道円が建治三（一二七七）年、茂長（黒川）・茂連（中条）・義基（関沢）の三人の孫に惣領地頭職を三分し、それぞれ北条・中条・南条を分与して以来、宗家中条家との間に対抗関係をもちつづけてきた家柄である。ところが永正年間（十六世紀初）になると関沢顕義は上杉氏の段銭請取状に署判しているので、関沢氏は上杉譜代の近臣つまり「御内」と見なされる。すなわち関沢氏は黒川氏・中条氏に対する劣勢から、逸早く守護の家臣団に参加し、「外様」に対抗したものであり、このように「御内」という直臣団を構成する契機となったという点で、応永大乱は長尾＝上杉政権の領国支配伸張途上注目すべき内乱と言えるであろう。

ここから守護上杉氏は、ようやく国人等を率いて国外に転戦する実力を備えることになり、永享の乱から結城合戦に際し、越後勢は幕軍（官軍）の有力な一翼を構成していた。そして邦景が永享七年（一四三五）上洛し、幕府に鎌倉府対策を進言したり、実景が結城合戦に足利持氏の遺児を捕えて忠功を賞せられているように、事実上越後勢の指揮権を掌握したのは守護代長尾氏であった。しかしそれは守護の権限を代行するものとして指揮権を委ねられたもので、長尾と国人との主従関係を表示するものではない。結城合戦で長尾実景と色部重長に与えられた将軍家感状はほぼ同文で、幕府との関係では長尾も国人も並列的存在であったのである。上杉房定が邦景・実景父子を追放し、頼景を守護代として自ら領国経営に乗り出すことができたのは、この長尾氏の弱さによるものであった。

長尾氏の領国制覇　室町後期から応仁・文明期（十五世紀）が上杉氏の守護領国が一応完成した時期であった。応仁の乱と六角征討の失敗による幕威の失墜、関東の紛争によって、守護上杉氏は自らの上に幕府という権威を戴くことなく、自力で領内支配を確立できた。応仁の乱以後、越後諸士に対する将軍の感状は見られなくなり、守護のそれのみが現われていることはこの間の事情を物語るものである。

しかし守護上杉氏の基盤となったものは国管領を主とした庄園所職的所領である。国人を家臣化し領主権を確立するためには、この基盤を拡大し、より強力に把握して行かねばならない。ところが、鎌倉以来所領を把握している外様豪族は、越府を遠く離れた中・下越に蟠居しており、守護権の自領内への浸透を固く拒否していた。また上杉氏は所領を守護代長尾以下の被官に管理させて年貢上分を収取していたが、管理人がこれを実質上所領として、自ら領主制を展開する可能性は大きかった。それはひとえに被官長尾氏の忠誠に依存するものであったからである。そこで上杉氏の領国一円知行の完成のためには、この所領支配の方式を再編し、その支配機構である「役者」の権能を「不入之地」に浸透させ、「御内」の特権を打破し、「代官」・「役者」・「外様」に「直御沙汰」を行なうことが必要になってくる。この断行にあたって、最大の障壁となるものは、中条・黒川・本庄・色部等の強豪に立ちまさって、まず守護代長尾能景の存在そのものであった。

明応七（一四九八）年、守護上杉房能は「国中かたがた不入と号し、御沙汰に違背」する状態を「はなはだ以て奸謀なり」と「覚悟」のほどを示した。長尾能景は多年の特権の否定に直面して、「御諚御尤」としつつも、「先祖以来七郡の御代官を勤め申す間、余人に相混じえず、御判不入の事、その批判無き儀に候」（上杉家文書）と自己のみは例外であると主張して譲らなかった。国人層ばかりでなく、自分の被官にまで「不入」の特権を与えて領国支配を進めてきた上杉氏は、直接支配への努力に於て、まず守護代長尾氏との対立を招くことになったのである。そしてこの長尾氏こそは上杉支配を推進してきた柱石であって、能景が朝倉貞景に呼応して、一向一揆征討軍を越中に進めたときにも、数多の国人がこれに従っていたほどの実力者であった。上杉氏にとって長尾氏を敵に廻すことは、領国支配の破局を告げる以外の何ものでもなかったのである。

永正三（一五〇六）年長尾能景が越中般若野に敗死すると、いくばくもなくその破局は訪れた。翌四年守護代長尾為景は、上杉房能が自分を討とうとしていることを聞きつけ、逆に房能を襲撃した。房能には兄の関東管領山ノ内上杉顕定や、山本寺殿・八条修理亮の一門や長尾新六・長尾顕吉（栖吉）、その他本庄・色部・竹俣・桃井などの国人がついていた。為景方にも山本寺左京進や志駄・宇佐美・中条・黒川・毛利・安田などの国人ならびに長尾中務少輔や長尾房景（上田）も加担しており、とくに房能の養嗣子定実が擁立されていた。一見、守護の座をめぐって、守護勢力が分裂抗争したかに見えるが、この戦乱の本質は、前述の経緯を考えるとき、やはり羽下徳彦氏の指摘するように「守護対守護代の対立―長尾氏の下剋上」にあったと言うことができる。国人層は、むしろこの対立を契機として、守護領国的秩序を廃棄し、自らの領主制を拡大する意図をもって動乱に参加したのである。

房能は為景に追われ、武蔵鉢形城を指して落ちて行く途中、松之山郷天水《あまみず》（雨溝）に敗死（為景公御書）した。永正六年七月、房能の実兄である関東管領上杉顕定（可諄）は「上州の軍勢八千余騎」（関東管領記）を引き具し、その子憲房とともに越後に攻め込んだ。さきに為景方であった上田城主長尾房景などもこれに呼応し、一時は国内の過半を制圧、房能に背いたものを捜し出して、「死刑・追放数ヲ不知」という有様になった。越中西浜に落ちた為景は、翌七年六月勢力を盛り返し、寺泊に出張し、越後椎屋に顕定を破った。顕定は長森原に戦没し、憲房も妻有庄《つまりのしょう》から上野白井に退却して行った。顕定の侵入は房能の復讐という意図とともに、上田庄や妻有庄といった越後所領の維持が配慮されていたとも思われるが、国人層が所領の一円支配と拡大を進めているときに、遠隔地に散在する所領を維持し、これを基盤として軍事勢力を結集することが、すでに時代錯誤であった。侵入軍は国中の怨嗟の声を浴せられ、高梨政盛を将とする越後一揆の猛攻をささえ切れず、上野に退却して行ったのである（相州兵乱記）。

この戦いにおいて、為景は上杉定実を擁立して守護としたが、もとよりそれは守護の権威を守護房能打倒に利用したものにすぎない。そこで狡兎《こうと》死して走狗烹《そうくに》らるの比喩のように、為景にとって定実は無用の長物となった。ここから両者の対立は必至となり、永正十（一五一三）年十月、為景はついに定実を自邸に幽閉し、その実権を剥奪してしまった。それは、守護上杉氏を排除して、自ら越後国主たろうとする意図に出るものであることは明らかで、このころから上杉氏一族と信越の被官群に対する戦闘行為は続けられるが、翌十一年宇佐美房忠の敗死によって長尾一族の制覇は決定的となる。それは守護勢力内部の反対派を一掃し、為景が実質上の越後国主として、守護に代わり知行給与・本領安堵を行なうものに成長したことを意味するものであった。

しかし為景を中心に結集した長尾一族も、決してこれと主従関係を結んだものではない。守護被官にしても、長尾氏と本質上対等の存在であり、長尾守護代家を主君に戴くことは考えなかったであろう。まして上杉家に対し半独立的存在であった国人・豪族層は、長尾氏を上杉氏に代える必然性を有しないことは勿論、守護没落の後は彼等自身一箇の小戦国領主に成長していたのであり、さらに越後の支配者となる可能性をもつものもあったのである。彼等にとって長尾為景が守護権を受け継ぎ、越中進撃の軍役を課し、軍事的優越のもとに家臣化を進めてくることは一つの脅威と感ぜられた。永正十八年一向宗禁制に於て「許容の領主に於ては、その所を改めらるべきこと」とし、大永七年の段銭徴収に際しては、「未熟の領主に至りては、その地押さえさせらるべし」としていることなど、守護上杉時代の形式的封建関係では考えられないことであった。そこで長尾氏の強力な一円領国化の推進は豪族層とくに揚北《あがきた》(阿賀川以北)のそれの反感と危惧を喚起し、享禄・天文の間にわたる越後一国の動乱を惹起するのである。この紛乱を乗り切るか否かが、長尾守護家が一国を統一するか否かの分かれ目であって、我が謙信はかかる重大時期に呱呱の声をあげたのである。

謙信の出生と政情　上杉謙信は後奈良天皇の享禄三（一五三〇）年正月二十一日、春日山城で誕生した。父は長尾為景、母は古志栖吉《すよし》城主長尾肥前守顕吉の女である。幼名を虎千代といったのは享禄三年が庚寅《かのえとら》の年であるからである。元服して平三景虎、受戒して宗心と称し、不識庵と号した。のち管領上杉憲政の家督を継いだ時政虎と改め、将軍足利義輝の偏諱を賜わって輝虎、晩年入道して謙信といった。旱虎《てる》と書いたものもあり、弾正少弼に任ぜられたので、その唐名から霜台公と称せられることもある。

この謙信誕生当時の政情につき、布施秀治氏の名著「上杉謙信伝」は次のように述べている。

越後の守護職上杉家の勢威漸く衰へ、当主定実部下を統御する力無く、為景代りて国事を摂行し、権威衆を圧したり。されど国内、不逞の徒少からず。人心洶々として生民堵に安んぜざるを以て、為景逆徒治罰の綸旨を奉戴し、天賜の征旗を飜して、南征北伐、一日も寧処することあらざりき。

謙信は七歳の時城下林泉寺に入って、天室光育に就き勉学することになった。この天文五年八月に為景は嫡男晴景に家督を譲り、その後数か月にして病没した。謙信の後日述懐したところでは、この葬送の日、反対派が喪に乗じて府内にまで迫まったため、幼い謙信も甲冑を帯して亡父の柩を護送したという。それでは、このいわゆる「不逞の徒」とは何人であろうか。また為景に一日も休ませなかったという動乱の本質は何であろうか。

さきに見たように、為景晩年の乱れは、直接的には上杉氏奉行人の一人大熊政秀が、上杉一族の上条《じょう》定憲と為景との間を疎隔させたことによるが、本質的には豪族層と守護残存勢力との連合が、長尾為景及びその与党の国人と抗争したものである。この時、上条《じょう》上杉氏主力となったものは、大熊政秀・宇佐美定満等守護被官人のほか、中条藤資・黒川清実・水原政家・新発田綱貞・鮎川清長・色部勝長・本庄房長などの下越の諸強豪であって、それらはさきには為景と連盟して、定実・顕定にあたり、また享禄の乱当初でさえ為景方にあったもののあることが注目せられる。ことに中条と黒川は同族で鎌倉末から対立しており、藤資は為景の縁辺で顕定来攻のときは、本庄・色部等畠山一族と対立していたが、今や連合して為景に反抗しているのである。

慶長二年に作製せられた「越後国絵図」（上杉家所蔵）によると、長尾＝上杉氏の地盤であった上・中越では、三百余の村落の知行関係は、一村一給人村落は三〇％で、二百余か村は二給から二十二給に及ぶ細分された複雑な相給関係にあり、かつその中に百二十余の御料所＝蔵入地が設定され、分散錯雑している。ところが天正十九年本庄氏の改易によって上杉権力の浸透した下越地方では、七〇％以上が単一給人の一円知行で、残りはすべて二給知行となっている。その分布状況を見ても、各給人ごとに知行地の集中がきわめて顕著であり、一給支配の百七十三か村のうち、百か村を色部氏を中心とする秩父畠山一族、五十四か村を上杉直臣大国《おぐに》実頼、二十か村を黒川・加地等北蒲原豪族が支配している。大国給地は、二給支配の五十九か村とともに旧本庄領であったものである。ここから天正以

越後村落の知行関係（国絵図）

b　下越地方

給人名	村落数
大　国	54
大　川	46
色　部	33
黒　川	17
鮎　川	11
垂　水	8
加　地	3
土　沢	1
鮎川・大国	29
色部・加地	19
色部・大国	3
色部・土沢	3
色部・黒川	2
色部・御料所	3

（藤木久志「上杉氏知行制の構造的特質」史雑69の12）

a　上・中越地方

知行関係	村落数			御料所代官
	総　数	給　地	御料所	
1	118	91	27	13
2	56	31	25	10
3	36	21	14	4
4	29	18	11	3
5	16	10	6	2
6	9	5	4	0
7	9	6	3	0
8	10	2	8	0
9	6	4	2	0
10	10	0	10	1
11	3	1	2	1
12	7	3	4	1
13	1	1	0	0
14	4	1	3	1
15	3	3	0	0
16	1	1	0	0
17	3	2	1	1
18	1	0	1	0
19	0	0	0	0
20	1	1	0	0
21	0	0	0	0
22	1	1	0	0
	2	1	1	0
	325	203	122	46

後においても、下越豪族は鎌倉以来の基盤に立って領主制を展開し、大名権力の浸透を許さなかったことが知られる。為景がしばしば越中に出兵し、北信諸豪族と連合したのもかかる下越強豪の存在のためにほかならない。

彼等は守護権力の圧迫を排するために、永正期には長尾と結んだが、いまや長尾が守護に代わるものとなると、今度は守護的残存勢力と結んで長尾氏に対抗したのであった。しかし彼等は同床異夢の状態で、それぞれ自己の支配の伸張をはかるから、一致して為景に当たったわけではなく、反覆常なく、群雄割拠と評した方が適切であった。戦乱を複雑化し長期化した原因はここにあったのである。

従って為景がこの間隙をつき、動乱を収束するならば、長尾氏の一国統一はこの時に完成されるはずであった。しかし為景は天文五（一五三六）年戦塵の中に没し、晴景が長尾一族を率いて危機に対処することになる。彼は豪族層に普遍的に見られる守護権威の残存に着目し、支配力の未熟を補ない、これを正当化するために、最高の権威たる後奈良天皇の内乱平定の綸旨を請い、翌年正月守護定実を再び表に立てた。これによって色部勝長、ついで竹俣氏の帰降があり、豪族の統合と把握は成功しなかったが、戦乱はひとまず収まることとなった。しかし為景の排除した守護定実をふたたび迎えることは、歴史の大勢への逆向であり、かかる糊塗的方策で事態は解決できるものではなかった。ここに謙信の登場が待望され彼によって守護領国は戦国大名領へと構造変化をとげてゆくのである。幼時から武勇を好み、一間四方の操《あやつり》人形の城攻め模型で遊んだという謙信が、越後に新しい歴史を創造し、戦国日本の檜舞台へ推し出してくるのである。

二　甲斐の武田氏

武田氏の世系　長尾氏は守護領国制の展開に伴い、能景・為景等が、国人とともに守護上杉氏を排除しつつ、一国を掌中に収めて行った。これに対し、武田氏は甲斐源氏の嫡流であって、歴代守護職を受け継いできた名家であった。時により廃立が行なわれないわけでもなかったが、守護大名として成長し、戦国大名として領国一円知行を完成して行くには、伝統的権威があるだけに、上杉氏の管理人であった長尾氏よりも有利な立場にあったと言える。「甲斐国誌」・「鎌倉大草紙」・「武田家譜」などを参照して内藤慶助氏の作成された系譜は次のようになっている（武田信玄事蹟考）。

〔武田系図〕

〇印は甲斐国誌にあげた世代数

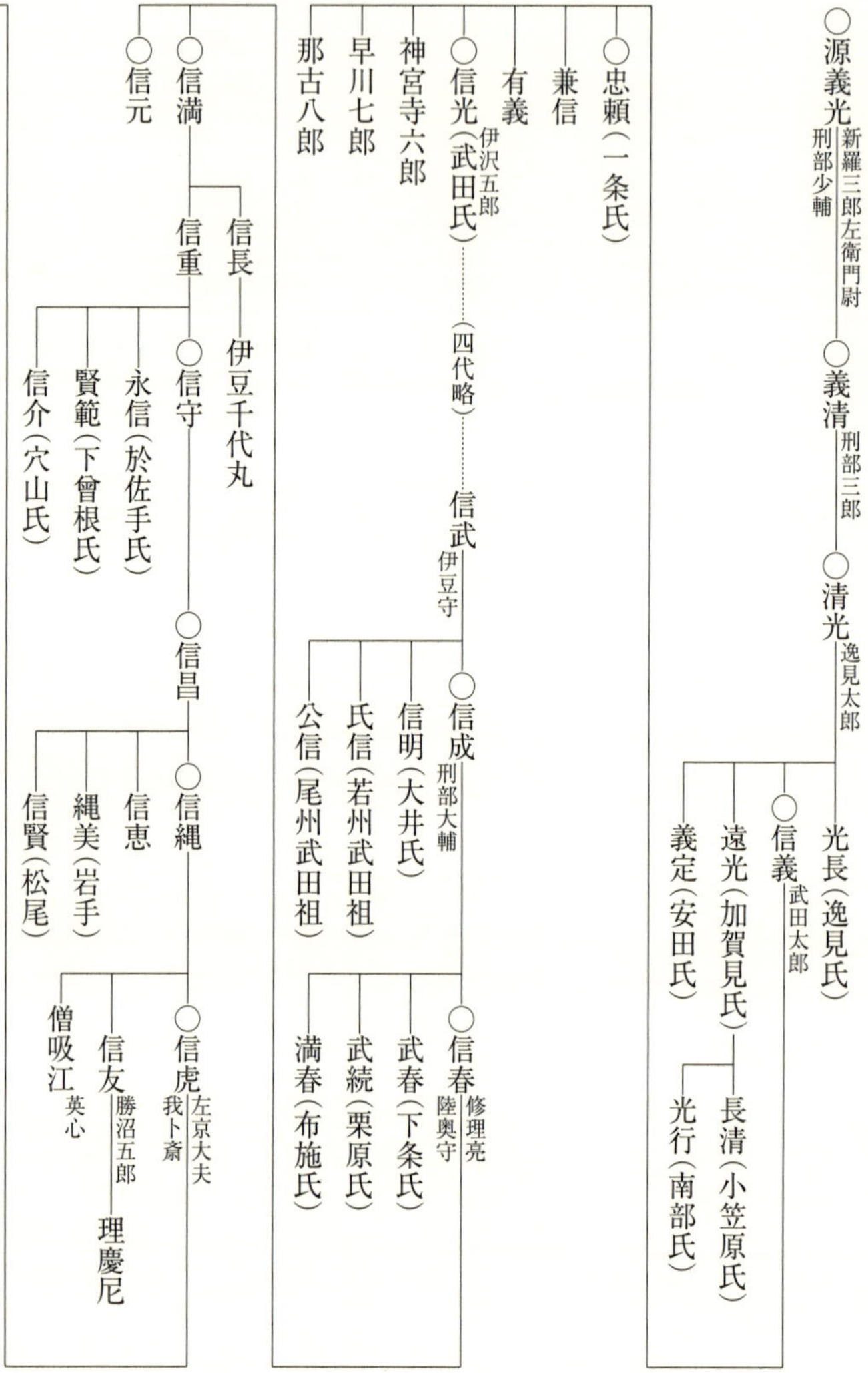
〇源義光 新羅三郎左衛門尉 刑部少輔
〇義清 刑部三郎
〇清光 逸見太郎
光長（逸見氏）
〇信義 武田太郎
遠光（加賀見氏）
長清（小笠原氏）
光行（南部氏）
義定（安田氏）
〇忠頼（一条氏）
兼信
有義
〇信光（武田氏） 伊沢五郎
（四代略）
信武 伊豆守
神宮寺六郎
早川七郎
那古八郎
〇信成 刑部大輔
信明（大井氏）
氏信（若州武田祖）
公信（尾州武田祖）
〇信春 修理亮 陸奥守
武春（下条氏）
武続（栗原氏）
満春（布施氏）
〇信満
信長
伊豆千代丸
信重
〇信守
永信（於佐手氏）
賢範（下曾根氏）
信介（穴山氏）
〇信昌
〇信縄
信恵
縄美（岩手）
信賢（松尾）
〇信虎 左京大夫 我卜斎
信友 勝沼五郎
理慶尼
僧吸江 英心
〇信元

- 女　今川義元妻、氏真母
- 女　穴山信友妻、梅雪母
- ○晴信　母大井氏
  - 義信　太郎　永禄十・十　自殺　母三条氏
  - 龍芳　盲人　母三条氏
    - 顕了道快　一向宗長延寺
      - 教了
  - 氏秀　北条氏康七男、養子　永禄十一　小田原に復帰
  - ○勝頼　四郎　母諏訪氏　天正十・三・十一　田野に戦没
    - ○信勝　竹王丸　田野に戦没
  - 盛信　仁科五郎、高遠城主　天正十・三・一　戦没　母油川氏
  - 信貞　葛山十郎
  - 信清（米沢武田）　母祢津氏
  - 女　北条氏政妻、氏直母
  - 女　穴山信君妻、賢性院　元和八・五・九没
    - 勝千代
  - 女　木曾義昌妻
  - 女　新館御料人、信松尼
  - 女　於菊御料人、上杉景勝妻　慶長九・二・十六没　母油川氏
- 信繁　左馬助　永禄四・九・十　河中島に戦死　母大井氏
- 信基　母内藤氏
- 女　諏訪頼重妻、弥々　天文十二・正・十九没
- 女　浦野某女　母工藤氏
- 信廉　逍遥軒　天正十・三　府中立石に殺さる　母大井氏
  - 信澄
  - 女　松尾氏妻
  - 女　小笠原信嶺妻
- 女　大井忠成妻、於亀　母楠甫氏
- 信是　松尾源十郎　元亀二・三・十没　母松尾氏
- 女　下条某妻　母松尾氏
- 釈宗智　母松尾氏
- 信実　河窪兵庫助　天正三・五・廿一　三州鳶巣に戦没
- 信龍
- 女　根津神平妻
- 信友
- 女　菊亭大納言晴季妻、於菊

古く源頼信は長元四（一〇三一）年甲斐守として着任し、頼義・義光も関東の国守となっている。また義清は市河庄と青島庄の下司として土着し、牧場地帯である巨摩地方を占めて強大な武力を養い、逸見《へんみ》・熱那《あつな》・多摩《たま》・武河《むかわ》の諸庄園を成立させた。

しかし武田勝頼夫人が武田八幡宮に奉った祈願文に「この国のほんしゅ（本主）として竹たの（武田）太郎とせうせ（称）しより此かた代々云々」といっているように、武田氏の祖は武田太郎信義である。「武田八幡宮社伝」によると、武淳川別命が封を受け、その後裔竹田ノ臣の住した地が武田で、信義はこの武川の武田に館し、始めて武田と称したという。治承四（一一八〇）年源頼朝が兵を挙げると、信義も甲斐に挙兵し、のち幕府の経営に参加した。しかし信義は頼朝の猜忌を受け、誓詞を上せてわずかに許されたが、嫡男忠頼は元暦元（一一八四）年六月営中に謀殺され、三男有義また梶原景時に党《くみ》して正治二（一二〇〇）年正月逃亡してしまった。その弟信光は「いさわ殿」と呼ばれ甲州半国を給せられ、承久の乱にも戦功があり安芸守護になった。子孫は関東御家人として石和《いさわ》館に住しやがて甲州一円を拝領した。「光明寺残篇」によると、元弘元（一三三一）年上洛の関東勢のなかに武田伊豆守（信宗）の名が見えている。信宗の子信武は足利尊氏の幕下に参じ、その殊遇を得て安芸・若狭等を領し、信濃・尾張にも知行をもっていた。

この間一族は逸見《へんみ》（西郡）・加賀美・安田・二宮・河内・奈胡・浅利・利見・屋代・坂東・一条・上条・中条・下条・東条・西条・伊勢・愛祖・石和・秋山・南部・平井・河田・甘利・飯室・飯田・

吉田・小松・板垣・黒坂・大井・栗原・布施・於佐手・曾根・穴山などに繁栄し、守護大名化への道が開かれたわけである。しかるに応永二十三（一四一六）年上杉禅秀の乱が起こると、信満は禅秀の舅であったところからこれに加担し、上杉憲宗等追討軍を受けて、翌年二月木賊《とくさ》山（東山梨郡大和村）に自害してしまった。その後、鎌倉府では逸見有直を甲斐守護としたが室町幕府はこれを承認しなかった。そして応永二十五（一四一八）年高野山に隠れていた信元を甲斐守護に任じ、信濃守護小笠原政康の援護のもとに帰国させた。重ねて幕府は信元が下山（南巨摩郡身延町）に赴くについて、必要の場合は援助するよう政康に命じている。下山は穴山氏の本拠であるから、室町府＝信元と鎌倉府＝逸見＝穴山の対抗関係を見ることができる。

　このような事情から甲斐における守護領国制の展開は一頓挫を来たし、信元は入国はしたが、逸見・穴山等の国人の勢力を鎮圧することができないままに死亡してしまった。これよりさき信元は兄信満の長子信長に家を相続させようとしていたが、信長が禅秀の乱に加担したため実行できず、信長の子伊豆千代丸を嗣子とした。しかし幼少のため逸見・穴山等国人は輪宝一揆（地士の連合）などを味方にしてこれに服従せず、守護代の跡部駿河守・同上野介父子も国務を専断していた。そこで幕府は、応永二十八年高野山にいた信長の弟信重を守護とするように関東公方持氏に交渉している。しかし鎌倉府は国人を後援し、逸見・穴山等を制圧する自信のない信重は入国を拒絶しつづけ、ついに四国に身をかくしてしまった。

ところが応永三十三年武田信長が帰国し、都留郡の加藤入道梵玄を従えて逸見氏らを破った。ついで信長は関東公方持氏の親征で降参し、鎌倉府に出仕することになったが、永享五(一四三三)年三月鎌倉をのがれて帰国し、幼主伊豆千代丸をたすけ、守護代跡部父子を討とうとした。しかしこの戦で信長は駿河に敗走(この時伊豆千代丸も戦没したらしい)し、鎌倉府はその討伐を幕府に交渉したが、将軍義教は信長を保護して応じなかった。翌年十一月跡部氏等国人は信重に守護として入国を求め、幕府にも請願し、信重は国情を探って入国を決意したが、満済准后《まんざいじゅごう》に制止され、関東公方を挑発しないために思い止まった。七年三月跡部伊豆守の上洛、信重との会見、義教の諒解によって、甲斐は鎌倉府の管轄を脱して室町幕府の支配を受けることとなり、十年八月信重の帰国が実現した。これは義教が関東管領上杉憲実を援け、持氏討伐の軍を起こした戦略の一環であり、従って永享の乱が持氏の敗北に終わると逸見有直も武田信重に殺されてしまった。こののち永享十二年下総の結城氏朝が、持氏の遺児安王・春王を迎えて挙兵した結城の乱にも武田信重が活躍している。国人制圧にはまず幕府の権威が必要であり、幕威を戴くには忠誠を尽くさねばならない。信重が宝徳二(一四五〇)年十一月死亡(一説に穴山伊豆守が小石和に来攻したため自殺という)したのちも、信守や信昌は古河公方成氏《しげうじ》討伐には幕府側に立っていたし、寛正六(一四六五)年信昌《のぶまさ》は馬を将軍に献じ、幕府から刀剣・音物を受けているが、これも守護家の将軍家への接近と奉仕を現わすものであろう。応仁の乱でも武田氏は東軍つまり幕府側についていたようである。

鎌倉時代の守護が室町時代に大名化し、それがそのまま戦国大名へと発展して行くのではない。むしろそうした戦国大名は例外であって、越後の上杉氏は長尾に排除され、加賀富樫政親は一向衆国人に、丹後一色義秀も国人に攻められて自殺し、文亀二（一五〇二）年若狭国人は守護武田元信の非法を責めて蜂起している。つまり守護が大名化するには、まず庶族を統一し、その力で国人を支配することが必須の条件であって、それが失敗すれば大名化の途は中絶するのであった。

ここから跡部上野介景家の強大をにくんだ武田信昌は、ついに寛正六（一四六五）年兵を起こし、東山梨郡岩下村夕狩沢に戦って勝ち、西保の小田野ノ城で景家を自害させてしまった。房能と為景の場合とは全く逆の現象である。武田家が守護としての伝統的権威を再生産し、一国平定に向かう出発点はここに置かるべきであった。こののち明応元（一四九二）年六月から甲斐に内乱があり、九月今川氏親の干渉があった。守護家の内訌に端を発したものらしい。同三年三月守護信縄は弟の信恵を破り、同七年には父信昌と和し、甲斐の国情は一応安定した。また明応四年と文亀元（一五〇一）年には、今川氏親や諏訪頼満と結んで甲斐に侵入した伊勢宗瑞（北条早雲）の兵を撃退した。武田家は動乱のなかにもしだいに国内統一の曙光を見いだしたのであって、その事業は信虎の代になって一層の進展を見るのである。

武田信虎の経営　武田信昌は永正二（一五〇五）年に五十九歳で没したが、その子信縄は同四年二月に死んでしまった。信縄の嫡男信直（信虎）は明応三（一四九四）年正月の誕生であるから、十四

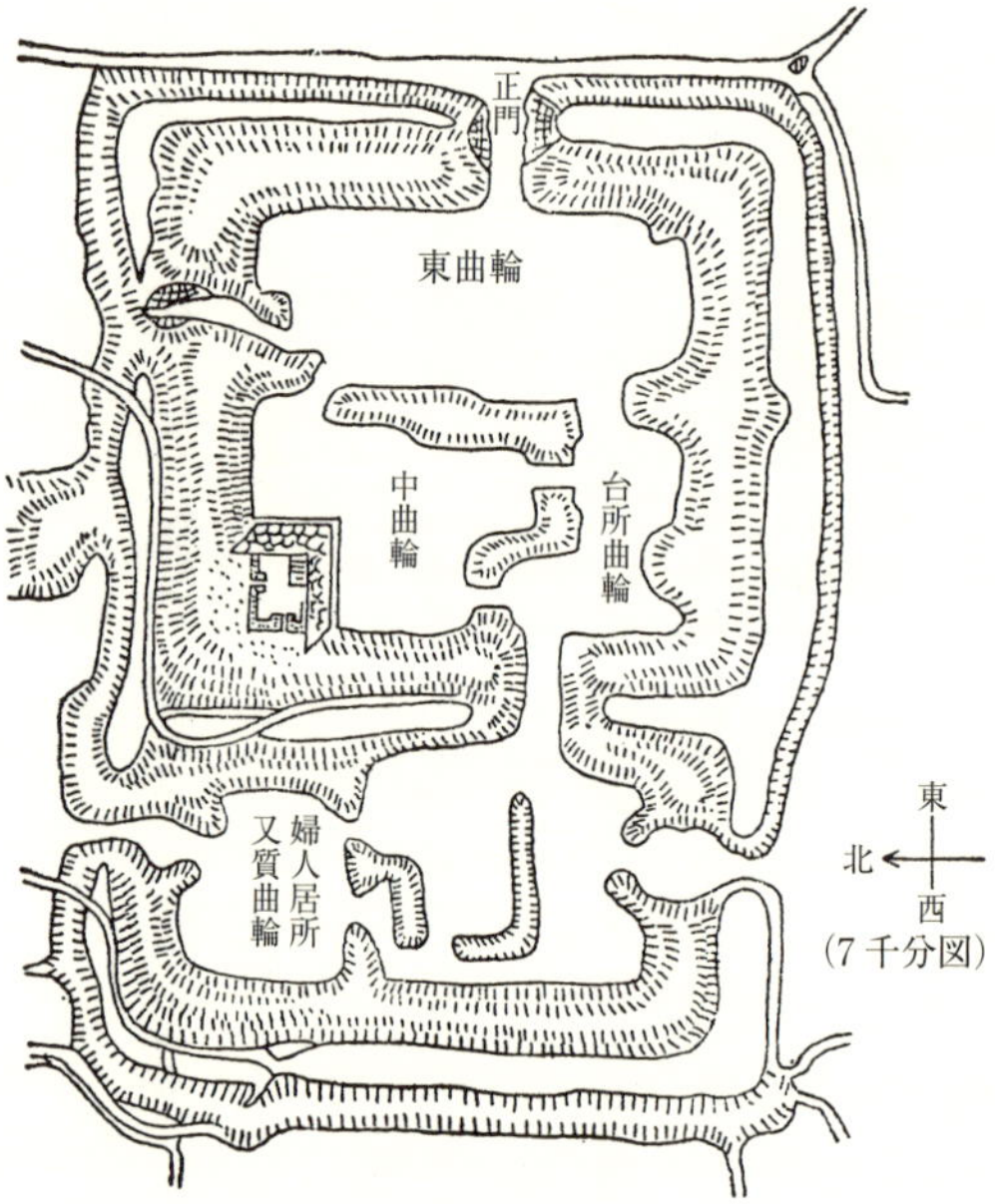

躑躅ヶ崎城址

（備考）明治初年の実測図（武田信玄事蹟考）

平面地坪	5,796坪	土地地坪	7,572坪
掘地坪	571坪	合計	13,939坪
		外に掘地坪	2,252坪

歳で家督を相続したわけである。あたかもこの時、甲斐の内乱は大詰めに迫まっており、信虎にとっては勿論、守護家にとっても、事態は重大な局面を迎えていた。永正五年に父の信縄と対抗していた叔父信恵父子が滅び、郡内の豪族小山田一族が討死するが、内乱はなお同七年まで続いた。同十一年には大井信達（上野城）の叛乱を機会に、今川氏親の甲斐侵入・勝山築城を見るにいたった。大井氏は武田家の姻戚で、信虎は十二年にこれを攻めたが、かえって今川勢のために敗北している。しかし十四年三月連歌師宗長の斡旋でついに今川勢を撤退させることができた。かく甲斐の諸豪族を威服させ、進んで隣国に経略を開始したのは、この信虎であって、戦国大名としての武田氏は、彼によって端緒を開かれたので

ある。前掲の「武田氏系図」によって見ても、信虎以前は武田一族との婚姻関係に止まるが、信虎の世代から、大井・穴山・諏訪・今川等との国際的政略結婚が著しくなっている。これは守護武田氏が国内を統合して、四隣の国々に交渉をもったためにほかならない。

危機を脱した信虎は永正十六（一五一九）年十二月石和《いさわ》の館から府中躑躅《つつじ》ケ崎に移った。転居に先立ち、府中に「一国ノ大人様」つまり一族・国人を集住させたといわれる（妙法寺記）。躑躅ケ崎館は西山梨郡相川村にあり、信虎移居から、天正九（一五八一）年勝頼が韮崎《にらざき》の新府に移るまで、三代六十三年間の居館で、土塁・石壁は今なお残存している。石水寺要害山がその北数十町の所にあり、腰曲輪《こしぐるわ》・帯曲輪《おびぐるわ》の遺形重なり、本丸跡は三十七間と十九間の広さをもっている。躑躅ケ崎の東には大笠・深草・板垣等の諸山が連なり、南へ突出した台地の両側には、大泉寺・長禅寺・宝蔵院・東光寺・能城寺の寺院がある。居館の広さは東西百五十六間、南北百六間、土居の高さは一丈ばかりで、四方に堀がめぐらされている。その内部は東曲輪・中曲輪・西曲輪の三郭に分かれている。東曲輪は東西二十四間、南北六十六間、東が正門である。中曲輪は主館の跡で、東西三十二間、南北六十六間あり西北隅に毘沙門堂跡という石壁を伴う台地がある。南には小堤を隔てて台所曲輪があり、西に門があって土居と濠を隔てて西曲輪がある。これは女子のいるところで、人質曲輪とも伝承している。この外に御隠居曲輪と称する出丸があり、外堀の南に御蔵前衆の役所という一郭がある。なおこの一廓は現在武田神社となっている。

ここを本拠として信虎・晴信は四隣の経略に乗り出したのである。しかしその規模は詳細に見たように、甲斐国主の本拠としては決して雄大というわけにはゆかない。上杉氏の春日山城、畠山氏の七尾城、朝倉氏の一乗山城、斎藤氏の稲葉山城などと比較するとき、むしろ簡素とさえ言えるであろう。下越国人の一人である中条氏や黒川氏でさえも、これに匹敵する規模の城館をもっているのである。「信玄公御一代の内、甲州四郡の内に城郭を構へず、堀一重の御館に御座候」（甲陽軍鑑）とのちに言われたのも、決して事実に反するものではない。

鳴呼機山《信玄》の英武を以て、而も五州《（甲信駿飛上）》の兵を擁し、威東の諸侯に震う。敢て抗する者なし。迺《すなわ》ち是の如く其の陋なるや、能く国を以て城と為すものと謂うべし。

人は城、人は石垣、人は堀　情は味方、仇は敵なり　（峡中紀行）

つまり信虎・信玄には国内に強敵がいなくなったのである。永正十七年には栗原信友・大井信達および逸見氏を降伏させ、大永元年には穴山某と小山田信有および福島正成を撃破してからは、守護武田家を脅かす庶家・国人はなくなってしまった。この点は長尾景虎（謙信）が生まれたときから国人とくに下越の豪族に苦しめられたのと比べて、信玄は大きな得をしていると言える。

ところで甲斐国は高い山々が周囲をとりまき、その中央にはやや平坦な盆地があって、牧場に適した高原が連続しており、この盆地の間に富士川・釜無川・笛吹川・桂川・丹波川等諸川が縦横に流れ、地味を肥《こ》やしている。西北は信濃、東北は武蔵・相模に接し、南は富士山を隔てて駿河に境している。

こうした地形が、国内に諸豪族の割拠を見ることとなく、武田家にいち早く国内統一をなしとげさせたのであろう。そしてここから信虎は兵を関東に出し、信濃に駒を進め、信玄期の武田家の黄金時代の基礎を築いたのであった。

東国の政情　甲斐は山国ではあるが外界から孤立したものでないことは言うまでもない。長尾為景や武田信虎の経営もまた実は東国の変動に触発されたものであった。およそ戦国時代は群雄割拠したが、そこにはやはり渦巻きの中心がある。西国ではまず大内氏と大友氏が注目すべきであるが、主要舞台からはずれていると見られる。畿内では細川氏が重要な役割を演じ、蓮如・実如の本願寺の動向がそれを補っている。これに対して東国は、甲・越を含めて室町時代から鎌倉府の動きに左右せられるところが多かった。越後は上杉氏の分国であるから言うまでもないが、武田氏の場合でも、源頼朝に加勢して興り、上杉禅秀の乱に加担して信満の自殺、信元・信重の逃亡となり、永享の乱の原因とさえなっている。結城合戦や古河公方との戦に加わったことも、甲斐の歴史が東国のそれと無関係に考察さるべきものでないことを示していよう。

ところで関東管領職は、かつての執事であった上杉氏の手に移り、それも扇ケ谷・山ノ内の両上杉家に分立し、古河公方・堀越公方がからんで乱世の様相を呈しつつあった。そこに伊勢氏すなわち北条早雲が現われ、延徳三（一四九一）年堀越公方足利茶々丸を殺し、韮山城に拠り、関東管領の領国である伊豆を奪い相模を平定した。この公方殺害に始まる一連の活動が、古来から指摘せられているように、戦国時代の火蓋を切って落としたものであって、駿河の今川、甲斐の武田、越後の長尾の領国大名化を喚起したものであったのである。

永正十五（一五一八）年北条氏は「虎御印」を文書に使用し始めるが、これは相模平定を終え、領国画定の完成したことを示すものであった。これから「虎御印」は氏綱・氏康・氏政と代々北条家の伝国の家印として用いられるのである。そしてこののち、京都の伊勢家あるいは伊勢の関氏の出身と考えられる早雲の家柄は、平姓と称せられ、源氏に代わって関東を支配しようとする志向を示すにいたった。氏綱の死によって氏康がこれに代わり、天文十一・十二（一五八二・四三）年には、早くも相模・武蔵の検地を施行し、知行人を把握するとともに、武士と百姓との分離を推し進めた。

このような後北条氏の典型的な戦国大名としての領国体制の確立は、武田信虎の国内統一の余力を西の方信濃に向けさせ、ひいて越後より南下する長尾上杉氏との衝突を必然ならしめたのであった。信虎は大永四（一五二四）年武蔵岩槻城を攻め、翌年山ノ内上杉憲房と和睦し、長尾為景が氏綱に贈った鷹を奪い、相模津久井城を攻めた。大永六年七月氏綱軍を梨の木平（駿河）に破っている。嫡子信玄の妻も、北条氏綱の敵、扇ケ谷上杉朝興の女である。また信虎は駿河の今川氏親と戦ったが、大永七年これと和し、甲駿同盟によって北条氏を牽制しつつ、強きを避けて信濃に進出し、諏訪氏を降した。扇ケ谷上杉朝興が没し、北条氏綱が武州川越城を陥れた天文六（一五三七）年には信虎の女が今川義元に嫁し、甲・相の戦は継続せられた。そして信玄の代になって、北条氏康が山ノ内上杉憲政を越後に追い、これを擁した長尾景虎（上杉謙信）が、信濃経略の一大障害とみてとったとき、天文二十三年駿甲相三家の和親が成立し、信玄はその女を北条氏康に嫁入りさせ、今川氏真は北条氏康の女を娶り、今川義元の女が信玄の嫡子義信の妻となるという三角同盟が成立することになる。ここに信州北部をめぐって甲越の対立は決定的なものとなるのである。すなわち謙信も信玄も、生まれた頃には、死闘を展開する何等の理由はなかった。ところが、後北条氏の虎印判状による領国支配の確立が、かの十余か国に波及した謙信と信玄の宿命的対立へと両者を導いたのである。

信玄の生いたち　武田信玄は大永元（一五二一）辛巳の年、石水寺山要害に生まれ、幼名を太郎といった。「甲陽軍鑑」は大永元年信虎が遠江より乱入した福島兵庫と戦い、勝利を得たときに信玄が生まれたので、勝千代と名づけたとしている。一方「甲斐国誌」は「妙法寺記」とともに福島の侵入を永正十七年庚辰と考え、ここから、信虎が印判に虎の形象を刻み、信玄が竜形を刻んだことを、一は甲寅の生まれで、他は庚辰の生まれであるからだという説明をとりたがっている。しかし信玄が近江国犬上郡多賀神社に奉った天文十四年八月の願文には「某甲源氏武田大膳大夫晴信、誕生辛巳歳也、今茲念五当生年」とあり、大永元年の生誕であることは確かである。またその幼名は「妙法寺記」に太郎とあるが、勝千代と明示するものはない。恐らく信玄の女婿穴山信君（梅雪）父子の童名勝千代と混同されたのであろう。

ところで英雄偉人の生誕や幼時は、奇瑞や非凡の所行を示す伝説で飾られている。多くは信用するに足りないものであることは勿論であるが、信玄においても、「甲陽軍鑑」・「甲越軍記」・「武田三代記」・「名将言行録」などにこの種の逸話が語られている。いまそのうちの幾つかを記して、後人が如何に信玄の人となりを考えたかを見ることにしたい。

信玄誕生の時、産家の上に白雲一条たなびき下り、白旗の風に翻るように見えたが、それが消えたとき、一双の白鷹が三日間産家の上にとまっていた。これを見た人は諏訪明神の神使が若君を守護し給うものと見て末頼もしく思ったということである。またこの時父の信虎は戦陣から凱旋中であったが、ある山で仮寝の時に曾我五郎が自分の子になる夢を見て、帰館したら間もなく信玄が生まれたという。七日の祝詞も終わって武田家の人々が若君を見ると、容貌魁偉で普通の小児のようにみだりに泣くことはなかった。しかし気に入らぬときは大声で泣き人の耳を貫いた。これなどは後年の信玄の風貌から見てありそうなことである。

また信玄の姉にあたる今川義元夫人から、実家の母に沢山の蛤を贈ってきた。母は信玄のところへ、蛤の大小を選別するように依頼してきたので、小姓に大きい蛤を選び出させて母のところへ持って行ったが、小さい蛤は畳二枚ばかりに高さ一尺ほどもあった。これを小姓に数えさせたところ、三千七百余であった。丁度この時、諸将士が参候してきたので、蛤の数をあてさせたところ、いずれも二万とか、一万五千とか答えた。信玄はこれを聞き、「人数は多くなきものならん。五千の人数を持たば、何を致さんも心の儘なり」（名将言行録巻三七）と言ったので、聞くもの舌をふるわぬものはなかったという。信玄十三歳の時のことである。

天文五（一五三六）年正月、信玄は元服し、従五位下に叙し、大膳大夫兼信濃守に任ぜられ、将軍足利義晴の偏諱を給わって、晴信と名乗った。永禄以後信玄と言ったのは法号である。このほかあるいは徳栄軒と号し、晩年に法性院《ほっしょういん》と称した。しかし信玄が法名・院号を用いたとしても「甲陽軍鑑」以下の諸書が記したように、剃髪して僧侶になったわけではないという説がある。高野山成慶院所蔵の信玄の画像は武田信廉《のぶかど》が信玄の生前に描写した寿像と伝えられる。信玄没後勝頼からその祈願所成慶院に寄付し、院主宛で回向を依頼した勝頼書状とともに現存するものである。従ってその由緒の正しいことは勿論であるが、信玄の没年は五十三歳であるからこれは晩年の姿に相違ない。そこに結髪があるのであるから、信玄は終生髪を剃ったことはないと考えられるというのである（古今史譚一）。

しかし勝頼書状の寿像はこの肖像であるかどうか紋章は何故武田菱ではないか。この肖像の「信春」の落款は逍遙軒のことであろうか。彼は信春と名乗ったが、ほかの画はすべて信廉である。この信春は青年期の長谷川等伯のことであると主張されている。ところが成慶院にはほかに二幅の信玄画像があり、その古色蒼然としたものは紋所が武田菱で信玄が坊主頭に画かれてあるという。そうすれば信玄は法体であったことになる。しかも、信玄葬礼の時の大円の喝に「脱入瑞雲授衣、固膺浮屠相」とあるから、永禄初年に信玄の除髪は一応なされたものと見るべきであろう。

ついでに上杉謙信の頭髪についてみると、高野山無量光院所蔵の死没直後に完成した寿像には頭に被りものをしているが、明らかに法体である。これは死没二年前の四月二十四日の謙信の祈願文中に「去年（天正二）極月十九日発体（法）せしめ、沙門を遂げて以来、護摩灌頂迄執行、既に法印大和尚に任ず」（上杉家文書）とあるところからすると、天正二年十二月十九日に頭髪を剃ったものである。高野山無量光院所蔵の（天正三）六月五日付宝幢寺清胤書状（宝性院宛）にも「太守謙信、年来の御宿望に依り、去年御法躰に成られ、愚僧と師弟之御契約云々」とあるので、剃髪は年来の宿望であったことが知られる。

「二侯が頭髪の有無は本より一小事なりと雖ども、之を史学研究上の問題としては、決して軽々看過し去るべきものと謂ふべからず」と古今史譚の筆者は両雄の頭髪の有無についてつぎのように述べている。すなわち知識につき得度して法名を授与されたが、必ずしも頭髪を剃らなかった。一は終生髷節《まげぶし》があり、他は平素の念願ではあったが果たさず、死の二年余り前にようやく剃髪して法体となった。彼等が上洛して将軍を擁し天下に号令しようとするならば、頼朝以来の例からもともと髪を剃りたいはずはない。そこで信玄と謙信との剃髪の志の有無は、信玄が最後まで西上の志を捨てなかったのに対し、謙信は早くから覇業成就の志を捨て、進取の念を絶ち、消極的となったことを示すものである。信玄がもし天正元年に病死しないで、西上の駒を進めていたならば、あるいは本願寺とともに織田＝徳川の連合軍を蹴散らして天下に覇を唱えたかも知れない。しかし謙信は天正五年の出馬以前に、すでに天下を諦めていたのであると。面白い見解と言うべきであろう。

三　家督相続

武田晴信悪行の事　上杉謙信と武田信玄とは、対句のようにいっても並べられている。しかし両者は対等に並置されるのではなく、謙信が清潔な義理固い、しかも勇敢な武将として大衆的人気があったのに対し、信玄の方は甲州地方を除いて、狡猾な、分別くさいしかも好色家とさえも見られてきた。これは日本人好みに信玄と謙信のイメージを作り上げただけのものであるが、しかし信玄不評の底には、父信虎を追放して家督を相続したことと、自分の実妹の配偶者である諏訪頼重を殺して一家を亡ぼし、かつその息女が美人であったので妾にし、政略のため嫡子義信を殺したというかずかずの不徳の事実があることは否定できない。

信玄の政敵は、当時、よくこの事実をとり上げて信玄の不孝を責めたてた。たとえば上杉謙信は永禄七（一五六四）年、信濃出陣に際して、春日山城内の看経所《かんぎんじょ》に「武田晴信悪行のこと」と題する願文を納め、信玄の罪条を記して信玄討伐の成功を祈っている。このなかで謙信は、信玄が飯縄・戸隠・小菅などの名社を衰えさせたことや、隣国や隣郡をむやみに攻撃して御堂や御宮を焼失していることとならんで、実父を追放するような不孝不義を非難している。次にその全文を掲げておこう。

たけ田はる《（武田晴信）》のふあくきやう《（悪行）》の事

一いづな《飯縄》・とがくし《戸隠》・こすげ《小菅》たいてん《退転》、ぶっく《仏供》・とうミやう《燈明》そな《供》へざること
一つかはらぢん《塚原陣》のとき、するが《駿河》のあつかい《扱》をもってぶじ《無事》、すでニしんりよ《神慮》をおどろ《驚》かし、せいし《誓紙》をもって申あはせ《合》、よくぢつ《翌日》ひるがへ《飜》す事
一しんせう《信州》において、ぢしや《寺社》、しんりやう《神領》、ぞくがた《賊方》にこれをいだし、ぶっぽうはめつ《仏法破滅》の事
一たけ《武》田よし《好》ミなきところに、りんせう《隣州》・りんぐん《隣郡》江、のぞ《望》みをかけ、ぶだう《無道》のあつか《扱》いゆへ、てきみかた《敵味方》とも、だうしや・ぶつたう《堂舎・仏塔》やきうしな《焼失》うこと、これはるのぶ《晴信》あやま《誤》りゆへの事
一しんせう《信州》のぶっちん《仏神》、うぢこ《氏子》、あるいはめつばう《滅亡》、あるいはらうだうこつじき《牢道乞食》にをよ《及》び候ところ、このたび、ぶつりよ《仏慮》をそへられざるにおゐては、だれ《誰》かしんりよ《神慮》をたっと《尊》むべき事
一すでにぢき《直》のをや《親》、たけ田のぶとら《武田信虎》のくに《国》をおいいだし《追出》、らうだうこつじき《牢道乞食》におよ《及》ばせ、かうぎ《孝義》をうし《失》なふこと、これぶっしん《仏神》のないせう《内証》にかな《叶》ふべからざる事
一たうあきちう《当秋中》、たけ田はるのぶ《武田晴信》のぶたいぢ《退治》、てるとら《輝虎》ほんい《本意》にたっ《達》するにお《於》ゐては、ぢしや《寺社》・しんりやう《神領》・だうしや《堂舎》・ぶったう《仏塔》せんせん《先》のごとく、こゝろ《心》にをよ《及》ぶとおり、あいかせぎ《相稼》申っけべきものなり、仍如件

永禄七年六月廿四日　上杉輝虎（花押）

御かんぎん《看経》所

仏　前

仏神・氏子を滅亡させ乞食させた信玄退治に仏力を添えられなければ、神を尊ぶものはあるまいと言い、あらかじめ期限を切っておいて、本望を遂げたときは神領・建造物を寄進すると結び、いかにも戦国的実利主義的願文であるが、武田信虎追放の条項のみは、生き生きと具体性をもって、謙信の正義と晴信の悪行を裏付けしているようである。

信虎追放の真相　信虎の追放は天文十（一五四一）年六月十四日のことであるが、この追放については種々の異説があり、大体三つに分けることができる。信玄の侍臣駒井政武の日記である「高白斎記」では次のように具体的理由を記していない。

六月小丙辰十四日己巳、信虎公甲府御立、駿府へ御越「至今年無御帰国候」（後筆）

つまり公表し難い事情が伏在しており、それだけに種々の臆測も生まれたのであろう。

第一は「甲陽軍鑑」に見える俗説で、信虎が嫡子の信玄よりも弟の信繁の賢明を愛し、これに家督を譲ろうと思ったので、信玄が三月九日に父が駿河へ赴いた留守に乗じ、板垣信形・飯富《おぶ》兵部等家臣の協力を得、今川義元と通じてそのまま帰国させなかったという説明である。「当代記」もこの説に従っている。しかし「甲陽軍鑑」は近世初期に輩出した軍学者が軍記を競い編して仕官または教授の資とした時、甲州流軍学者にして甲斐浪人小幡勘兵衛景憲が、もと山県昌景の一部率であった山本勘介の子で妙心寺派の僧となったものの集録したものをもとに、高坂弾正昌信の名をかり、信玄の戦術兵法に仮托して著わしたものである。広く読まれた軍学書ではあるが、虚妄もまた多く、信虎の甲府出発の日も、六月十四日を三月九日としている。たしかに信繁は賢弟であって信玄に対して忠信誠実を失なわず、川中島の合戦で名誉の戦死をとげた。しかし信虎に廃嫡の素志のあるのを知っていた信玄と信繁の兄弟が、少しの違和もなく終生を美しい兄弟愛で貫くことができたかどうか。しかも「甲陽軍鑑」の言う如くならば、信繁と信虎に心を寄せ、期待する臣下が皆無ではなかったはずであるから、信玄のクーデターがかくもスムースに行くとも考えられない。まして信虎は四十八歳の働きざかり、信玄は若冠二十一歳にすぎなかった。ここから信繁も家臣も、さては信虎までが納得ずくではないかという説が出てくるのである。

第二説はこの信虎と信玄と合意のうえで、今川義元を計ったという考え方である。つまり信虎は今川義元の外舅にあたるが、駿河は甲斐の仮想敵国でもあるので、信玄を立てて自ら駿河に赴き、今川家の内情を偵察し、よそながら信玄を援助したという、うがった、そしてまた好意的な見方である。しかし合意の上で信虎が自発的に甲斐を出立したものであるのならば、今川氏が衰微したとき、何故信玄は実父を呼び戻さなかったのであろうか。信虎は義元の死後、今川氏の勢力が日々凋落し、将士多く離反する形勢を察し、遥かに信玄に通じ、内部から今川の将士を説き、氏真に背かせようとした。瀬名・葛山・朝比奈・三浦等と信虎が相談して、すでに駿河を取ろうとしたところに、庵原安房守の才覚で、信虎を追い出し、関口刑部大輔に腹を切らせた。それで信虎は京都に上ろうとし、途中信玄に使を遣わして一味の人々とともに駿河を取るように申し送った。そこで信玄は今川氏の宿将に内通を約束させ、駿河国衆は皆々氏真に背き、信玄について立身しようとしたという（松平記）。戦国武士の父子関係はドライであって、近代人の孝養慈育の常識では考えられないが、少なくとも、信虎は一手柄を立てて、見込み薄の今川から飛ぶ鳥落す信玄のもとに帰りたかったと思われる。しかし信虎は、こののち京に上り、高野山に入り、永禄八年にようやく信州に帰り、天正二年病死するまで高遠に居住した。つまり信玄は、父が老い、自らの権力が確立してから帰国を許し、しかも政治に関与させなかったのであって、父子合意の駿河入りの線は崩れ去るのほかはないのである。

ことに甲斐国誌（一二三巻、文化年中、甲府勤番支配松平定能撰、明治十七年甲府書肆内藤伝右衛門三十冊本で刊行）に引用された伊豆国田方郡畑毛村西原善右衛門旧蔵の今川義元書状が、のちに渡辺世祐博士によって、韮山市堀江栄太郎氏所蔵となっていることが判明し、大正三年歴史地理（二三ノ二）誌上に発表された。これによると甲斐国誌は「信虎御隠居分事、去六月雪斎并岡部美濃守進候刻、御合点之儀候」とあるのを「信虎御隠居之事」と読み違えたため、六月に雪斎と岡部美濃が義元の使として甲府に赴いて信虎を説得し、信虎も隠居を承諾したという風に誤解されたものである。義元の使者が甲府に赴いたのは、六月の信虎退去後、隠居信虎の手当てを中心に信玄と交渉するためであったのである。

第三説は、第二説とともに当時の史料を忠実に解釈し、信玄不孝の汚名を回復しようとするところに発している。すなわち明治二十年頃から大正年代にかけて啓蒙的な史学の新説が発表され、軍記物の世界から史学が実証科学に成長してくると、下村三四吉の「武田信玄経略事蹟考」（史学雑誌十の三）、池辺義象の「武田信玄父を逐はざるの弁」（古今史譚二）などが発表された。これは「信虎平素の所行暴戻にして、而《し》かも士民を虐待したるに相違なかるべし」とし「此比《このごろ》国人信虎を怨望の余り、終《つい》に騒動をも惹起《ひきおこ》さんとの虞《おそれ》ありて、到底国君の地位を有《たも》つべからざるより、信玄姉聟なる今川義元に相談を遂げ」、「信虎に説き勧め、納得ずくの上、駿河に行きて隠居せしものならん」と解釈するものである。信虎が隠居を自諾《じだく》したとするのは、先述のように義元書状の誤読からであるが、暴戻のため子息や家臣から強制的に隠居させられ、これに今川義元が一枚加わっていることは事実であろう。すでに青山延光は信玄が親を逐ったのは悪いが、そのために国が乱れなかったことを信玄の功に帰している。こうした評価も可能なのである。

山梨県南都留郡木立村妙法寺の主僧が代々書き継いだ年代記である「妙法寺記」（史籍集覧所収、甲斐国誌所引は「勝山記」）には次のように説明している。

〔勝山記〕　○山梨県富士御室浅間神社所蔵

此ノ年ノ（天文十年）六月十四日ニ、武田大夫殿様、ヲヤノ信虎ヲ駿河ノ国ヘヲシ越シ御申候、余ニ悪行被レ成候間、カヤウニ被レ食候、去ル程ニ地家（下）・侍イ・出家・男女共ニ喜満足至（致）候事無レ限、信虎出家被レ食候テ、駿河ニ御座候　（信濃史料十一巻）

つまり信虎の悪行に追放の原因を見ており、この追放によって庶民も武士も、出家も男女も、限りなく喜び満足したというのである。この記録は主僧がその見聞を書きついでいった年代記であるから、信用すべき確実な史料と言うべきである。「塩山向嶽禅庵小年代記」にも「信虎平生悪逆無道なり。国中の人民、牛馬畜類共に愁悩せり。然るに駿州太守義元、信虎の女を娶り、これにより、辛丑六月中旬駿府に行く。晴信万民の愁を済はんと欲し、足軽を河内境に出しその帰道を断ち、位に即《つ》き国々を保つ。人民悉く快楽の咲《わら》ひを含む」としている。ことここにいたるまでには、信虎と信玄との不和があり、信虎が信繁に相続させはしないかと信玄が内心疑ったのかも知れない。しかしともかく暴逆な信虎の行為で甲斐一国が晴信のクーデターに快哉を叫び、今川義元も同調して信虎の身柄を引受けたのである。さきにふれた韮山市の堀江栄太郎氏所蔵の義元書状を記しておこう。括弧傍註は「甲斐国誌」で読み違えたところである。

内々以二使者一可レ令レ申レ之処、惣(総)印軒可レ参之由承候際、令レ啓候。信虎女中衆之事、入二十月一之節、被レ勘二易筮(愈)一、可レ有二御越一候由尤候。於二此方一も可二申付一候。旁以天道被二相定一候(可御)者本望候、就レ中信虎御隠居分(之)事、去六月雪斎幷岡部美濃守進候刻、御合点之儀候。漸向二寒気一候。毎事御不弁御心痛候。一日も早被二仰付一員数等具承候者、被御方へ可レ有二御心得(心得)一之旨可二申届一候。猶忽(総)印軒口上申候。恐々謹言。

九月廿三日　　義　元（花押）

甲　府江参

文中の「彼御方」は信虎のこと、岡部美濃守は義元の老臣、雪斎（大原長老）は駿府臨済寺に住し、今川家の親族であり、義元の顧問である。書状の大要は、信虎に近侍する女中衆は、十月に入りよい日を選んでやって来られるそうで、もっともである。こちらでもその受け入れの準備をしておこう。信虎の手当てのことは、六月に岡部美濃と雪斎を派遣して信玄の諒解を得ておいたが、だんだん寒くなって、信虎はことごとに不便で困っていられるから、一日も早く信虎の用に供せられる人員・品数をおっしゃって頂きたい。そうすれば信虎にその旨申し伝えて納得してもらおうという趣旨のものである。六月十四日の追放のすぐあとに、信虎の生活費について義元と信玄の間に相談が行なわれて、費用、人員は信玄負担となったが、九月の末になっても音沙汰なく、信虎が困ってヤイヤイいうので、義元から信玄へ掛け合っているのである。信虎追放の真相を如実に伝える貴重な書状と言うべきであろう。

上条の乱と謙信の自立　大永六（一九二六）年、新津上総介景資（新津）・中条越前守藤資（中条）・黒川下野守盛重（黒川）・色部遠江守昌長（平林）・本庄房長（本庄）等下越の豪族は、誓詞を入れて長尾為景に服従したが、勿論それ等が家臣化したわけではない。さきに見たように、享禄三（一五三〇）年上条定憲（定兼）・長尾房景・大熊朝秀等が挙兵し、同年十一月定実の斡旋で一旦和睦したが、ふたたび合戦が始まった。中条藤資・新発田綱貞等下越の豪族がほとんど定憲に応じ、国内はおおいに乱れた。これが上条《じょうじょう》の再乱である。天文三年為景方の安田景元・北条《きたじょう》祖栄等は定憲を討とうとして敗れたが、翌四年稗生《ひう》城の平子若狭守は上条方につき、長尾房景派で為景に通ずるものもあり、為景は朝廷下賜の旗を失うなど戦況は一進一退を続けた。しかし、すでに天文元年幕府は大館常興を通じて為景への助力を約し、天文五年二月には為景に逆徒治罰の綸旨が下されていた。四月には春日山城に押し寄せた上条定憲・宇佐美定満等を三分一原（中頸城郡大濃村）に打ち破っているが、このように幕府や朝廷の空虚な権威を利用しなければならなかったところに、守護権力を否定しようとする為景の苦境や弱さがあった。この年十二月二十四日、為景は病没し晴景がついだが、為景でさえ制圧できなかった紛乱を、わずか二十五歳の、しかも父の器量にははるかに劣った晴景が鎮圧できるはずはなかった。そこで彼は襲職後間もなく、天文六年正月に、守護上杉定実を再び起用し、これによって諸豪族と和解した。しかし事態の根本的解決がそれによってもたらされたわけではない。長尾氏かまたは誰かが、越後一国の地頭・国人に知行を給与する封建君主になるまで平和は招来さるべくもなかったのである。

上杉定実に子供がなく、中条藤資の勧めで、その妹が嫁した伊達晴宗の二男実元を養子にしようとしたところから、下越はまたまた戦乱の巷となった。今度は揚北衆が二分し色部勝長・本庄房長が晴景と結んで、中条藤資に反対したのである。天文八年、伊達・中条の連合軍は本庄房長を破り、房長は羽前大宝寺で没してしまった。この騒動のため定実はついに隠遁の志を起こしたが、晴景の請いで思い止まったほどである。ところが伊達家では、稙宗が実元に譜代の精兵百騎をつけて越後に送ろうとしたため、嫡子晴宗の怒りを買い、天文十一年父子相戦うにいたった。そこで稙宗は救援を揚北《あがきた》（阿賀野川以北）の諸豪族に請い、また下越の動揺が生じた。痼疾になやむ晴景は、ここに謙信を起用して国内鎮撫に当たらせたのである。

このとき謙信は十四歳であったが、本庄実仍《さねとみ》等に擁せられて天文十二年九月三条に入り、日蓮宗本成寺住職日意に寺領安堵の朱印状を与えている。ついで栃尾に入り、諸国の敵を討って家名を少々再興することができたと後年の天室光育宛書状（長慶寺文書）で述懐している。そして天文十四年、黒田秀忠が病弱の晴景を悔り新山（三島郡）・黒滝（西蒲原郡）の二城に拠ると、翌十五年十月春日山城に帰り、晴景に代わって諸将を集めた（村山文書）。秀忠はやがて降服したので、謙信はひとまず栃尾に帰ったが、翌十六年また叛いたので、二月上杉定実の命を受けこれを滅ぼし、ついに越後を平定することができた。

このように謙信の武威がようやく高まってくると、謙信の叔父である信州の高梨政頼や、政頼の聟の中条藤資等は古志長尾氏と結んで謙信の擁立を計った。晴景も謙信を嫌忌し、古志長尾氏と対抗した上田の長尾政景がこれを援けて謙信を除こうとしている。こうして謙信方と晴景方とがたがいに戦ったが、天文十七年十二月守護定実の斡旋によって和解し、謙信が晴景の養子になるということで、同月晦日春日山城に入り長尾の家督をついだ。時に年十九歳で、謙信も信玄と同じ頃、同様な事情で家督相続をしたわけである。ただし謙信は守護代家を相続したものであり、国内にはまだ長尾宗家に臣従しない強豪雄族が戦国的小領主として割拠していた。武田家が国内を統一し、信濃経略を開始していた時期に、まだ守護を載き、それによって国人領主と妥協して平安を保っていた謙信は、それだけ信玄に立ち遅れており、その肩に課せられた負担もまた大きかったと言わねばならない。

謙信悪逆の伝説　謙信は清廉な義理固い男であった。しかし封建時代の内幕暴露趣味の軍学書は、彼に実兄晴景からの家督簒奪と義兄長尾政景の謀殺との二つの冤罪を負わせてしまった。江戸時代の軍記は、上杉・武田両家に関し、よく真偽を混淆し空想臆説を連ね、忠実を無視して、時流に投じようとする傾向があったが、この冤罪もここに由来するのである。

すなわち小幡景憲の「甲陽軍鑑」による甲州流軍学が諸藩士に広く行なわれるや、軍学者宇佐美定祐は謙信の軍師宇佐美定行なるものを創作し、父祖の軍法に託して宇佐神流の軍学を唱え、「越後軍記」を刊行した。そしてさらに竹俣義秀・畠山義真等上杉の重臣に親近し、たがいに史料を交換し、上杉家の文書・記録を見て、「北越軍記」・「宇佐美系図」を著わした。「北越軍談」・「北国太平記」とくに頼山陽の「日本外史」はこれに拠り、山陽の能筆によって謙信の簒奪《さんだつ》は滔々《とうとう》として流布せられることとなった。

米沢の史家伊佐早謙はつとに「長尾景虎兄晴景を府内に攻殺せる伝説の謬妄《びゅうもう》なることを論ず」（遼豕編第六）と題して卓越した見解を述べている。すなわち宇佐美定祐によれば、晴景（四十四歳）は酒色に溺《おぼ》れ、懦弱《だじゃく》であったため、国人は謙信を推戴しようとした。謙信は兄に弓をひくわけにはゆかないので、剃髪遁世《ていはつとんせい》しようとしたが、宇佐美定行の「大諫言」によって、栃尾城に籠もることになった。晴景は五千余の兵を向けて栃尾城へ攻めよせたが、その夜に入り、景虎は寄手は軍兵のみで、小荷駄兵糧が続いていないから今夜引き取ると確信し、引きぎわに攻めかかったので、寄手は総崩れとなった。ついで柿崎の下浜で府内勢一万余を攻め破り、晴景は米山越しに府内に退却した。景虎は米山坂下につくと民家に入って高鼾《たかいびき》で睡りこんだが、晴景軍が三分程米山峠を越えたころ、突如早貝を吹きならして急追撃に移った。このため晴景軍は下りにかかったところに切りかかられ、数多の人馬を討たれて、春日山城に遁《のが》れたが、宇佐美・本庄等に取り囲まれ、四十五歳で切腹してしまったという。

しかし、府内と栃尾の距離は約二五・六里もあり、一日分の兵糧もなく五千の軍隊が侵入し、即夜に退却するごときことはあり得ない。しかも米山はわずか一眠りの時間に上下できるものではない。このときの晴景と謙信の不和が、上杉定実の調停で、謙信の春日山入城となったことは、『上野文書』に「屋形様よりの御諚を以て、御無事相調い、晦日当地鉢峰へ御移候」とか、「屋形様御刷《つくろい》を以て、早速御無事相調い、春日山へ御登城、定めて大慶たるべく候」とあるによって明らかである。「越後軍記」はこの事件を天文十二年とし、「北越軍記」は天文十六年としているが、晴景は天文十七年四月、東頸城安塚村賞泉寺住職長夫和尚に安堵状を与え、また同年八月山村右京亮に知行を与えている（「越後名寄」）。なお晴景は自殺ではなく、天文二十二年二月十日病死し、その古牌は謙信が創建した華岳院に安置され、のち米沢林泉寺に移って上杉家の霊屋に合祀されている。

こうして謙信は春日山城にあり、越後の覇者となり、天文十九（一五五〇）年上杉定実没して越後守護家が断絶したため、名実ともに国主の地位につくこととなった。しかるにこの年十二月、長尾家の一族で代々坂戸城に富強を誇っていた長尾政景が、かねての風評の如く謙信に抗した。政景の父房景は為景や古志長尾氏と戦い、政景も晴景をたすけて謙信に敵対したもので、謙信の戦国大名化にあたって、まず屈服させなければならない相手でもあった。政景の部将発智《ほっち》長芳（小出町中家）・穴沢新右衛門尉（入広瀬西名）や宇佐美定満がこれに応じた。天文二十年謙信はまず中条・上野等の諸将に政景を討たせ、ついで八月自ら征討しようとしたが、政景が誓詞を提出して服従を誓ったので、謙信の姉をその妻とし和睦した。以後政景は謙信政権の枢機に参与することになる。謙信の養子となり、のち御館の乱に勝って上杉の家督を継いだ景勝はこの政景の実子であり、上田長尾氏に対抗した古志長尾氏はこの御館の乱で景勝に滅ぼされたのである。

俗説によればこの政景は謙信より嫌忌され、永禄七年七月謙信の密旨を受けた宇佐美定行によって謀殺されたことになっている。しかし永禄六（一五六三）年の関東出陣には、政景に春日山を留守させ、翌年四月上野沼田に帰陣したときは、その労をねぎらい、近く帰府する旨を告げている。しかるに間もなくこれを誘殺しなければならぬ理由も動機もあり得ないのである。政景はこの日、坂戸城の付近の上田郷土樽村宇谷後《やご》の野尻池に舟遊し、誤って溺死したものと思われる（『上野文書』『毛利文書』『国分威胤見聞録』)。

従って謙信は兄を攻め殺して家督を奪ったのでもなければ、義兄を溺殺させたものでもない。宇佐美定行を謙信一代記のサワリに登場させようとする軍学者定祐の創作に帰すべきものであった。謙信はこのような非分なことのできる人物でもなかったようである。さればこそさきに見た看経所に納めた願文において、武田信玄が父信虎を追放した不孝を仏神の前で非難できたのであろう。

第二章　甲越の決闘

一　信濃経略

武田氏の信濃攻略　国内統一を終えた武田の鋒先は、駿・相の強敵を避け、まず信濃に向けられた。これが信玄と謙信とを決戦へと導いたものであった。信濃国は大国であるが、周囲を高い山嶽がとりまき、その主脈は中部に広がって国内を南信と北信とに両分している。そしてさらに国内を小地域に分割し、北部には善光寺平・佐久平、南部には木曾谷・伊那谷・松本平・諏訪平の小盆地や小河谷平野ができている。このような山河の形勢から、南・北信の民俗風習が異なるばかりでなく、古来から信濃十郡には、小豪族が各地に割拠していた。戦国の世では、豪族の領主的成長により併合も行なわれたが、その主なものでも南佐久郡の平賀氏（海野口城）、更科・埴科両郡の村上氏（葛尾城）、下高井郡の高梨氏（中野城）、諏訪郡の諏訪氏（上原城）、安曇《あずみ》・筑摩二郡の小笠原氏（深志城）、木曾谷の木曾氏（福島城）、善光寺平の島津氏（長沼城）、その他の豪族があった。彼等はあるいは和し、あるいは戦い、国内は分裂動乱の止むときがなかった。東隣武田氏はこの弱点に着眼して信濃経略を開始

凡例

川 ……
境 ……
道 ──
郭 地
街 場
要 峠
河 ╌╌╌
国 ═══
主 ○
城 ⛿
要 ╳
戦

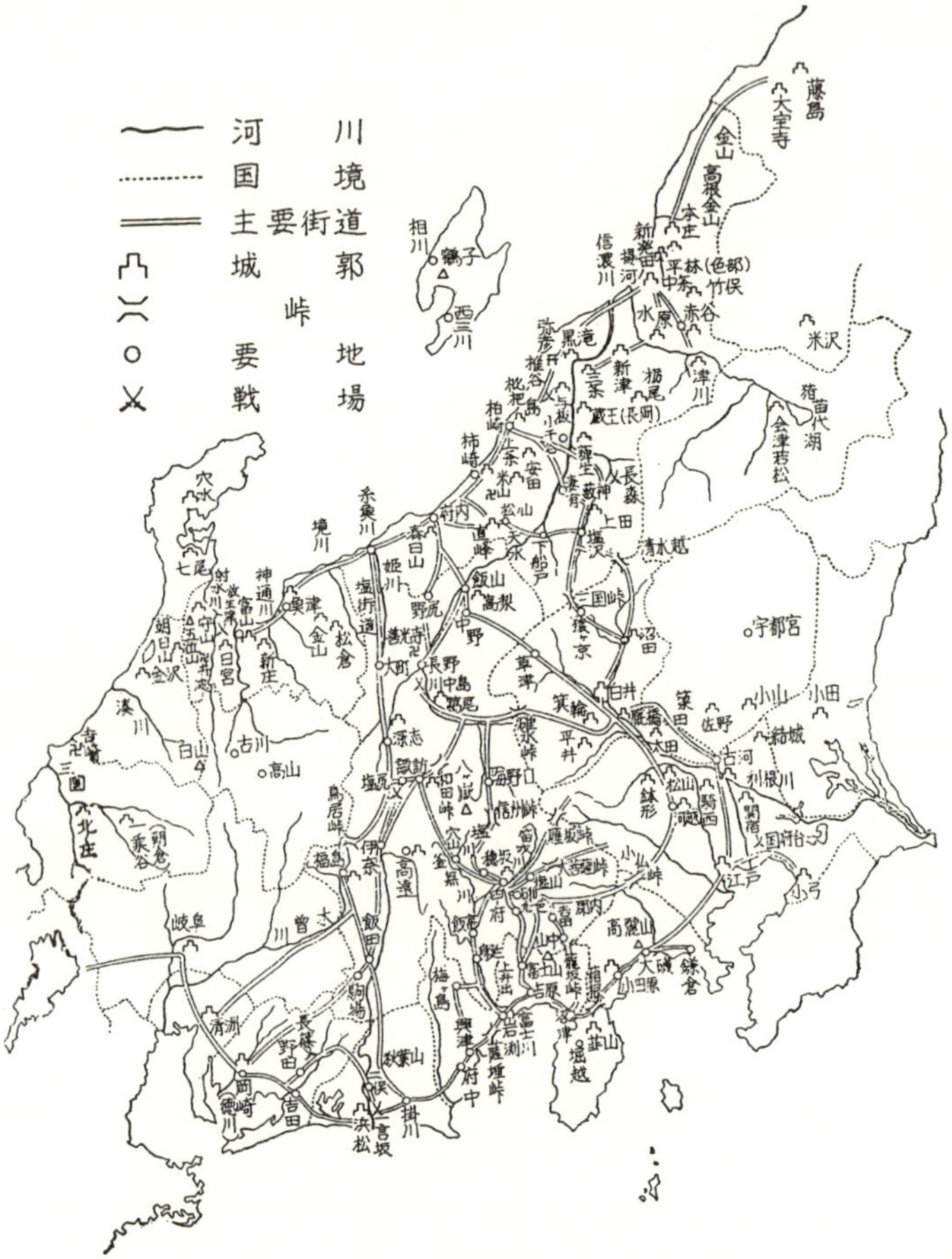

甲信越略図

したのである。

また甲府盆地から東海道諸国へ出るには、富士川の河谷に沿って駿河へ出る道のほかに、籠坂峠《かごさか》と小仏峠の山路があるが、これらはわずかに人馬を通ずるにすぎない。甲斐が外敵の侵入を受けなかったのはこの地勢によるところが多かったのである。ところが北の方の信濃に入る路は比較的往来に便利で、諏訪口と佐久口の二路が開けている。諏訪口は塩尻にいたって、右に行けば松本・長野、左に行けば木曾路に入ることになる。佐久口は小諸・上田を経て長野に達することができる。つまりこの二通路は甲斐の咽喉を扼するものであって、後年武田を滅ぼした織田軍も諏訪口より殺到したものである。従って佐久平と諏訪平は武田政権の生命線であって、どの方面の敵に対抗するにせよ、まずこの方面を占領して後顧の憂いを絶つことが、戦略上必須の要件であったのである。

そこで武田信虎の信濃進攻は、まず佐久平の平賀氏と諏訪平の諏訪氏との攻撃から始められた。平賀氏は武田氏の同族で、新羅三郎義光の子益義が、平賀庄（南佐久郡）を領したのに始まり、海野口城を居城としていた。諏訪氏は信濃諸氏のうちもっとも旧家で、諏訪上下社に関係していた両大祝を中心に一族が繁栄していた。やがて諏訪社が武神として信仰を集めていたため、大祝の祭政は分離し、神官とは別に武家としての諏訪市の惣領が政務に当たり、上社大祝《おおはふり》を一族より任じた。この諏訪氏が上原城にあって諏訪平を支配し、伊那郡にも勢力を及ぼし、高遠氏・藤沢氏等を分出したのである。

武田氏は早くから諏訪社を崇敬し、武田信虎は大永三年と七年には善光寺へも参詣している。ところが大永五年諏訪某が甲府へ亡命したころから、武田・諏訪の対立が深まったらしいが、翌年信虎上洛のため、両者は一時和睦した。

享禄元（一五二八）年八月、武田信虎と諏訪頼満の神戸・堺川の会戦があり、武田軍の敗北となって萩原備中守が打死した（「諏訪社神使御頭之日記」、「妙法寺記」）。享禄四（一五三一）年正月には浦・栗原両氏が信虎と仲違いして府内を退去し御嶽へ馬を入れ、浦信本も同心であった。彼等は諏訪頼満を頼み府中に進撃し、韮崎・塩川辺で合戦が行なわれ、双方とも多数の死傷者を出した（当社神幸記）。そして翌年九月信虎は一国をあげて信本の浦城を攻撃し、諏訪勢も多く浦にたて籠ったが、ついに信本は降伏し、城を信虎に明け渡した。このように当初は諏訪氏の勢いはなお盛んで、手強い抵抗があったので、天文四年、信虎と碧雲斎（頼満）とは堺川で会見し、たがいに和睦することになり、天文九年十二月には信虎の女弥々御料人が諏訪頼重に嫁し、両家の和親はいよいよ堅められた。

こうして諏訪口を固めた信虎は、この年五月佐久口から進撃し、一日に城三十六を落としたと噂されるほどの猛攻を行なった。平賀源心の海野口城も落城し、佐久郡を入手した信虎はここに小山田出羽守信有（郡内谷村城主信茂の父）の被官小林宮内助を城代として留め、信濃経略の拠点を確立した。翌十年には諏訪頼重・村上義清を誘って小県《ちいさがた》郡海野平に進攻し、海野棟綱を破ってこれを上野の上杉憲政のもとに走らせた。禰津《ねず》元直・矢沢綱頼等も降り、信玄の継職以前に、すでに佐久の大部分は武田家の手に入いってしまった。信虎はこの戦の一か月後に追放されたのであるが、信玄はその遺産をそのまま継承して、新たに境を接するようになった村上義清と、一時的に妥協した諏訪氏との打倒を課題とすればよかったのである。

諏訪氏の滅亡　海野棟綱の求援に応じて、関東管領上杉憲政は兵三千を遣わし、小県郡佐久・海野に侵入してきた。七月四日諏訪頼重は村上義清に応じて同郡長窪に出陣したが、信玄は村上氏を援けようともしなかったし、村上軍もあえて動かなかった。関東勢も葦田郷を蹴散らしてそのまま帰陣、諏訪軍に攻撃をかけようとはしなかった。そこで頼重は上杉憲政と和し、葦田郷を所領とし、葦田信守を「家風」（被官）として治めさせることにして帰城してしまった。信玄の胸中には信虎時代と違った仮想敵国が画かれており、諏訪氏ついで村上氏を滅亡させる好機をねらっていたのである。

ところで頼重は諏訪惣領家として下社の金刺氏を制し諏訪郡を統一していたが、天文の初めから毎年天災がつづき、暴風水害を蒙《こうむ》って経済的に疲弊していた。そこへ頼重が小笠原氏や海野氏を討つため、郡外に出兵したのであるから、民衆の疲弊も甚しく、人心離反の兆《きざ》しも見られた。しかも下社の金刺氏の一党はひそかに頼重排斥を計画し、伊奈の高遠城にあった諏訪信濃守頼継も機会あらば頼重を滅ぼして惣領になろうとしていた。南北朝時代に高遠家の祖先信濃権守頼継が兄でありながら惣領家を継がず、弟の頼重の祖安芸守信嗣が惣領となったことを根に持っていたからであるが、この頼継に上社の禰宜大夫矢島満清が気脈を通じ、信玄と頼重の間を中傷したのである。

信玄はこの好機に乗じ、天文十一年三月出馬西進し、六月二十四日、高遠・下社と呼応し堺川を越えて打ち入った。諏訪頼重は武田軍侵入の報に半信半疑で、二十五・二十六・二十七日もすぎ、二十八日亥刻になって、やっと貝を吹き鐘を鳴らして戦争準備をしたくらいである。同盟を信じていたのかも知れない。林の如く静かに進撃してきた武田軍を諏訪の物見が発見したのは七月一日のことで、三千騎の武者と二万の軍兵が進撃してくるのに肝を潰してしまった。頼重方は「府内弓矢」（筑摩郡小笠原長時）と長窪衆とで、くたびれた妙な馬に乗った武者が百五十騎、歩卒が七八百ばかりであった。日暮れに夜討をかけようと計画したが、これも果たさず、逆に甲斐勢から夜討をかけられ、翌二日には高遠勢も杖突峠を越えて安国寺門前の大町に放火した。討死覚悟の頼重の馬を、近習・一族が引きたて引きたて、上原城から桑原に遁れさせ、屋形に火をかけたところ、甲斐軍は一斉に侵入し、「諏方うち西東の躰、なかなか目もあてられざる次第」（守矢頼真書留）になってしまった。

翌三日から桑原城攻撃にかかった甲州・高遠勢は、四日ひしひしと城に取りつめた。頼重譜代のものは三日に逃げ散って、頼重は弟の大祝殿・ちごなど二十人ばかりとともに夜を明かし、四日兄弟三人で切って出ようとしたところ、甲州方より開城和談の勧告がなされた。頼重は甲州へ降参し、武田勢をかりて高遠頼継を滅ぼそうと考え、開城して五日甲斐に赴いた。信玄はこれを板垣信方の会下《えげ》東光寺学寮に預け、約に背いて二十日切腹させてしまった。こうして諏訪惣領家は滅亡し、諏訪郡は宮川を境に西は頼継が領し、東は武田領として、上原城に守備兵が置かれることになった。

ところが頼継はさらに惣領職を望み、矢島満清や箕輪の藤沢氏、春近の小笠原氏と結んで、九月十日上原城を打ち破り、下社へ攻め寄せ、両社とも手に入れた。そこで板垣信方は十一日諏訪に出動し、信玄は頼重の遺言に従って遺児虎王（信玄の甥にあたる）を擁し、十九日西進し、境川に陣した。頼重の叔父諏訪満隆、弟満隣その他一族の矢嶋・小坂・有賀・千野、社家守矢頼真等も武田軍に応じ、頼継方には有賀遠江守・同伯耆守・禰宜・諏訪能登守等に、箕輪・春近勢も加わり、二十五日安国寺前宮川の辺で決戦が行なわれた。この戦で甲州勢二万は頼継軍を潰滅させ、頼継は弟蓮芳軒をはじめ七、八百ばかりが討たれ、郡境杖突峠を越えて高遠に敗走、藤沢頼親も降り、信玄は諏訪郡を全く併合することができた。

天文十二年信玄は上原城代に板垣信方を任じ、郡内を統治させたが、高遠頼継は翌十三年十二月、積雪で甲州からの援軍が出動できないときをねらって諏訪に乱入、上社神長官《かんおさ》守矢頼真の家を焼いた。そこで信玄は翌十四年四月、三度目の兵を出し、十五日杖突峠に陣して高遠を攻めた。頼継は支えきれず十七日逃亡し、信玄はさらに箕輪城（上伊那郡箕輪村福与）の藤沢頼親を攻めたが、伊那郡の知久氏、筑摩郡の小笠原長時が来援し、今川氏も加勢したので容易に落とすことができなかった。しかし六月に板垣信方は龍ケ崎城を陥れ、神長官守矢頼真の扱いで、頼親も血判誓紙、人質を提出して降服した。かくて伊奈郡の地も大体信玄に属することになった。

小笠原長時と村上義清　諏訪を併合した信玄は、転じてその鋒先を信府の小笠原氏に向けた。小笠原氏は信濃守護の家柄で、武田信義の甥小笠原長清を祖としている。小笠原長棟は塩尻城で諏訪頼重と戦っていたが、天文八年六月これと和し、長時のときは深志城（松本市林城）にあり、安曇・筑摩の二郡に蟠踞《ばんきょ》していた。さきに見たように、箕輪城の藤沢頼親を降した武田信玄は、伊那郡竜ケ崎城から深志城に走った長時を追撃して塩尻に軍を進めた。ここに長時は救いを北方の村上義清と、西方の木曾義昌に請い、三家連合によって信玄の北進を防ごうとした。村上氏も信濃源氏で、更級《さらしな》郡村上郷にいた旧族であったが、至徳元（一三八四）年埴科《はにしな》郡坂城《さかき》に移り、葛尾《かつらお》城を築いて近隣を征服した。左衛門督義清の代には、埴科・更級・高井・小県《ちいさがた》・水内の五郡と佐久郡の一部を所領とし、同族には高梨（下高井郡中野城）・井上（上高井郡井上城）・綿内（上高井郡綿内城）・室賀（小県郡日滝大岩城）・清野（埴科郡清野城）の諸氏があり、島津（上水内郡長沼城）・栗田の諸氏がその配下にあり、信濃諸族のうち、小笠原氏についで強盛を誇る領主であった。また、木曾氏は木曾義仲の後裔と伝えられ、福島（西筑摩郡）城に拠って木曾谷を勢力圏としていたものである。

ところで諏訪経略を終えた信玄は、転じて北に向かい、海野口城を前進基地として佐久平に進んだ。天文十五年前山城（小宮山）に進み、翌十六年閏七月、笠原新三郎清繁が守る志賀城を攻めた。ついで、これを援護するためやってきた上杉憲政の軍を八月浅間山麓の小田井原に破り、十一日清繁以下を討ち取って大勝を博した。こののち信玄の北信経略は続けられ、天文十七年二月雪の大門峠を越えて小県郡上田原で村上義清と兵火を交じえるにいたった。そしてこの戦で信玄は大敗を蒙り、信濃経略の片腕であった板垣信方をはじめ、甘利・財満《さいま》・初鹿根の部将が戦死し、信玄自身も負傷し、三月諏訪に退却してしまった。信玄の周到な作戦計画に狂いの生じたことは極めて稀にしかない。しかしこのころは連年信州出兵が続き、庶民の疲弊もさることながら、「奉公の人々は、信州御陣に迷惑候て言語に及ばず」(妙法寺記)という有様で、将兵の戦意低下は争えない事実であった。

小笠原長時はこの機に乗じ、村上や安曇の仁科・伊那の藤沢等と謀り、四月下諏訪に攻め寄せ下社に火を放って帰った。ついで六月に攻めこんだときは下社の地下人に敗北、負傷して引き上げたが、七月には武田支配を喜ばぬ湖西の地侍が長時に応じて挙兵し、長時は上原城に武田氏の郡代を攻めた。早速甲府を立った信玄は、十八日上原に着き、十九日早朝急襲して塩尻峠で長時を破り、ついで湖西地侍を平らげ、一千余の将兵を討たれた長時は林城に逃げ帰った。信玄はこうして信州諸将の同盟の中核たる小笠原氏に打撃を与え信州制圧の大勢を決したのであった(今井登志喜　歴史学研究法)。そして九月諏訪から転じて佐久郡に向かい、田口城を陥れ郷士数百人を討ち取り、春の敗北の雪辱をなすことができた。一方小笠原氏の勢威は日に衰え、天文十九(一五五〇)年七月、信玄再度の筑摩郡侵入によって諸城は降服もしくは落城し、信玄は林(深志)城を破却し、城代に馬場信春を任じた。

ついで翌八月信玄は小県郡砥石城の攻略にとりかかり、九月一日の攻撃では横田備中以下千人ばかりの戦死者を出して退却したが、真田幸隆に城を攻めさせ、ついに二十年五月にこれを陥れた。一方村上義清は、長時を助けてあるいは深志城を脅かし、あるいは佐久郡に侵入し、安曇郡にも進出した。そこで信玄は二十年十月、甲府を発して深志城にいたり、平瀬城を攻略して原美濃守虎胤を置き、深志城の馬場信春とともに小笠原氏の諸城を陥れさせた。こうして支え切れなくなった長時は、村上氏の援も頼むに足らずと、二十二年正月ついに越後の上杉謙信のもとに身を寄せるにいたった（二木寿斎記）。そして小笠原氏と唇歯輔車の関係にあった村上義清も、二十二年八月塩田の要害を引き払い行方不明となってしまった。この時は一日のうちに要害十六が陥落し、「分取高名、足弱《おんな》いけ取申候事、後代に有るまじく候」（妙法寺記）という快勝であった。彼もまた謙信のもとに身を寄せたのである。

北信の経略を終えた信玄は、さらに南信に進んだ。下伊那郡松尾鈴岡城を攻めて小笠原信貞を追い、二十三年八月知久郷を焼き、二十四（弘治元）年木曾義昌を攻めて、八月糧道を絶った。そこで義昌も和を請い、信玄はその女を義昌の妻として臣従させた。

こうして信玄は十二年に亘って信濃に兵を用い、着実にその平定の歩みを進めた。諏訪・小笠原・村上・木曾の雄族が屈服したのちは、北信にのこるのは高梨・井上・島津・栗田等小領主であり、彼等の多くは信玄に通じ、高梨・島津・井上等は越後長尾氏に救いを求めるにいたった。すでに長時・義清の両人は謙信の出兵を求め、いままたかつて長尾為景をたすけ、長尾家と姻戚関係にある高梨政頼が援《たすけ》を請うている。謙信は正義と情誼のため信濃出兵を決意しないわけにはいかなかった。まして善光寺平は越後の頸城平野の玄関にも当たるものである。ここで信玄の北上を阻止できなければ、強力な甲・信の軍勢の前に春日山城下は大きな脅威を受けることになる。北信諸族が救いを求めなくても、川中島をめぐる甲越の衝突は必然であったのである。

謙信の上洛　天文二十二年四月の葛尾城、八月の塩田要害陥落のときには、数千の越後勢が村上軍に協力しており、このときすでに甲越両軍は交戦していたのである。後年大須賀久兵衛に武田信玄は次のような感状を与えている。

去る癸丑八月、越後衆出張の砌、信州布施に於て頸壱っ討ち捕るの条、比類なき戦功に候、いよいよ忠節神妙たるべきものなり。仍って件の如し。

弘治三丁巳　　晴信（花押）
三月廿八日
大須賀久衛尉殿

すなわち塩田要害から行方不明と伝えられた義清は、越後軍に援けられて退却し、川中島布施に追撃する信玄軍と戦って越後に走ったのである。この三年後の弘治二年、謙信は長慶寺の僧に宛てて、「信州の儀、隣州勿論に候と雖も、村上方を始めとして、井上・須田・島津・栗田、その外連々申し談じ候。殊に高梨は、取り分け好みある儀の条、かたがた以て見除かしむべきにあらず」と去年を含む両度の出陣の理由をのべているから、北信諸族との軍事同盟は天文二十二年八月にはすでに成立していたと考えられる。

九月一日には越後勢は更級郡八幡に武田軍を破り、武田方の荒砥城も落ちた。三日には越軍は筑摩郡青柳を放火し、四日会田の虚空蔵要害も落ちた。逆襲に転じた武田方は十三日に尾見（麻績）・荒砥両城を忍び焼き、首四十余を討ち取っている。十五日夜は越後勢が攻め寄せ、謙信書状を受けて内応しようとした禰津治部少輔・奥村大蔵少輔が十六日武田方に打ち捕られた。十七日越軍は埴科郡南条を放火したが、二十日ついに故国に引き揚げて行った（高白斎記）。このように大会戦の機が熟しながら、義清以下を伴って撤退作戦を展開したのは、謙信がこの前年弾正少弼従五位下に叙任せられ、その謝恩のため、上洛しようと考えていたからである。

謙信にかぎらず、為景も能景も、そして他の戦国諸侯も、幕府や朝廷の権威を戴いて自己の行動を正当化しようとした。謙信の場合は守護代家から一国平定をなしたのであるから、その性格の弱さからも、とくに権威の認証を必要としたのであろう。まして天文二十一年には関東管領上杉憲政が来たり投じて関東の恢復を請い、いままた村上氏以下が援を求めてきたのであるから、謙信は北条氏と武田氏の強圧を腹背に受けることになったわけである。そこで僧侶を関東に出して情勢を偵察させ、二十一年八月平子・庄田の諸将を三国峠を越えて上野沼田に出陣させるなどの手を打っていたが、若い彼にとっては何よりも正義の戦という名分が欲しかったのであった。

天文二十二年、まず京都にある神余《かまり》親綱をして剣・黄金・巻絹を朝廷に、太刀・馬・青銅三千疋を将軍に献上、叙位任官を奏請した大覚寺義俊等に金品を贈った。そして九月上洛の途につき、郷津から海に出て、三国を経て京都に赴いたという。やがて参内して天盃・剣を下賜され、その忠誠を賞せられ、左の案文に見られるような戦乱平定の綸旨《りんじ》を賜わったようである。

平景虎、任国並びに隣国の敵心を挟《さしはさ》む、輩治罰せらるるところなり。威名を子孫に伝え、勇徳を万代に施し、いよいよ勝を千里に決す。宜しく忠を一朝に尽すべきの由、景虎に下知せしめ給うべし、ていれば、天気に依り言上件の如し。

天文廿二年　　　　　　　　　　　　権中納言奉

進上　広瀬大納言殿（兼秀）

（包紙上書）「天文廿二、在京之時ノ御案文共」　　　　（上杉家文書）

こうして謙信は越後国内外の敵を逆徒として、これを討伐する勅許を得たわけである。ついで彼は禁裏修理料を献じ、将軍義輝に謁見したが、この上洛で彼の得た最大の成果は本願寺との接触であった。

「本誓寺記」（高田市本誓寺第十四世一祐が元禄十年に編述したもの）によると、信州笠原から戦乱のため越後へ亡命してきた本誓寺十世超賢に本庄宗緩・石田定賢の両名が対面し、本願寺門徒が支配する加賀・能登・越中の路次安全保証の斡旋を依頼した。超賢は黙止し難く、加州小山（今の金沢大学敷地）に赴き、越前吉崎御坊に来錫中の本願寺証如の御書をも得て、加・能・越三か国の門末を教導し、上洛の時は自ら越前三国まで警護し、帰路また三国に出迎え、春日山まで案内したという。

このことは有名な史実で、「本誓寺記」は「越後史集」に収録され、関係文書は「加能古文書」・

「越佐史料」・「信濃史料」にも掲載されている。しかし『本誓寺記』の記載はもとより信用すべきものではなく、随所にその破綻を露呈している。布川教念の遺跡という本誓寺が、信州源氏井上姓であり、親鸞自筆（？）という光明本尊の連座高僧に教念房がなく、親鸞→真仏→□《（源海か）》→□《（了か）》海→□《（剃落）》と所謂仏光寺系の法流を示しているのは不可思議である。笠原本誓寺が戦乱をさけて加賀に移住しようというのも妙である。謙信上洛の月日は明確ではないが、天文二十二年九月二十日の越軍の信濃撤退以後と見るのが妥当であろう。また京都よりの帰国は上野家成宛ての極月十八日付本庄実仍《さねとみ》書状（反町十郎氏所蔵上野文書）によれば、十二月下旬頃が予定されている。しかるに寺記は閏二月上洛、五月帰国、六月村上・高梨等北信武士の亡命、十月川中島へ出陣、十一月二十八日川中島合戦としている。これは「謙信年譜」や「川中島五戦記」などの俗書によって寺記を創作したためにこうなったので、十一月十三日堺にいた謙信が川中島で大会戦を行なうはずがないのである。しかも本誓寺に蔵する関係古文書つまり長資《（吉江）》・実綱《（直江）》連署書状、本庄入道《（実仍）》書状（下間刑部宛）、石《（庄の誤り）》田惣左衛門尉定賢・本庄入道宗緩連署書状は、いずれも偽文書で、寺記の編者一祐の筆跡に酷似している。七月十日本庄入道書状には花押がなく、関係書状の文面はみな体をなさず、小山御坊役者の加州坊主衆宛の触状の如きは現物も存在しないのである。さらに超賢が越前三国まで道中警固したというのも政治地理的に不可解であって、海路ならば敦賀に直行するのが普通で、北国路ならば、三国にいたってから海路をとる必要もない。海路より加賀に上陸して三国に出るという道筋は、ことさら一向一揆の中心地を通過しようとするもの以外は選ばなかったことであろう。

要するに本誓寺超賢の活躍は、上杉家に対する同寺の貢献を喧伝してその由緒を修飾したものにほかならない。しかし一向一揆に殺された能景、越中一揆を平定した為景の行動に見られるように、一向宗禁制は長尾家数十年の祖法であり、長尾氏歴代は北国門徒鎮圧のチャムピオンでもあった。しかるに謙信が上洛の機会に本願寺に音信を通ずるにいたったことは事実である。本願寺住持証如（光教）の「天文日記」には次のように記されている。

> 天文廿二年十一月十三日、越後国長尾弾正少弼（今日堺へ相通う由に候）より、音信として太刀（四百疋ばかり）・馬鴾毛（此の如く）（日六に戴《（載）》すと雖も国より上ぼすべきの由に候）・鳥目千疋（樽代と云々）来る。頼資披露す。
> 十一月十四日、長尾へ返礼として、太刀（二貫余）・段子十端（代十三貫半）・嶋《（縞）》織物廿端（代拾五貫）、早朝堺へ、使麻生なり（昨宵より之を渡し置く）。

このように本願寺に貢物を贈ったのは、本願寺が大名化し、幕府も朝廷も大名公家も親しく交際していたためであることは言うまでもない。ただし長尾領に一向宗が禁制されていた時でも、一向宗は漸次浸透していた。頸城郡大崎郷関庄大鹿村の浄西道場（のち二本木村安楽寺）の方便法身画像は、永正十六年己卯歳五月十六日つまり為景の越中侵攻の年に実如の下付したものであり、頸城郡笠原真宗寺（のち飯山に移る）の本尊は天文十一年正月証如の下付したものである。勿論それらは信州より逐次頸城地方へ移動して行ったもので長尾政権と接触したものではない。しかし謙信が本願寺に慇懃を通ずるにいたったことは、本願寺門徒の領内の活動を公認したものにほかならないと言える。このような政策転換をさせたものとしては、まず真宗の地盤がなしくずしに形成されてしまったこと、またそれら信州系教団は北陸系のような一揆誘発の危険性の少ない門徒であり、信濃国侍と深く結びつき、国人の亡命につれて移動してきたものであることなどの事実認識が考えられる。しかし何よりも、謙信が北条・武田に決戦を挑もうとするとき、加・能・越・飛の門徒一揆に背後を突かれることは致命的で、是が非でも回避しなければならないところである。こうした本願寺の政治的中立の要請という点に、謙信の政策転換＝祖法破棄の真意が潜んでいるように思われる。信州系の真宗寺院は、こうした長尾氏のジレンマを衝いて、山より里への教線拡張と上杉政権への接触を実現したのであった。

このような謙信の事前工作に対し、信玄は自若として戦備につとめていた。証如がどう出ようと越中の本願寺門徒が謙信に心服するはずはなく、信玄自身が一向一揆に脅かされることもなかった。彼の妻は法嗣顕如（光佐）の妻と姉妹であり、また甲斐には強力な教団組織はなかったからである。また朝廷の権威に対しても、国を留守にしてまで上洛するようなことはしなかった。天文十五年六月三条西実澄・四辻季遠（藪）が綸旨を甲斐にもたらしたが、これは朝廷の信玄への無心であった。これに答えて信玄は、明年より万疋（百貫）を御料所として年貢を進上し、信州十二郡が手に入いったら三万疋に加増すると答えている。万疋の方はともかく、三万疋が進献されたかどうかは、他国の例から見て疑問とすべきであろう。また翌十六年、三条家領青苧・白苧役の上納を近年怠っているから、甲信両国の在々所々で力の及ぶところは堅く申し付け沙汰をせよという綸旨が下っている。これも記録がないから不明であるが、諸国と同様押領されてしまったと考えてよい。つまり信玄にとって必要なものは空虚な権威でなく、軍事力と経済力であったと言えるであろう。

二　川中島戦争

川中島五戦説　天文・永禄のころ、群雄たがいに争っていたなかで、天下を動かすに足る実力を具えたものは、甲斐の武田、相模の北条、駿河の今川、安芸の毛利、越後の上杉の五氏であって、本願寺・朝倉・織田がその間に介在していた。とくに武田と上杉は東国の雄将として児童もその名を知っているが、これは全く信州川中島における竜攘虎搏《こはく》の快挙が著名であるためである。しかしこの川中島合戦は、上杉流・甲州流軍学者によって近世初期から喧伝されたことで有名になったものであって、歴史上の意義に於て高く評価せられたことによるものではない。従ってそこには軍談的色彩がきわめて濃厚にまつわりついており、文献史学の仕事はまずそれを払拭し、合戦の年次を確めることから始められたといえる。

甲州流軍学の信条となった「甲陽軍鑑」は、天文十六（一五三七）年から永禄四（一五六一）年にいたる十五か年間に、前後十二回の合戦があったとしている。また「川中島五ケ度合戦之次第」（川中島五戦記）は五回の合戦があったとしている。この書物は寛文九（一六六九）年に「続本朝通鑑」を幕命で林春斎が編纂するに当たり、米沢の上杉家に託して家伝を集録させたものであるが、藩主綱憲幼少のため、後見であった一族の畠山義真と吉良義央が、老臣の宇佐美定祐・竹俣義秀と協議し伝説を総合して作製し、あたかも慶長二十（一六一五）年三月にすでに集録してあったようにして提出したものである。従ってその記事は「甲陽軍鑑」に対抗し、上杉家にも昔から一流の兵学のあることを知らせる趣旨で作られ、記事に架空の合戦を挙げたもので信用し難いものであった。「信玄全書」「信玄末書」「武田三代記」（片島深淵）・「甲越軍記」（速水春暁斎）等はみな「甲陽軍鑑」に似たもので、「列祖成蹟」（安積澹泊）・「名将言行録」（岡谷繁実）などいずれもこれに類するものである。

そこで明治の啓蒙時代に入り、まず田中義成が明治二十三（一八九〇）年史学雑誌第一号に「甲越事蹟考一、川中島合戦」を発表し、古文書・古記録に基づき、軍鑑・戦記の妄説を覆《くつがえ》した。「甲陽軍鑑虚を前に伝え、川中島五戦記妄を後に加え、末書相承け訛を滋し謬を累ね、竟に其説をして蜃《しん》城海市と異ならざらしむ」とは田中博士によって始めて喝破されたところである。ついで「甲陽軍鑑考」（史学雑誌第十四号）では、「武功雑記」によって、山本勘介は山県昌景の一部卒に過ぎず、「甲陽軍鑑」はその子（関山派の僧）が遺老の話を集録し、父勘介の口実を加え、高坂弾正の作としたものであると論じた。およそ勘介が信玄（晴信）の諱名を与えられて晴幸と称したことは、名字授受の例に背くもので、将軍義晴より賜わった「晴」の字を臣下に与えることがあろうはずはない。板垣信方・小山田信茂・穴山信君等重臣は、みな「信」の字を与えられているのである。また勘介が八百貫の知行を与えられ、信玄の五人衆で、川中島で戦死した軍師ならば、その家名を断絶させるはずもないが、勘介の遺跡の相続はまったく諸記録に見えず、信玄より勘介宛の文書、また勘介自身の文書も一通も現存していない。こうしてちんばの軍師、川中島合戦の大立物も、近代史学の前に影を潜めたのであった。

　川中島五戦説も厳しく批判せられ、田中博士は、川中島合戦は弘治元（天文二十四）年及び永禄四年の二回説を提唱した。この説は基本的には永く学界に承認され、戦国時代史の研究の進展につれて修補されて行った。明治四十二年夏小田原で開催され、「昭代学術の粋」と称せられた日本歴史地理学会講演会では、渡辺世祐は、弘治元年七月の謙信の川中島出兵、弘治三年二月の信濃での謙信と信玄の衝突、永禄四年九月十日の川中島の激戦、および永禄七年八月四日謙信の出陣をあげ、主たる合戦は二度であるが、このほか小戦があったことを指摘した（明治四十三年二月、「戦国時代史論」）。米沢の伊佐早謙もまた「五ケ度合戦ノ次第」の藍本を求めて、上杉家の書庫を探り、寛文以後の伝写本しかなく、武田氏・村上氏に伝わるものもないことを指摘し、慶長二十年清野助次郎（慶長二十年にはすでに周防守と改名した）・井上隼人正の選したものではなく、前述のように宇佐美定祐・畠山義真等が「古人共書置キ候写」と称して酒井忠清に提出したものであるとした（遼豕論）。そして同書が第一次戦を天文二十二年十一月としたのは、偽書「上杉輝虎注進状」を信じて、当時謙信上洛中であったことを知らなかったものであり、第二戦を同二十三年八月とするのは、「妙法寺記」及び弘治二年長慶寺宛謙信書状に合致するが、これは謙信出馬のみで、信玄は帰甲していたから両者の衝突はなかったとした。同様に第三戦を弘治二年三月としたのは軍鑑所載の永禄四年九月十日の戦闘を否定せんがために捏造したもので、同年八月の戦闘も確認なく、弘治三年八月の第四戦も信を置くことはできない。永禄七年の第五戦の如きは、甲州軍から安間彦六、越後軍から長谷川与五左衛門連基と、両軍から力士一名を出して一騎打をさせ、勝った方に川中島四郡を帰属させようという約束で、長谷川が勝って四郡が越後の手に記したとしている。しかしこの年出馬はあったが、決戦のなかったことは諸文書に徴して明らかであるとしている。この第五戦のことは田中義成に従ったもので、越後に帰属したはずの川中島四郡に謙信の朱印状なく、逆に多く信玄の知行安堵状が存在しているからである。

こうして伊佐早謙の所説に拠るところの多い布施秀治著「上杉謙信伝」は次のように断じた。

甲陽軍鑑、および五ケ度合戦の次第に記載せるところのものは、多くは信憑するに足らざるや明なり。然るに続本朝通鑑・逸史・日本外史・野史等皆これを原拠とせるを以て、其記事多くは信ずるに足らざるなり。

しかるに、越佐史料巻四の編集に当たった渡辺世祐は、退いて考えれば軍鑑・五戦記には古文書・記録と一致し、捨て難いものもあるから、一概に排斥すべきではないとし、確実な古文書・記録をもとに、甲陽軍鑑・川中島五戦記・北越軍記・北越家書・信玄大全・上杉年譜等の諸書を参酌する必要を説いた。そして この方法により、従来の説を修正し、新しく川中島五戦説を「信濃に於ける甲越関係」（史学雑誌三九ノ一二）に提唱している。

第一戦　天文二十二年八月
第二戦　弘治元年七月
第三戦　弘治三年八月
第四戦　永禄四年九月
第五戦　永禄七年八月

このうち激戦のあったのは弘治元年と永禄四年の二回で、第五戦の永禄七年には謙信の張陣のみで衝突はなく、このほか永禄八年にも謙信の信濃侵入がある（荻野文書）と言っている。そして永禄四年の大激戦の痛手から、両者とも深く戦うの不利を考え、謙信は一挙に勝敗を決しようとしがちであったが、術策に長じた信玄がいつも正面衝突を回避し、虚実の駆け引きが多かったことを指摘している。このことは川中島合戦の実情と性格を考える上に、重要な示唆を与えるものであって、次にはこの合戦の意味をこの観点から考えて見よう。

長尾氏と川中島　川中島は信濃国更科《さらしな》郡の東北にあり、千曲《ちくま》川と犀《さい》川が合流して挟む三角地付近を称する。この川中島を中心として千曲・犀の両川に沿い、東北及び西南に善光寺平と呼ばれる平地が展開している。その幅は川中島付近で約八キロ、長さおよそ四〇キロ、面積二六二平方キロ余で、戸隠連峰以下山岳が周囲をめぐり、高井・水内《みのち》・埴科《はにしな》・更級《さらしな》のいわゆる川中島四郡に及んでいる。ここには古くから阿弥陀三尊をまつる長野の善光寺があることで有名であるが、またその地は越後の頸城《くびき》地方・魚沼地方、甲府盆地、上野国に達する道路の会する要点であり、松本平に出て、伊那谷・天竜峡谷を経て遠江にいたり、木曾谷を下って美濃に、安房峠を越えて飛驒高山盆地に入ることもできた。甲府よりは一五〇キロばかり隔っているが、春日山からは六八キロばかり、甲軍の北進を阻止《そし》するための兵力を展開できる最後の要地であった。

しかし川中島は、信玄の北信経略によって謙信の関心をひいたものではない。長尾為景の越後統一にあたって、中越・下越よりも早く、ここにその勢力が及ぼされていたのである。真宗寺院の本末関係を見ても、越後の海岸地方では、戦国末期から近世初期に加・能・越から移動してきたものが多いが、頸南地方では、浄興寺・本誓寺・勝願寺など高井郡・水内郡の信州大坊の下道場が多く、文化的にも頸城地方と善光寺平とが深く関係していたことが知られる。

永正六（一五〇九）年関東管領上杉憲房が父顕定とともに、上杉定実を擁する長尾為景を討とうとして越後に攻め入ったとき、為景と同盟していた高梨政盛は泉・小笠原・市川の諸氏とともに越後妻《つ》有庄《まり》（松代町・十日町市地方）に憲房を打ち破った。ところが顕定は信濃衆を反撃して、高梨等は遂に水内郡尾崎庄に敗退し「居館々山へつぼ」んでしまった（金沢系図略伝、関東管領記）。ついで一旦は越中に逃がれた為景が信濃・越中の諸勢を催して再挙を計るや、顕定の厳しい捜索から身を隠していた政盛はこれに応じ、牢人を率いて五月信濃口から越後に攻め入った。信州勢は上郷に展開して板山に陣取り、寺泊に進んだ為景とともに椎谷の戦で上杉憲房を破ってこれを妻有庄に追い、顕定を長森原に討ち取った（「鎌倉管領九代記」六）。ついで上杉の残党を追伐し、為景ははるかに伊達尚宗にその戦況を報じ、下越の敵方を討つように依頼している（伊達家文書一）。

芳墨到来、喜悦せしめ候。仍って今般御加勢あるべきの旨、怡慶少からず候、当邦日を追って思の儘に候、その境（羽越国境）別儀なく候や。境より越中（椎名）衆推参これあるべきか、思慮に過ぎず候。幷に信州衆高梨・小笠原・泉・市川・島津方出勢これあり。関東衆追い散らし申され候。ことにその境より御出勢に於ては、本意近日たるべきの条、なお必ず御出勢待ち入り候。恐々謹言。

永正七年七月朔日　　為　景

伊　達　殿

上野に逃げ帰った上杉憲房は上乗院公済を介し、長尾為景と高梨政盛の追伐の御内書を近国の諸氏に下されんことを幕府に請い、細川高国（管領）・畠山尚順（越中守護）・大内義興（周防守護）・伊勢貞陸にも援助の依頼を請うている（武家事紀三十四藤原憲房書状）。能景以来の長尾氏と細川・畠山両氏との関係、とくに為景の実力から、幕府はこの事態をどうすることもできなかったのであるが、長尾為景とならんでここに高梨の名があげられてあることは、この為景の運命を決する関東管領＝守護勢力への反撃に、高梨政盛が如何に重要な役割を果したかを推察せしめるものであろう。

永正九年(一五一二)正月、越後守護上杉定実は、宇佐美房忠を信濃に遣わし、信濃調略のことに当たらせているが、これも破局にきた長尾為景との関係を考慮し、信濃衆を自己の陣営に引きつけようとする工作にほかならない。翌十年五月、為景は上杉定実・宇佐美房忠を討つに決したが、このとき信濃の福王寺彦八郎に上田妻有衆・藪神衆・宇佐美・大熊以下定実党が上条に集まったことと島津貞忠が同心してくれないことを報じている(歴代古案八)。このとき北信諸氏は定実＝憲定党と為景党に二分し、井上・海野・島津・栗田等の諸氏は定実方となり、上田口と呼応し、関口より乱入してきた。このときも高梨澄頼は為景方となり、十月長峯原に陣を張っている(上杉家文書 長尾為景書状)。そして為景は定実を自邸に幽閉し、翌年六月小野城に房忠を攻め自殺させてしまった(伊達家文書、藤原憲定書状)。こののち島津貞忠等との戦いが続けられたようであるが、為景が越中の神保慶宗および一向宗徒の討伐に出陣する必要から、去年以来の和議をまとめ、越後上郷上原で、長授院(山吉妙寿)と貞忠の弟元忠との会談が成功した。このときも為景は高梨澄頼の了解を求めている。上条定憲が天文二年為景と戦ったときも、定憲は宇佐美四郎右衛門宛の書状で「信州衆の様躰」を気にしているし(歴代古案二)、上条方の長尾房長も「信州之雑説、既に事議定の由」を府中(上杉定実)から伝えられているから、為景に味方するものがあったことは考えられる。しかしこの乱は上越の長尾為景と下越・魚沼の豪族との戦であったので、信州の動きは少なかったものと思われる。

ともかく北信は、武田信虎が信濃経略を開始する以前から、長尾＝高梨同盟の制するところであった。謙信が村上・井上・須田・栗田・島津・高梨等が反武田統一戦線を結成したとき、「殊に高梨事は、取り分け好しみある儀の条、かたがた以て見除かしむべきにあらず」として出兵したのは、長尾・高梨両家の姻戚関係に表現されるこのような歴史的事情が背後にあったからであった。

弘治会戦と謙信の隠退　天文二十二（一五五三）年八月頃から九月にかけて、村上・高梨等北信諸豪の危機を救うため、上杉謙信の信濃出兵が行なわれた。これが第一次川中島合戦である。謙信は上洛をひかえていたために兵を撤したので、信玄は諸将及び味方の信濃諸士に知行を宛て行ない、北信もまたおおむね武田の手に帰した。信州十二郡のうち入手できないのはほぼ一郡程度となったわけである。そこで十二月十八日付で山城清水寺成就院に書を送り、観音像・巻数・杉原などを贈って礼を述べ、去る天文十三年の願書で約束したものは信州平定の暁に進献するが、とりあえず去秋（天文二十二年）の勝利の礼として黄金十両を納め奉るとし、いよいよ武運長久の祈念を請うている。このような信玄の動きを知らなかったのか、おりしも上洛中の謙信の留守を預かる本庄実仍は、ちょうどこの日、上野源六家成（中魚沼郡波多岐庄）に書を送り、大熊朝秀（箕冠城主）が押さえた段銭を請け取って納付したこと、謙信が十二月下旬に帰国すると言ってきたこと、および信州口は無事であることを告げている。信越国境をめぐる外患はまだ顕在しなかったが、中魚沼郡川西分の土地をめぐる上野村節黒城の上野家成と津南の下平修理亮との係争から、本庄実仍と大熊朝秀との間にもひびが入っていたのである。

ところで天文二十三年武田・今川両家は北条氏康と和親し、今川氏真が北条氏康の女を娶り、信玄の女が北条氏政に嫁し、甲・駿・相三国同盟が確立した。信玄はこれから北信攻略に全力を注ぎ、外交によって越後の分裂を策した。まず天文二十三年十二月、内応の意を表わしてきた刈羽郡の北条《きたじょう》高広のもとに甘利昌忠を遣わし、その盟約にもとづいて高広は北条城に挙兵した。謙信はただちに翌年正月これを攻め、高広の宗家毛利景元父子とともに善根（柏崎市）に戦って勝ち、武田の来援のない高広はまもなく降服してしまった。

かくて謙信は武田を討って禍根を絶とうとし、戦備を整えて弘治元（一五五五）年七月信濃に出陣、十九日緒戦があり、二十三日善光寺に陣を張った。善光寺別当栗田氏には両家あり、大御堂主の里栗田家は上杉に属し、小御堂主の山栗田家は武田方であった。信玄は諏訪から和田峠を越えて上田に出で、ゆくゆく兵を集めて川中島大塚（更級郡）に張陣した。両軍は犀川を挟み三キロ余りを隔てて対陣したわけである。このとき栗田氏は旭の要害にあって信玄に応じたので、信玄はここに三千の人数・弓八百張・鉄炮三百挺を入れて拠点とした（妙法寺記）。謙信は「晴信に対し、興亡の一戦を遂ぐべき」覚悟で、短期決戦のつもりであったが、慎重な信玄は自らを持して謙信の再々の攻撃を避け、持久戦法をとった。そこで謙信は軍規振粛のため、部将に左のような誓書を入れさせている。

一在陣が何年になっても、他のものがどうしようとも、自分は命令通り在陣し、御馬前で奮戦すること。

一陣中で喧嘩や無道をする部下は成敗すること。
一防備について意見あらば心底を開陳すること。
一攻撃に関しては、何処へでも、進んで謙信の意図の通りに行動すること。
一軍を引いて再度出陣するときは、一騎でも馳せ参じ、馳走すること。
（弘治元）
天文廿四年十月　日
（石丸本文書集）

これは案文つまり誓詞の草案で、謙信の方で作製して諸将に示し、署判のうえ提出させたものである。これによって見ると上杉軍はまだ謙信のもとに一糸乱れぬ統制を保っていたとはみなし難いのであって、林の如く静かな武田軍に対し、帰心矢の如きもの、長陣に飽いたもの、総じて戦意低下が見られたのであろう。とくに最後の項は、謙信自身が長期戦に堪える自信をなくしていることを示すもので、ひとたび撤退して編成を解けば、ふたたび軍容を整えて再出馬することが困難であるため、対峙を続けているとさえ見られるふしもあるのである。

しかし攻勢に出たのは謙信であって、信玄はその南下を阻止すれば足りるのである。そこで両雄の対峙も七月より閏《うるう》十月にいたる百五十余日に及び、「人馬ノ労《つか》れ申すばかりなく候」という事態になると、今川義元の調停によって閏十月十五日和を結ぶこととなった。講和条件は甲州側で起案したものであるが、旭山城の破却と善光寺以北の謙信側の諸士の安泰が保障されており、謙信出馬の名目も一応たてられたわけである。そして謙信は撤退に際し善光寺大御堂の本尊以下を携帯し、越後春日山城下に御堂を建てて安置した。現在上杉家には善光寺の銘のある金銅五鈷、仁治二年及び貞応三年の銘のある金銅鈴、善光寺如来宝印、金牛仏舎利塔などの什宝が所蔵されているが、いずれもこのとき持ってこられたものである。のち永禄五（一五六二）年三月、関東在陣中の謙信は、春日山城の金津新兵衛に留守中のことにつき色々と指示を与えているが、その中で「春日・府内・善光寺門前その外」の火の用心を命じ、「善光寺町に信州の者共おおく候間、やき取などに火付候事もこれ有るべく候」といい、「如来堂をけんごにいたすべき」ことを命じている。つまり如来堂（直江津市五智善光寺浜）を中心に信濃人が多く移住しており、これらが留守中に焼き打ちなどに出るおそれがあると考えられているのである。のちこの如来像は会津より米沢に移され、謙信廟の左右に善光寺如来と毘沙門天とが安置されていた。

このようにして信濃口も一応小康状態となったためか、謙信にはこのころから隠退の気持が萠したようである。そして翌弘治二年三月家臣に隠居すべきことを告げ、政務を執ることを止めた（上野文書）。六月二十八日には宗心という入道名で、長慶寺衣鉢侍者禅師に長文の書翰を送り、詳しく隠退の経緯を述べ、「今般出奔事」について誤解のあるものに「愚意之有増《あらまし》」を説諭してほしいと依頼している。これによると謙信はまず長尾家の守護上杉家に対する忠誠より為景没後の謙信の鎮定にいたる歴史を回顧し、信濃出兵によって北信の味方が現在も安泰であるとしている。そして長尾氏歴代の功績が自分の代で不足がありはしないか心配していたが、家臣達の覚悟がまちまちで覚束ないため、ここに進退を改めるにいたった。元来長尾家は高景（魯山）・実景（因幡守）・重景（実渓）・能景（正統）・為景と武名が高く、謙信も栃尾に自立し長尾家を再興、そのうえ上洛参内して天盃《てんぱい》御剣を頂戴し、まことに名利過分至極である。また国内も豊饒であるが、永く政権の座にあれば、無理も生ずるし、従来の功を無にするおそれもある。「功成り名遂げて身退く」と古人も言っているから、遠国に退く心中である。家中譜代のものが協議して国政を行ない、自分は遠くでその様子を見守っていたいというのである。一言でいえば、国内も信州も一段落ついたから、この辺で政権の座から離れたいと言うのであって、安堵感と病気による自信の喪失および国内豪族の対立にいや気がさしたものであろう。

七月には隠遁の供をしてきた安田惣介に、長尾家に謂われのある「景」の字を許して景元と名乗らせ、国を出て紀伊高野山に赴こうとしている。ところが長尾政景等は大いに驚き、謙信を諫めたので、他国に滞留していた謙信も翻意し、弓矢を捨てる臆病者とも言われたくないとして、八月十七日政景に進退を一任する誓紙を与えた。そこで家臣達は忠誠を誓った一紙連署の誓詞を呈し、中条藤資以下人質を春日山に入れた。つまり雨降って地固まるの譬えのように、謙信の翻意は家臣統制の強化を条件としたのである。

ところで春日山の老臣大熊朝秀は本庄実仍・庄田定賢等とかねてから勢力を争い、上野家成と下平修理との土地紛争では下平方に意を通じ、謙信隠居のため政務・訴訟が中止になると、下平は上田城に入部してしまった。しかも本庄＝庄田＝上野ラインが強化されて立場が悪くなると、朝秀は謙信退隠の混乱を利用して武田信玄に応じ越中に走るにいたった。信玄は芦名盛氏の将山内舜通に朝秀を援護させ、山内氏また赤谷（新発田市）の小田切安芸守に行動をともにするよう手配している（山内文書）。ところが越中から越後に進攻しようとした大熊等は、八月二十三日西頸城郡親不知の駒帰《こまがえり》の合戦で上野家成等に打ち破られ、甲斐に落ちて行った。躑躅ケ崎城に大熊備前守屋敷跡があり、信玄の旗本足軽大将となったと伝えられる。「石水寺物語」に「大熊は輝虎の機嫌にちがひ、甲州へ参候て、山県同心にて、数度の手柄故出頭、小宰相の聟に仰付られ、取立たまふ、これも御譜代の如くなり」と記されている。本来は越後国中頸城郡板倉村山部地内の箕冠《みかんむり》にいた上杉家被官で、「御内」の一人であり、段銭方を勤めていた家柄である。謙信政権の成立によって執政首脳の座からはずされたため、このような始末となったのであろう。

この大熊の反乱によって越甲の和約は破綻を生じた。謙信は翌弘治三年正月、信濃更級郡八幡社に祈願を籠め、信玄の罪を鳴らし、信濃平定を祈っている。この願文（歴代古案）によると、武田晴信と号する佞臣《ねいしん》が信州に乱入して諸士を滅亡させ神社仏閣を焼いてしまった。自分は信玄に遺恨はないが、「隣州之国王」であるから、後代のためにも友好関係からも、近代信濃を助け、国の安全のため軍功を励ましてきた。「神は非礼を受けず」、信玄は国務を奪わんがため、故なく罪もない諸家を乱したのである。伏して冀くは、この精誠の旨趣、照鑑を垂れ給い、「景虎一団扇を以て当国本意の如く静謐《せいひつ》せしめ、天下に家名を発《おこ》さん」という趣旨のものである。

こうして甲越の戦端は再開され、二月信玄の兵は葛山城《かつらやま》（上水内郡）に落合備中守を攻めて落城させた。これに恐れて長沼城の島津規久も大倉に退いて守っている。謙信はさきの神文誓紙と今川義元との調停を重んじて手出しをしなかったが、ことここにいたっては是非に及ばずと出陣の覚悟を決めた。彼の色部勝長に送った二月十六日の書状では、雪中大儀ではあるが、信州の味方が滅亡すれば越後の防備も不安であるから「夜を以て日に継ぎ」「一廉の人数以下相嗜まれ、御稼此時に候」と出陣を催促している。信玄はさらに高梨政頼の飯山城を攻めようとし、政頼はしきりに援を請うたので、ついに謙信は三月二十四日春日山城を出て四月十八日国境を越え信濃に進撃した。

信玄は謙信を避けて戦わなかったので、謙信は敵軍に追随し、四月二十一日には善光寺に着陣している。武田軍は山田および福島を捨てて退却し、越軍は二十五日敵陣数か所根小屋以下を放火し、旭要害を再興して布陣した。謙信はどうにかして信玄を引き出し決戦を交じえる覚悟であったが、武田側から休戦交渉があったので五月十日頃まで行動を控えた。この日は小菅山元隆寺（下高井郡）に願文を納め信玄の調伏を祈り、明日をもって上郡に赴こうと言っている。十二日は香坂を攻め、近辺を放火、翌日は坂本・岩鼻（小県郡虚空山城）に進み、甲軍を追い散らした（色部文書、上杉年譜、高梨文書）。こののち八月、上野原で戦ったことは歴代古案に収める南雲・大橋・下平に与えた感状によって知られるが、この上野原が上水内郡岩槻村か、下水内郡常盤村かは明らかではない。そして九月兵を収めて越後に帰り、今度の出陣も信玄撃滅の目的を果たすことができなかった。

鞭声粛々夜過河　こののち三年ばかり謙信は上洛のこと、越中侵入、関東出兵などがあって、信濃口には守勢に立たざるを得なかった。これに反して信玄は信濃経略完成を目指して着実に手を打ち、弘治三年に北安曇郡小谷《おたり》城を攻略して信濃より越後糸魚川《いといがわ》に通ずる要衝を確保した。さらに足利義輝が三好長慶・松永久秀等に追われて近江朽木谷に逃がれると信玄と謙信との間を調停し、謙信を上洛させて京都を恢復しようとしたが、度々の下知にもかかわらず信玄は同意しなかった。そして義輝と長慶との間に和睦が成立し、永禄元年将軍が帰洛すると、永禄二（一五五九）年四月謙信は上洛して義輝と正親町天皇に会見した。このとき将軍は、謙信の留守中に信玄が信越国境に乱入したことを指摘し、「景虎意見を加うべき段肝要候」と命じている（上杉家文書）。事実信玄は山城理性院・戸隠権現・松原明神・生島足島神社さらに諏訪神社や甲斐の諸寺に信濃統一・謙信撃滅を祈願させ、謙信に対する積極的攻撃を準備していた。とくに義輝が僧悦西堂を信玄のもとに遣わし、越後への攻撃を問責させたとき、十一月書を大館上総介に送り、謙信の再度にわたる信濃放火の非を鳴らしている。この年信玄は義輝から信濃守護職に補任せられ、嫡男太郎義信は三管領に準ぜられていたので、謙信の信州出馬は守護分国の侵略にほかならなかったのである。しかも謙信の信濃侵入を阻止せんとすれば、越後を討たねばならない。去夏の攻撃のとき越後府内を破却しようとしたが、甲府へ使僧西堂下向の報告を受けたので、帰陣した次第である。信玄が信濃守護である以上、侵略者は謙信であるから、信越和融の件は越後に仰せられるが当然と使僧西堂も了解したが、西堂が越後へ赴いたところ、是非をたださず押し返してしまった。これこそ上意への逆心にほかならない。信州補任を無視した両国和睦の御不知は承伏できない。これが信玄の論理である。

かくて謙信は事の急なるを知って十月急いで帰国し、信濃に出陣しようとしたが、信玄と結んだ越中の神保良春が背後を突こうとしたので、翌三年三月椎名康胤を援けて越中に出陣し、富山城ついで増山城を攻めてこれを追わねばならなかった（福王寺文書）。さらに上杉憲政・佐竹義昭の請いによって八月関東へも出陣し、ために信濃での甲越の決戦は延期されていたわけである。しかしこの頃信玄は海津城（松代）を築き善光寺平を押さえたので、永禄四年ついに謙信は信濃に出撃し、信濃に討って出た信玄と川中島の大激戦が行なわれることになった。信玄のこの動きは関東管領北条氏康を救うための牽制作戦であり、佐久郡に出兵すると同時に、今川義元・神保良春・加越一向宗徒等と謙信を撃滅しようと起ち上がったのである。佐竹義昭と結ぶ謙信は八月二十九日に、岩代芦名、羽前大宝寺等諸氏の来援を期し、斎藤朝信等に越中を押さえさせ、長尾政景等を府内の留守とし、自らは主力を率いて八月十四日信濃に出陣した。この戦は川中島をめぐる甲越の紛争のうち最大の激戦であり、「流星光底長蛇を逸す」の詩で史上もっとも著名なものである。このとき謙信は三十二歳の気鋭の壮年、信玄は四十一歳の分別盛り、遠謀深慮の政略家でもあった。

その戦況は「甲陽軍鑑」・「上杉年譜」・「北越軍記」等に詳細に書かれているが、これが果たしてどこまで真実であるか明らかにし難い。ただ「妙法寺記」に次のように記されているに過ぎない。

此の年（永禄四）の十（九の誤）月十日、晴信公景虎と合戦成され候て、景虎悉く人数打死いたし申し候。甲州は晴信御舎弟典厩（信繁）打死にて御座候。なかんずく郡内弥三郎（小山田）殿は御立ちなく候て、人衆ばかり立て候へども、よこいれを成され候て、入りくづし、近国へ名を上げ申候。

今かりに諸書によって、よく語られる戦闘の概況を述べて見よう。当時急流の犀川以北は越後の勢力範囲、緩流の千曲川以南は甲斐軍に属し、海津城には高坂昌信があって甲軍の前衛拠点になっていたし、旭山城の小柴見宮内は越軍に応じていた。信濃に入った謙信は、善光寺を兵站基地として大荷駄と五千の兵を置き、自らは一万三千と小荷駄《こにだ》を率いて犀・千曲川を渡り、妻女山の陣場平に陣して海津城を攻撃しようとした。信玄は八月十八日甲府を発し、諏訪より和田峠を越えて二万の兵を率いて茶臼山に陣し、海津城と相応じて越軍の退路を脅かす両側包囲の作戦に出た。しかし信玄もまた善光寺および妻女山越軍から挟撃される危険もあるわけで、やがて茶臼山から移動して海津城に入った。こうして海津と妻女山との対峙がしばらく続いたが、信玄はいわゆる啄木《きつつき》の戦法を取って軍を二分し、一軍一万二千は妻女山の背後に迂回《うかい》して夜襲をかけ、他の一軍（信玄の本隊八千）は川中島で敵軍を迎撃することとした。かくて九月九日夜迂回軍は高坂昌信・飯富《おぶ》兵部・馬場民部等が指揮し、信玄の本隊は川中島に進み八幡原に陣して敵を待つことになった。

川　中　島　図

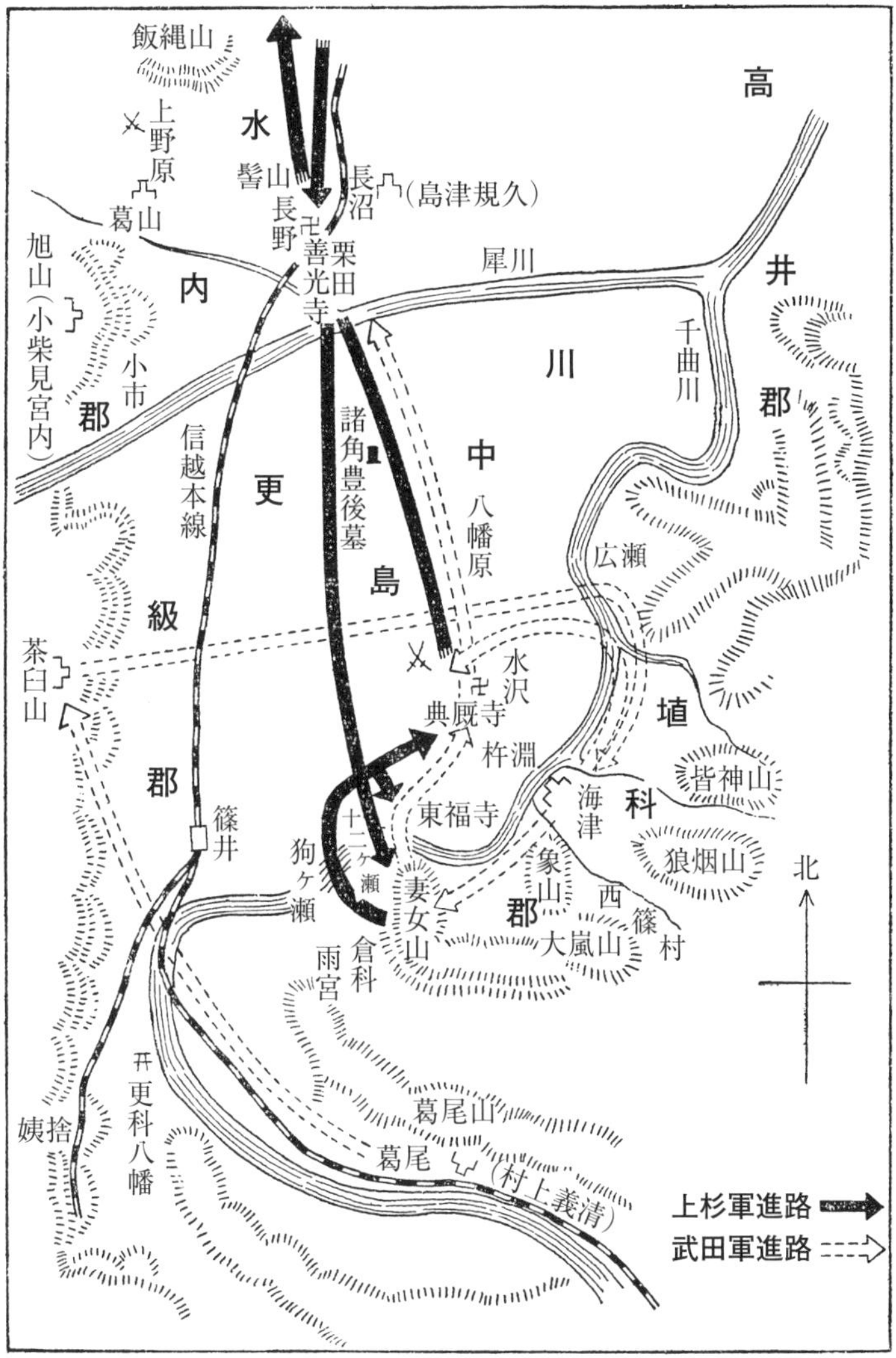
飯縄山
上野原
葛山
旭山(小柴見宮内)
水
髻山
長野
長沼
(島津規久)
善光寺
栗田
犀川
高
井
郡
千曲川
内
郡
小市
川
中
島
更
級
郡
信越本線
諸角豊後墓
八幡原
広瀬
茶臼山
水沢
典厩寺
杵淵
埴
科
郡
皆神山
海津
東福寺
篠井
十二ヶ瀬
狗ヶ瀬
妻女山
象山
西
狼烟山
北
倉科
雨宮
大嵐山
篠村
更科八幡
姨捨
葛尾山
葛尾
(村上義清)
上杉軍進路
武田軍進路

謙信はこの信玄の企図を察知して先制攻撃をかけることとし、この夜鞭声粛々として千曲川を渉り、後衛を東福寺に置き、翌払暁、主力は信玄軍に突進した。白妙の練絹に面をつつんだ謙信が小豆長光の太刀を抜き放って単騎信玄の本営に斬り込み、軍配で防ぐ信玄の肩先に切りつけたというのはこのときである。その真偽はともかくとして、異常な激戦となり、武田信繁・諸角《もろすみ》昌清等甲州部将も討死にし、杵淵・水沢方面に圧迫せられた。しかるに妻女山に廻った別軍が越軍の背後に襲いかかり、とくに小山田勢の側面攻撃が奏功した。そこで形勢は逆転し、退却する越軍を追撃した甲軍は、犀川渡渉中の越軍に甚大な損害を与えた。しかし善光寺の越軍の逆襲のおそれと、急流犀川を背にする戦術的不利から、兵を収めて八幡原に凱歌を挙げて帰陣し、謙信もまた本取山《もとどり》（水内郡若槻村髻山）の麓に首実験を行なって越後に引き上げた。

勝負と合戦の意義　この戦につき、「妙法寺記」はじめ甲州側では武田軍の勝利とし、下総古河城にあった関白近衛前嗣《さきつぐ》は書を送って、八千余の甲兵を打ち捕った謙信の大勝を祝福している。謙信・信玄の発した感状が、それぞれ自軍の勝利としていることは勿論である。しかし信玄は海津城を確保して越軍を犀《さい》川以北に駆逐したのであり、攻め込んだ謙信は善光寺をも捨てて退いたのであって、いずれが勝ったかはおのずから明らかであろう。とくに両者の出した感状を見れば、このことは一そうはっきりしている。

去る十日信州河中島に於て、武田晴信に対し、一戦を遂ぐるの刻《きざみ》、粉骨比類無く候。殊に親類被官等手飼之者、餘多《あまた》これを討たせ、稼ぎを励まさるるに依り、兇徒数千騎討ち捕り、大利を得候事、年来の本望を達し、又面々の名誉、此の忠功政虎一世中忘失すべからず候。いよいよ相嗜まれ、忠節を抽んでらるること簡要に候。謹言。

九月十三日　政虎（上杉謙信）（花押）

色部修理進（勝長）殿

（色部文書）

信州河中島合戦に於て、忠信を抽んで神妙の働き、本意に任するのを条、同国水内郡和田・長池弐百貫之地当て（充カ）行なうものなり。仍って件の如し。

永禄四年辛酉

十月十一日　武田氏朱印○以下欠く

（付記）「土屋豊前守」

つまり上杉の感状は戦勝を誇大に吹聴し、味方の犠牲を悼み、一層の忠功を期待する空虚なものであるが、武田のそれは上杉の勢力範囲と見なされる和田・長池の地までも知行していることを示している。川中島争奪戦は武田方の勝利と言わざるを得ないのである。

この戦が終わるや、武田の盟友北条氏康は十一月武蔵松山城等に攻撃を開始したし、高井郡・水内郡にあった笠原本誓寺・長沼浄興寺等多くの真宗寺院が越後に移動し、いずれも川中島合戦を契機として越後に難を避けたと伝承している。もとより寺院の由緒を安易に事実とするわけにはゆかないが、この種寺院で永禄以前に画像を下付されたものは、ほとんどその裏書が北信の地名になっており、この決戦の影響を無視することはできないと思われる。北信の真宗寺院で松代本誓寺・飯山真宗寺・須坂勝善寺などの現存するものは、ひとたび越後へ移って再入国したものか、武田方についた地士と深い関係をもつものであろう。ところで川中島合戦はこれで終わったのではない。甲・駿・相三国同盟のある限り、謙信は信玄と勝負をしなければならなかった。永禄六（一五六三）年三月、謙信が武蔵私市《きさいち》城に小田伊賀守を攻めると、信玄は信濃に出兵して牽制作戦を行なっている。そこで出撃できない謙信は、越後刈羽郡飯塚八幡宮の別当極楽寺一如阿闍梨に命じ、五壇護摩を修して、信玄・氏康を仏法王法の敵とし、「庶人の愁」を除かんがためその調伏を祈らせている（寸綿雑録）。翌七年には信玄は芦名盛氏と結び、北と南から越後を挟撃しようとし、信玄は信越国境の野尻城を奪い、芦名の将小田切弾正は東蒲原郡津川より菅名庄を侵した。そこで五月謙信は飯塚八幡に祈請し、「武田晴信退治、当秋中、甲府に旗を立て、晴信分国悉く輝虎手に入るべき祈念のこと」という大願を発するにいたった。六月には領内の諸将を集めて信濃攻撃を議し、弥彦神社に有名な願文を納れ、信州出兵の理由に、㈠「小笠原・村上・高梨・須田・井上・島津其の外信国の諸士牢道」したこと、㈡「輝虎《（謙信）》分国西上州へ武田晴信妨を成」すこと、㈢川中島でも「手飼の者数多討死させ」たことの三点を挙げ、信玄退治の正当なことを証明している。「武田晴信悪行之事」も同じ日に弥彦神社と看経所（仮名文）に納められたものである。

このとき飛驒の広瀬宗盛・江馬時盛等は三木良頼《みつぎ》・江馬輝盛（時盛の子）等と争い、信玄は前者を援けて越中を衝こうとした。謙信は良頼等を援けて七月二十九日信濃に侵入して川中島に陣し、飛驒諸士を抑止して時盛等も帰属させ佐久郡への突入を企図した。ついで八月朔日《さく》更科八幡宮に祈り、「順弓か逆弓か、神助定めて枉《おう》曲あるべからず」としている。三月犀川を渡って布陣し佐竹義昭に北条氏康の牽制を依頼し、信玄また塩崎（更級郡）まで出張したが、三か月の間信玄は陣所を秘匿《ひとく》し、または衝突を回避し、ついに戦を交じえることはなかった。謙信はさきの川中島敗戦の報復をも含めて、一挙に信玄を打倒したいところであったが、すでに信濃を押さえた信玄にとっては、決戦は損はあっても益はなかったからである。こうして十月一日、飯山城（下高井郡）の普請を成就し、甲軍の追撃を警戒しつつ越後に帰ってしまった。

このののち永禄八年信玄の関東出兵を阻止するために、謙信が信濃に出兵したことがあるが、永禄四年の激戦以後、はなばなしい合戦はなかったようである。そして永禄四年の合戦を含めて、いわゆる川中島の戦は謙信と信玄とが死力を尽くした正面衝突ではなかったことを注意せねばならない。謙信が上杉憲政と結んだことから、甲相同盟を敵とすることになり、信玄分国と境を接する地域で戦闘がくり返されたのである。本来ならばそれはノモンハン事件のような国境紛争に止まるべきものであったが、謙信の決戦正面である関東の足利義氏＝北条氏康を信玄が援護したため、しばしばの、そしてまた深刻な争いとなったのである。しかし永禄四年の敗戦の痛手と屈辱とは、対北条問題と切り離して、謙信の心に武田信玄に対する憎悪を植えつけた。信玄の非行を神仏に暴露する願文が、川中島戦争の終わり頃に成立してくるのはそれを示している。従って永禄九年足利義昭が上杉・北条両氏を和睦させ、謙信上洛によって京都を恢復しようとしたとき、謙信は願文に、「輝虎氏康に真実和談あって、輝虎り《（利）》をうしなわ」なければ、これを成立させ、「神力仏力を添えられ、信州・甲州たう《（当）》秋中に、一宇無く焼き放ち、輝虎騎馬を甲府にたて、そくじ《（即時）》武田晴信父子退治のこと」といい、そののちに上洛して「三好・松永が一類かうべ《（頭）》をはね、京都公方・鎌倉公方様とりたて申」と壮語している。甲越の対立はもはや戦略行動でなくそれ自身目的となったかに見えるのである。この越・相講和は水泡に帰し、義昭はさらに越相甲の和親を計ったが、やはり信玄がこれを拒否してしまった。

三　関東進攻

上杉憲政と関東の形勢　永享の乱で足利持氏が滅び上杉憲実が関東管領となったが、のち将軍義政のとき、越後守護上杉房定等は持氏の末子成氏《しげうじ》を鎌倉に迎え、憲実の子憲忠を執事とした。しかるに成氏は父兄の仇として憲忠を殺し、上杉氏に追われて下総古河に走った。古河公方がこれである。そこで上杉氏は義政の弟政知を伊豆の堀越に迎え、関東武士は古河公方と堀越公方の二つに分かれて抗争した。山ノ内・扇ケ谷の両上杉氏は堀越公方の管領であったが、扇ケ谷家の太田道灌（持資）が主家に殺されてから、両上杉家もまた衝突し、関東は三派に分かれ戦乱あい続いて起こった。

このとき伊勢宗瑞（北条早雲）は今川氏の幕下より起こり、延徳三（一四九一）年政知の子茶々丸を殺して伊豆を奪い、ついで扇ケ谷家の与党大森藤頼を追って相模小田原を占拠した。一方古河公方は成氏の孫高基のとき、弟義明は上総小弓《おゆみ》で小弓公方と称したが、兄と和せず里見氏に寄り、古河公方もまた両分していた。早雲の子氏綱は扇ケ谷家の属城江戸・川越を奪い、天文七年国府台《こうのだい》に里見氏を破って小弓公方を亡ぼし、南関東を制圧した。扇ケ谷上杉家は武蔵松山城に退き、山ノ内上杉家は上野平井城を保っていたが、ここにいたって両家は一致して北条氏に当たることになった。山ノ内家の上杉憲政は天文十四年に、今川義元の援護を頼み、扇ケ谷家の朝定・古河公方晴氏とともに川越城を包囲したが、北条氏康は義元と和し、翌年四月の大夜襲で大勝を博した。そして憲政は平井に、晴氏は古河を走り、朝定は乱軍の中に討死し、氏康は松山城をも落とし、上野・武蔵を従えることになった。

このように関東管領上杉憲政は、乱世を処理する器を持たないままに、没落する旧勢力の例にもれず、新興北条氏に連敗を重ねた。さらに天文十五年十月には海野幸義を援けようとして、翌年七月には信玄の病気に乗じて兵を信濃にも入れているが、勢力は日々衰微するばかりであった。天文二十年には北条氏康は二万の兵を発し、岩槻城の太田資正（三楽斎）、箕輪城の長野業正の軍を破り、七月平井城に押し寄せてきた。そこで憲政は曾我祐俊等の勧めで、父祖以来縁故の深い長尾景虎を頼り、翌年正月春日山城に落ちのびたのである。平井に残された嫡男竜若丸は氏康に捕えられ、小田原に送られて足利海岸で殺されてしまった。

こうして上野は中心勢力を失ない、謙信の上野出兵を見ることになるので、佐久郡を併せた武田信玄との衝突がここでも見られることになるのである。天文二十一年五月謙信は早くも使僧を上野に派遣して情勢を探らせ、八月平子孫太郎《たいらく》、庄田定賢等を沼田に出陣させて北条軍を攻撃させた。これが越軍が三国峠を越えた初めであるが、深雪による道路途絶をおそれて十月に撤退している。

翌二十二年信濃諸士の春日山来投と謙信上洛があり、謙信は任国ならびに隣国の兇徒治罰の綸旨を受け、「節目」を気にする彼は、何よりも大義名分を入手できたわけである。こののちしばらく謙信および信玄の入関の史料はないが、ともかくも憲政の平井城復帰ぐらいは実現したことであろう。北条氏康は今川義元と抗争しており、武田氏は信濃平定を急ぎ、長尾氏また越中と信濃に事を構えて多忙であったからである。

ところが天文二十一年信玄は嫡男義信に今川義元の女を迎えて重縁を結び、同二十三年には晴信の女を氏康の嗣子氏政に、氏康の女を義元の嗣子氏真に嫁入りさせることを条件に北条・武田・今川三氏の連姻が成立し、相・甲・駿三国同盟ができた。もとより謙信を敵と見なすもので、越後の北条高広、信濃国境の小谷《おたり》五人衆、加賀・越中の一向一揆、飛驒の江馬時盛、美濃遠山氏等をも呼応させ直接謙信を脅威するにいたった。そこで謙信は遠く安房の里見義堯、常陸の佐竹義昭、越前の朝倉義景、飛騨の三木良頼《みつぎ》等と結び、三国同盟と対戦することになる。弘治元年の川中島戦争で、朝倉義景の大叔父宗滴（教景）が大軍を率いて加賀に攻めこんだのはその現われである。

弘治三年川中島の戦のあった年には、信玄は西上野に攻め込み、市田茂竹庵（武蔵大里郡の旧族か）も応援の兵を出している（武家事紀）。こうして川中島をめぐる国境の紛争は、漸次拡大されて、関東・甲信越・北陸・東山・東海における甲駿相同盟と越後＝関東管領勢力との全面的対立の形勢に発展してきた。翌永禄（一五五八）元年北条氏康に圧迫された上杉憲政は、平井城を棄てて五月ふたたび越後に遁れ、謙信に上杉家の系譜・重宝及び関東管領職を譲ろうとした。謙信はこれを受諾しなかったが、関東出陣（越山）の決意は固められたもののようである。

謙信の入関と管領相続　永禄二（一五五九）年謙信上洛のとき、義輝は関東管領に任じようとしたが、やはり辞退している。そこで義輝は上杉憲政の保護を依嘱し、謙信は関白近衛前嗣を奉ずることとして帰国し、館林城長尾顕長にも入関の意を伝えている。翌三年五月、今川義元が桶狭間に戦没すると、今川氏の威勢は急激に落ち目になり、三国同盟に亀裂が生じた。この年四月には上杉憲政（光哲）・佐竹義昭が関東出陣を促しているが、八月になると里見義尭が北条高広に托して援を請うてきた。古河公方足利晴氏がこの五月下総関宿でなくなると、北条氏康が簗田政信の女との間にできた藤氏を廃し、氏綱の女の生んだ第四子義氏を奉じ、藤氏方の里見義尭を上総久留里城に攻めたからである。謙信はここに関東進攻を決意し、八月二十九日春日山城を発し、始めて三国峠を越え沼田口から上野に出陣した。勿論管領憲政の入国に供奉《ぐぶ》するという名目である。そして明間・岩下・沼田等北条方の諸城を陥しいれ、白井・総社・箕輪などにある上杉の旧臣や宇都宮・那須・成田の諸氏を味方にして、厩橋《まやばし》（前橋）に入り、先鋒は十二月相模に達した。北条の同盟者武田信玄が、使を大坂本願寺顕如に遣わし、加賀・越中の本願寺門徒に謙信不在の越後を攻めさせようとしたのはこのときである。北条氏は一向宗を禁じていたが、援助すれば寺塔を建立するというのである。しかしこの約束は氏康に守られなかった。

古河公方足利義氏は古河を遁れて小田原に赴き、北条氏康に身を寄せたので、翌四年二月直江実綱も呼び寄せ、三月大挙小田原城を攻撃した。越軍は火を沿道に放って進み、十三日未明総攻撃を開始した。しかし城兵は必死に防戦し、寄せ手は大磯に退き、遠くから包囲する作戦に転じた。一か月半の包囲ののち、信濃・北陸の動きもあり、諸将長陣の不利を説いたので、謙信は兵を収めて鎌倉に引き上げた。そしてここ鶴ケ岡八幡宮の社前で憲政から管領職を譲られ、憲政の病気がなおるまでという条件で受諾した（燕木文書）。閏三月十六日謙信は上杉氏を称し、景虎を政虎と改め、諸将は誓詞を謙信に入れた。謙信は藤氏を擁立している簗田政信に起請文を与え、藤氏に古河公方を相続させ、関東のことは不案内であるから腹蔵なく意見を聞くことを約している（集古文書）。

ところで謙信はさきに関白近衛前嗣を奉戴することを約し、前嗣はこの前年越後に下向していたのでこれを厩橋に迎えた。これが越後公方であるが、関東武将はやはり古河公方の擁立を望んでいた。

謙信が簗田政信に起請したのは、関東の事情に通じないために軽卒に前嗣を奉じたのを後悔し、藤氏を古河公方として、北条氏康の擁する義氏に対抗することを約したものである。こののち謙信は古河に藤氏・前嗣・憲政を置き、政信の子簗田晴助に守らせて関東を鎮撫させた。上杉謙信にしても北条氏康にしても、このように古河公方に拘泥したのは、家格と血統を重んずる習俗と新興戦国大名としての弱味から、諸将統率に必要であったからであろう。

謙信は六月越後に帰ったが、八月ふたたび小田原に来攻するという風評が流れて、足利義氏は加賀松任の本誓寺に、本願寺門徒に越後を侵させるよう依頼している。使僧は関東の巨刹で、親鸞の直弟善性の遺跡たる磯部勝願寺である。笠原本誓寺といい、この勝願寺といい、一向宗を禁制した長尾氏や北条氏のために両陣営で活動しているのは皮肉な現象と言わねばならない。そしてまた謙信の入関がいかに大きな衝撃を北条方に与えたか、その合戦の規模がいかに広範囲にまたがっているかを示すものと言えよう。

こうして九月十日の川中島の大激戦となるが、北条氏康はこの機に乗じて勢力を回復し、武蔵松山城に攻め寄せ、信玄もまた上野・武蔵の上杉方の属城を攻撃した。成田長康・佐野昌綱も北条に応じ、古河城の前嗣・憲政・藤氏の間も波風が立っていた。そこで謙信は十一月また関東に出馬し、翌永禄五年の正月を厩橋城に迎えねばならなかった。このとき上州館林城を攻めるため小泉城富岡主税助重朝を誘ったが、この書状に輝虎と書いているから、前年の暮に将軍義輝の偏諱を賜わり、正式に関東管領に補任せられたものと思われる。二月には館林城を落し、ついで佐野城を攻め、三月に前嗣・憲政をつれて越後に帰った。これで古河城での越後公方と古河公方との不和は解消したが、前嗣は「若輩と云、短慮又者気任《きまかせ》而已《のみ》、定めてこれあるべし」(古蹟文徴所収近衛前嗣書状)という状態で、謙信の引き留めるのも聞かずに帰洛してしまった。謙信もこれには腹を立てたという。一方古河公方も、謙信の撤退に乗じて北条氏照に攻められ、藤氏は古河を捨ててふたたび里見氏に身を寄せることになり、上杉軍は一時象徴を失ってしまった。

関東経営の困難　永禄五(一五六二)年夏謙信が帰国すると、信玄は九月上野に入り、氏康と呼応して箕輪以下の上杉方の城を破り、十一月太田資正の松山城を攻めた。謙信は「今年関東是非を付くべき儀に定め」、甲相両軍と決戦の覚悟を決めた。十一月豪雪を冒し夜を日に継いで三国峠を越えたのである。那須修理大夫に宛てた書状には「深雪に候と雖も、越山を遂げ候、関東の安危此時に極まり候条、出陣あり御稼《かせぎ》、興亡に付せらるべく候」(集古文書)と言っている。妻有庄《つまり》・上田庄など魚沼の豪雪をふんで入関補給しなければならないことが、越軍を苦しめ、軍事行動を大きく制約したものであった。翌六年二月には松山城も氏康・信玄の手に落ち、謙信はここに攻め込もうとしたが、氏康・信玄は夜に乗じて撤兵し、鋭鋒をそらせてしまった。謙信は転じて氏康に応じた騎西(私市)城(武蔵)・小山城(下野)・佐野城(下野)を落とし、古河を復して藤氏を置き、六月春日山に帰った。勿論関東平定が成就したからではなく、信玄が信濃に出陣したと聞いたからで、毎年三国峠を往きつもどりつ大軍を東西に動かす謙信の労苦はなみ大底のものではなかった。富岡重朝に与えた謙信書状にも、「そもそも東国の鉾楯際限無き事、且は味方中兵を労すると言い、且は万民安堵の思い無しと言い」、関東の禍根を断たねばならぬと、その労苦の一端を洩らしている。彼は信濃の小笠原・村上といい、関東の上杉憲政・足利藤氏といい、戦国の世に没落してゆく名族や併合せられゆく小領主の味方となって、泥沼の中に足を入れ、空しく奔命に疲れ果てるのであった。

七月十八日には飯塚八幡宮（越後国刈羽郡）に、「武田晴信・北条氏康当時の佞者、関・信両州を恣にし、山門並諸五山末寺々領を破壊し、人給《にんきゅう》と成す。これ誠に仏法王法の敵讐、坂の東《（関東）》に於て悪逆無道の族、何者歟かの両人に如《し》かんや」と両奸の没身調伏を祈っている。彼の力ではどうすることもできなかったのである。しかも謙信が帰国すると、氏康は野田政朝を誘って古河を攻め、藤氏を「御謀《ごむ》叛人《ほんにん》」として捕え、伊豆に幽閉した。そして義氏が古河に帰り、信玄もまた関東に出て倉賀野城を攻めた。まるでいたちごっこである。謙信はまた冬に関東に入り、閏十二月上野和田城（高崎）を攻め、また翌年憲政方から氏康に寝返った小田守治を攻め、ついで佐野昌綱や桐生・小山城を降した。信玄はまた信濃野尻城を奪って信越国境を脅かし、謙信の同盟者芦名盛氏も信玄に応じて下越に侵入している。

こうして永禄七年四月帰国した謙信は、六月越後一の宮弥彦神社に「輝虎筋目を守り、非分を致さざること」と題する有名な願文を捧げた。

輝虎守二筋目一不レ致二非分一事

一関東江年々成レ動致二静謐一事も、上杉憲政東管領与奪、依レ之相働及二其稼一事

一信州江成レ行事《てだて》、第一小笠原・村上・高梨・須田・井上・島津其外信国の諸士牢道、又者輝虎分国西上州へ武田晴信成レ妨候。於二川中島一も手飼の者数多為二討死一候。此所存を以て、武田晴信退治之稼、是又非道有レ之間敷事。

一越中口静謐之事、是者神保・椎名間之取相、様々及二意見一候得共、無二承引一候。椎名事、亡父以来申合与云、長尾小四郎養子成レ之与云、旁以難レ捨、及二加勢一事、是又非分無レ之候。惣別当家之儀、従二坂東一及二下知一候間、官領意見次第成レ之候。縦《たとい》不レ頼候共、及二意見一事、輝虎非分有レ之間敷事。

一以後之事者如何にも候得、於二只今一者、何之国においても、料所一ケ所まつはらず候。当座の依怙有レ之間敷事

一輝虎分国において、寺社神領武士の拘置事、依二世猥《みだれ》一、或輝虎不レ付二意見一、或無レ拠存分に候間、如レ斯に候。併堂社仏堂の修理建立、寺社神領の事をも、及レ心通申付候。武田晴信・伊勢氏康退治の上者、如二前々一、弥以二涯分一可二申付一候。少にても輝虎於二一代一、改而不レ致二非分一事、惣別大小事共、従二神慮一外者頼不レ申候。輝虎不レ知二非道一不レ存候。此上之義者、輝虎所願弥以成就《あきらかなる》火所也。仍如レ件。

永禄七年甲子六月廿四日　　　　　　　　　　　上杉輝虎（花押）

弥彦

御　宝　前

（弥彦神社文書）

（左下輝虎署判の部分は補修したものである）

神は非礼をうけずという前提に立ち、軍事行動に非道非分なく、自らは常に筋目を守って義を重んじているという謙信の論理は、力が正義である戦国社会の厳しい現実からは時代錯誤とさえ見られるであろう。戦国大名として発展するには、寺社本所領を押領し、直領を拡大する必要があるが、将来はともかく、自ら論理の上でこれを否定していることは、越後・上野・信濃の小領主を家臣団に編成できなかったことと併せて、大名知行制の確立に大きな制約となっていたと言わねばならない。たびたびの仏神に対する祈願も、謙信の主観的論理の表白にとどまって、一向に実効もなかったのである。

越軍が関東に入って戦闘に明け暮れること十余年、とくに永禄三年より七年にいたる五か年は、謙信は連年関東で攻城戦をくり返した。この間、北条氏康は謙信の鋒をさけ、兵站線を延長させて越軍の人馬を疲弊させ、ひとたび猿ケ京を越えて去れば、上杉方の諸城に迫った。ことに武田信玄は巧みな陽動作戦と外交戦を展開し、謙信は常に後顧の患いに苦しめられた。また関東の諸将は利害錯綜して離合反覆常なく、保身のため、しばしば叛きまた降った。関東管領の栄誉に伴ったものは、実にこの内憂外患と戦力損耗と焦慮にほかならなかったのである。

関東の形勢が泥沼に落ちこんでゆくのを憂えた将軍義輝は、大館藤安を派遣して謙信と氏康との講和を勧めた。そこで謙信は永禄七年五月停戦を命じたのであるが、氏康は太田氏資を引き入れてその父資正（三楽斎）を追放させた。資正は謙信年来の盟友であるが、子の氏資は北条氏の関東制覇の大勢を読み取っていたのであろう。そこで謙信は八月四日信濃の陣中から大館晴光に書状を送り、氏康が、上杉家の旗本まで誘いの手を伸ばし、家中を解体させ、佐野・小田諸氏を味方とし、晴氏・藤氏父子を押し籠め殺害し（殺害は風評のみ）、停戦の油断に乗じて太田資正を追ったことを挙げ、口惜しく思うのみで黙止し難いと述べた。十月信濃より帰るや翌月入関し、北条氏康・氏政父子に援護された佐野昌綱を討ち、色部勝長を救おうとした。佐野昌綱が降参したので、その子虎房等三十余人を人質として国に帰った。翌永禄八年三月義輝はふたたび越・相の和睦を計ったが五月義輝は松永久秀等に殺されてしまった。この年七月には謙信は里見義弘に応じて信濃に牽制作戦を行ない、十一月氏康の総武侵略を阻止しようとして関東に出陣している。

このころ佐竹義昭が死んで、小田守治は北条氏についたので、翌九年二月謙信は小田城を奪い、両毛・下総・安房を平定した。この陣中に足利義昭の使者が来て氏康との和睦・上洛を求めたので、関東での優位確立の折りでもあり、和睦の意を固めて帰国した。しかし北条氏康は即時講和は不利なので、和約は成立せず、謙信は折衝に当たった北条高広・由良成繁を責め、成繁は北条氏に通じ、越後国人を誘うようになってしまった。謙信の政治的手腕の乏しさを見るべきである。宇都宮・新田・皆川・成田等諸将も北条氏に従い、謙信は由良成繁（上野金山城）を討つため入関したが、九月箕輪城も武田信玄の手に落ち、上野で上杉・武田・北条の三雄の所領が、たがいに接触することになった。謙信は漸次後退し、十年には佐竹義重も信玄に応じて結城義親を白川城に攻め、厩橋城に置かれた越将北条高広もまた北条に応じてしまった。こうして数年前に小田原に迫まった上杉勢は、いまや古河公方もなく、上野の一角を保持するに止まり、北条氏政に抗するものは関宿の簗田晴助、結城城の結城晴朝があるばかりであった。しかるにここに局面の一大変化を生じ、謙信を久しく苦しめた甲・相・駿三国同盟は破れ、逆に越・駿・相三国連合が成立し、南北合従して甲斐に対抗するにいたった。甲・信の戦力を培養した信玄が南進に重点を指向したからである。

越・相・駿の三国連合　謙信と氏康の講和が実現しなかったのは、氏康が信玄を憚ったからであり、義昭の斡旋が成立しなかったのは、それが越・相・甲の三国和睦を企図するものであったからである。しかし永禄十（一五七六）年武田信玄は嫡男義信を自殺させ、その妻（今川義元の女）を駿河に送り返してしまった。信玄が南進政策を取って西上の宿望を果たそうとしたからである。危機に陥った今川氏真は救いを上杉謙信に求め、ここに三国同盟の一角は崩れ去った。甲州へ送る塩を駿・相が止めて、謙信が越後より敵に塩を送ったのはこのときのことである。信玄はすでに永禄八年織田信長と結んでおり、さらに徳川家康とも今川氏を亡ぼす計画を立てていた。今川義元なきあとの駿・遠二国は、まさにナチ・ドイツとソ同盟とのポーランド分割前夜の姿そのままである。ときに北条氏康は富士川を境界にしようという信玄の駿河分割の提案を退けて今川氏真を助けることとし、三国同盟はここに解体した。駿・相二国はさらに越後と結んで甲斐の背後を衝かせ、二正面作戦で信玄の戦力を分割させようとした。勿論外交的手腕に富んだ信玄のことであるから、座してこの包囲網の完成を見ていたわけではない。敵を包囲しようとするものはまた包囲されるはずであって、信玄は会津の芦名盛氏・羽前の伊達輝宗・越中の椎名康胤・本願寺門徒ならびに越後小泉本庄（村上）の本庄繁長等を味方とし、謙信を三方より挟撃しようとしている（小田切文書）。芦名は永らく謙信の同盟者で、はるばる三国峠を越えて関東に兵を送ったこともあり、椎名は為景以来の与力、本庄は謙信の執事と呼ぶべき重臣である。さきに謙信の近臣大熊政秀が武田に応じた場合もそうであるが、このような部下統御の拙劣さと部将の独立性の強さが謙信の弱みであり、信玄の戦略外交のつけ入るところであった。

謙信は永禄十一年三月越中に出陣して、椎名康胤等一向宗徒を討った。あたかもこの九月には織田信長が足利義昭を奉戴して入京しており、出発の三日前に信長は謙信に書を送り、謙信また信長入洛を祝福している。しかるに謙信は、本庄城に繁長を攻めあぐみ、諸将と誓詞を交わし人質を取り国内問題の処理に腐心しなければならなかったのである。一方信長の上京に焦慮した信玄は、越駿密約・甲斐挟撃を口実に、十二月本栖街道から東駿河に侵入、興津城を奪った。府中でも信玄に内応するものがあり、氏真は遠江掛川城に入り、北条氏康はその女が氏真夫人であるため海軍三百人を救援に出している。信玄はさらに徳川家康とともに氏真を攻撃しようとしたので、氏真は謙信に北条と和睦して越・相・駿三国で信玄に当たることを要請した。佐竹義重・太田資正はこれに反対し別の立場から関東出兵を求めている。しかし北条氏康は越・相講和を望み、まずその子氏邦（武蔵鉢形城主）に越軍の沼田城と交渉させ、永禄十二年正月には氏康の書状も出され、北条氏照の使僧また越府にいたった。二月氏康・氏真の使僧が氏政の誓書を沼田にもたらしたが、太田資正は北条氏に誠意なしとし、この機に乗じて関東を平定すべしと進言した。佐竹・里見等反北条陣営が反対したのも当然であった。一方徳川家康はまた上杉とも通じており、さらに将軍義昭は越・甲和睦を企画し、三木良頼は春日山と岐阜との連合を切々と勧めた。戦国の世は今や大詰めに近づき、興亡をかけた必死の外交戦が展開されたのである。信玄南下のたびに、北条方は西上州・信州に謙信の出馬を求めたが、本庄城攻囲中の彼は、まだ氏康を信用してはいなかった。しかし三月、沼田城将松本章繁が本庄に赴いて北条氏政の意を伝えると、謙信はようやく受諾しついで本庄繁長も大勢を見て降伏した。四月北条氏邦の新田城で講和談判が行なわれ、上杉側は足利藤氏の古河帰還、上野武蔵の領有を主張したが、北条側は藤氏が永禄九年に死んだから、晴氏の跡目は義氏が相続したとし、義氏を立てること、及び伊豆・相模・武蔵三か国の領有を主張して譲らなかった。

一方正月の甲軍秋山信友等の遠江侵入によって、信玄の行動に対する徳川家康の疑惑は深められた。信玄は、掛川城攻撃を見合わせ正月八日家康に辞明するとともに、同九日織田信長に親書を送り（昭和三八年文車の会売立文書)、二月二日家康と誓紙を交換するなど、織田・徳川との衝突を回避しようとし、謙信との和睦を請うたのである(信玄と家康の誓紙交換を渡辺世祐博士は永禄十一年とされている)。しかも信玄は補給も意の如くならず、北条軍と徳川軍を腹背に受ける危険があったので、遠征軍を引き上げて甲府に帰ってしまった。このため北条方は講和を急ぐ必要もなくなり、上野半国宛の分割、謙信の急速なる信濃出兵、北条高広の赦免を求めた。

五月、ようやく北条氏康の特派使節天用院一行が越後に赴いて和約を結ぶことになった。十八日塩沢で出迎えた進藤家清によると、使節団は三十名ばかり、天用院は氏康の家中石ノ巻下野守の弟で、「年頃五十許之御景気」で「いかにもじんなる御出家と見へ」、上戸であった。十九日下倉、二十日小千谷、二十一日北条《きたじょう》につき、ここで直江実綱・山吉豊守等上杉家老臣に迎えられることになっていたようである。そして閏五月三日謙信は北条氏照にあてて「すでに神名血判を以て申合う上は、毛頭別条これ有るまじく候」といい「甲に向かい出馬の儀、その意を得しめ候」と述べているから、天用院参府によって神文誓詞血判による対甲斐軍事同盟が成立したと見られる。

このように越・相講和が調ってくると、武田信玄は織田・徳川に今川氏を委せ、上杉と北条を敵国とする戦略態勢を強化してきた。永らく上杉に属して北条と戦った下総関宿城の簗田政信に武蔵出兵・北条攻撃を勧め里見義弘を誘い、他方では徳川家康と今川氏真との対陣中に、足利義昭に謙信と信玄との和睦を実現させるよう運動している。これは二正面作戦を避け、決戦正面を海道の伊豆・駿河に指向し、越後の動きを封じようとするものにほかならない。足利義昭・織田信長はしばしば使僧を越後に下向させて越・甲講和を勧告したが、この間四月、信玄は佐竹義重に書を送り、家康には信長が加勢にくるから、掛川の落城は近日にあり、信玄は小田原を攻めるから北条の与党を攻め「相・越和融なきよう、調略偏に貴辺御前にあるべく候」（歴代古案二）と講和の妨害を依頼している。

しかし越相一和は着々と実現し、関宿の簗田政信を攻撃していた北条氏照は五月軍を引き、佐竹義重は甲斐からの使者を追い払うよう約束させられてしまった（宇都宮文書）。そして六月謙信の使僧は小田原に誓書をもたらし、氏康・氏政父子もまた誓書を送り、氏政の次子国増丸を謙信の養子とすることを定めた。ここに上野一国と武蔵の岩槻までは上杉領と（八月十五日）なり、謙信は放生会以前に信州に打ち入り甲斐にいたり、北条軍は駿州口より甲斐に侵入する手筈がきまった。ところが八月謙信が越中の椎名征伐に出た隙に、信玄は小田原城を攻囲し、一旦撤退するや、北条軍は追撃戦に移ってかえって敗北してしまった。信玄関東出陣の報を受けた謙信は越中に河田長親を留め、十一月沼田に入った。これを聞いた信玄はまた織田信長によって越・甲和親をはかっている。この謙信の入関によって依然北条に敵対していた太田資正は、岩槻城返還と小田原人質によって和し、佐野昌綱も謙信に降服した。しかし養子問題は「五歳六歳にて候を、手元を引き離すべき儀、親子の憐愍何共弁済に及ばず」といい、北条はひたすら講和条件の緩和を願うばかりであった。そこで翌元亀元（一五七〇）年氏政の弟氏秀に変更し、謙信は姪つまり長尾政景の女を氏秀に娶わせることにした。これが景虎であって、はじめ武田信玄の養子であったが、甲・相断交によって小田原に帰っていたものである。謙信没後この景虎は景勝と戦い滅ぼされてしまった。戦国の世の人質として数奇な運命に身を流された典型的人物であった。なお上杉より小田原に送られた人質は柿崎晴家である。

こうして越・相の講和は紆余曲折を経てようやく成立し、謙信は公方に足利義氏を奉戴することを承諾した。しかし軍事同盟の本質である相互援助ないし同一行動にいたるには内部に幾多利害が錯綜していたため、その将来も過去と同様楽観すべきものではなかった。とくに武田勢は北を防いで、南進しようとしばしば駿・豆へ打って出たのであるから、謙信は東奔西走し、しかも利益をうけるのは北条だけであったのである。そして北条氏康はこの重大時期に病にかかり、人事を弁じない容態となって、十月ついに五十六歳で没してしまった。伊勢宗瑞以来東国の歴史の中心であった小田原も、天下統一の気運の前に相対的に地位の低下を招き、戦国の舞台は織田信長の活躍を軸として廻ることになったのである。

第三章　軍事力の構成

一　家臣団の編制と領国構造

謙信将士の類型　長尾一族は越後入部以来各地に分立し、栖吉《すよし》（古志）の長尾房長、坂戸（上田）の長尾房景などは、府内の守護代家の為景と覇を争うに足る実力者であった。長尾庶族でさえ、このような有様であるから、長尾氏と並立する鎌倉期以来の土着豪族、守護上杉家の残存勢力などが、為景・晴景・謙信等の国内統一の障害物となったことは当然のことであった。しかしこれら国人勢力・守護勢力も、中世末期の村落の変質からくる被官の離叛・動揺・下剋上に脅かされ、小地域での割拠と抗争をくり返して、領主権の危機に遭遇しており、自分達のなかから統一的支配者を生み出すことができなかった。そこで彼等は朝廷・幕府・関東管領に援護された守護代長尾家を結節点として連合し、彼等のなかでの最大の実力者である謙信に服属することによって、相互の対立を解消し、本領を確保するという保身の道を選んだのである。

守護代長尾家、とくに謙信は、ここに領国体制樹立への立脚点を求め、入国以来の所領と守護領を基礎に、長尾庶族の統一、越中・北信濃出兵、朝幕の権威の利用、豪族間の対立の調停、直臣団の拡大、叛乱者の鎮圧、婚姻養子等々、さまざまの手段で越後国主としての地位をいち早く確立したのであった。従って謙信の家臣団には、服属のケースを異にするため、各様の性格をもつものがあり、征服の進展につれてそれはいよいよ複雑になってゆくのである。

永禄二年十月、二度目の上洛を果たして帰国した謙信に、二十八日越後諸将は太刀を贈ってこれを祝賀した。この諸将の名簿と太刀の目録が「侍衆御太刀之次第」(上杉家文書)である。これによると侍衆は、「直太刀之衆」・「披露太刀ノ衆」・「御馬廻年寄分之衆」と区別され、ついで十一月には「信濃大名衆」が永禄三年には関東大名佐竹殿と「八ケ国之衆」が使者または自身で太刀を持参している。「金覆輪」を贈ったのは大身で、「糸巻」はそれにつぐ宿将・属将で、謙信の同盟者・家臣のすべてが、このとき太刀を贈っていると見られる。そこでこの侍衆の分類が与力・被官の類型をある程度示しているように思われるのである。

まず直太刀之衆は長尾景信(古志)・桃井有馬助・三本寺定長の三名であるが、これはいづれも「金覆輪」で、上杉・長尾一門またはそれに準ずる高い家柄であったと見なされる。披露太刀之衆は中条藤資・本庄繁長・同清七郎を筆頭に色部長真・長尾政景(上田)・斎藤朝信・柿崎景家・新発田長敦・毛利高広等国衆が属している。馬廻年寄分之衆は若林・山村・諏訪・山吉・相浦・松本・荻田・庄田の八人で、いずれも謙信の直臣団の幹部である。十一月一日に参候した六名はいずれも入道したもので一門・譜代を含んでいる。信濃衆は大名として村上義清・高梨政頼、御太刀持参衆には栗田・須田・市川・海野・清野・島津・真田・根津・室我等があり、関東衆は大名は佐竹殿一人で、八か国之衆として和田・三浦・佐野・宇都宮・結城・真壁の諸士が列挙されている。

これによって見ると知行地・軍役の大小は金覆輪と糸巻に表示されるが、その分類は一門・国衆・譜代・新参の区別であり、記載の順位は、大身小身の別なく、城中の席順つまり序列なのである。永禄十二年本庄繁長が叛いたとき、その討伐に功績のあった色部長真に対し、元亀二年に謙信は本庄繁長の下座につけないことを約束しており、席次の高下はすでに固定し恩賞の対象ともなっていたのである。かの本願寺が一流の寺を連枝（一門）・一家・直末・孫末寺に区分し、大坊が御家門・与力・下寺と寺格を定めた（反故裏書、本願寺文書）ように、また徳川氏が御三家・親藩・外様・譜代に分けたように、親疎の別で上杉家臣には永禄頃からすでに一門・国衆（外様）・譜代（旗本・御内）の別と序列が定まっていたのである。

天正三年の「御軍役帳」になるとその区別はさらに明瞭になってくる（一三八頁を参照）。これは謙信麾下の有力な部将三十九名について、賦課される軍役の量を規定したものであるが、ここには諸将が四つの群別に、序列をつけて登録されていることが知られる。

第一群は御中城様（上杉景勝）・山浦殿（村上国清）・十郎殿（長尾景信）・上条殿（上条政繁）・弥七郎殿（長尾景通）・山本寺殿（三本寺定長）の六名でいずれも特別に様・殿の敬称がつけられている。

の軍役（天正三年）

鉄砲（丁）		大小籏（本）		馬上（騎）		計	
数量	平均	数量	平均	数量	平均	数量	平均
63	11	64	11	99	17	1,029	171
86	▲8	102	▲9	138	▲13	1,458	▲132
63	▲6	74	▲7	112	▲10	1,186	▲108
108	10	128	12	217	20	1,830	168
320	8	368	9	566	15	5,503	141

このうち様をつけられた筆頭者の景勝は中城（二の丸）にあって謙信の後継者と目され、景信・景通とともに長尾一門であり、山本寺定長は旧上杉一門である。政繁は畠山義春で、能登守護畠山義則の子、守護の一族上条上杉氏の跡を与えられたもので、越後の名族山浦氏の跡を与えられた村上国清と同じく上杉客将として別格の扱いを受けていたものである。

第二群は第七位から第十七位までの中条・黒川・色部・水原・竹俣《たけのまた》（三河守）・新発田《しばた》・五十公野《いじみの》・加地・安田（新太郎）・下条・荒川の十一氏である。これらは鎌倉期から下越（揚北・奥郡）の荒川保・奥山庄・小泉庄・加地庄・豊田庄・白河庄などの地頭として活躍した旧家で、上杉氏にとって外様的存在である。

第三群は第十八位から第二十八位までの、菅名・平賀・新津・斎藤・千坂・柿崎・新保・竹俣（小太郎）・山岸・安田（宗八郎）・舟見の中・上越の十一氏である。

上杉家臣

家臣の種類＼軍役の種類	人数	鑓（丁）数量	鑓（丁）平均	手明（人）数量	手明（人）平均
Ⅰ　一門・客将	6	693	116	110	18
Ⅱ　国衆（下越）	11	967	▲88	165	▲15
Ⅲ　国衆（上・中越）	11	787	▲72	150	▲14
Ⅳ　旗本（＋x）	11	1,152	105	225	20
計（＋x）	39	3,599	92	650	17

▲は平均量を下廻るもの

竹俣は下越の竹俣三河守慶綱の一族であろうが、中越に所領をもつ別の国衆であろう。いずれも下越諸将に比べて、地理的関係からも、上杉氏被官化の早かった国衆である。

第四群は第二十九位から第三十六位までの松本・本庄（清七郎）・吉江（佐渡守）・山吉・直江・吉江（喜四郎）・香取・河田（対島守）の八氏と北条・小国・長尾（小四郎）の三氏である。香取氏は不明であるが、本庄は謙信をまず擁立した古志郡栃尾の本庄氏で、その他の諸氏もすべて謙信の宿将老臣である。譜代ないし旗本にあたるものである。第三十七位の北条下総守（高常）と軍役帳の異本によって補われた小国刑部少輔と長尾小四郎（景直）は若干の問題が残っている。北条氏は刈羽郡北条《きたじょう》城主でその宗家の輔広・景広父子は関東の鎮将となっている。小国氏はやはり刈羽郡小国《おぐに》郷の領主で、永禄二年謙信に太刀を献じた大国《おぐに》入道、またはその子であると思われる。小国はまた大国と書かれるからである。のち樋口与七つまり直江兼続の実弟が入嗣した家柄である。しかるに大国入道は直江入道と山岸入道との間に記されているから、やはり謙信の宿将と見て差支えないであろう。長尾小四郎は謙信の従弟で、為景の越中平定＝新川郡守護代職入手のとき、目代椎名康胤の養子となったが、椎名の叛乱以後越中派遣軍の部将として活躍していた。本来長尾一族であるが、椎名家入嗣によりいわゆる臣籍降下として譜代の宿将の待遇を受けたものであろう。つまり、三氏とも譜代で第四群に属すべきものである。とくに小国・長尾は異本にのみ記され、しかも軍役帳は各将士に負担量を通達したものを集記したもので、すべてを尽くしていないのである。従って平子若狭守・河田豊前守・鯵坂備中守・長沢筑前守等、第四群に属する将士はこの後欠の部分にまだ列挙されると見られる。

第五群は、右の事情から天正三年軍役帳には登場しない人達であるが、景勝の時期になって表面に出る天正十四年軍役帳の信濃衆、その他越中衆や関東衆が、いずれも軍役を課せられていたと思われる。しかし天正三年ではまだ軍役帳が作成せられるほど制度化されてはいなかったのであろう。永禄二年太刀献呈の座次も信濃・関東衆には、大名分と侍分の区別のほかは、越後衆のようなきまったものが見られないのである。

以上のように謙信家臣団においては、伝統的な家柄や上杉氏との親疎の関係に従って、将士は一門客将、外様国衆、譜代的国衆、旗本・宿将、新参衆の五つの類型に分けることができる。そして身分的序列では、外様国衆が一門についで重く遇せられているが、一人平均負担量では一門・旗本・国衆の順位となる。旗本層に大身が多く、また装備が質的にも優れているのである。上・中越の国衆が下越国衆に比べて劣弱であるのは、有力な侍が旗本となっているためである。旗本と一門を合わせれば、二八五九となり、国衆合計二六四四をわずかに上廻り、このほか旗本があるわけであるから、謙信の直接掌握する兵力は十分に国衆を制圧できるはずであった。

さらに謙信は現実の軍事活動においても、この区別に従って用兵の妙を期待した。永禄三年八月、謙信は関東出陣に際して春日山留守部隊に掟を与えた。これによると、留守隊の最高幹部は桃井右馬助（Ⅰ）・長尾小四郎（Ⅳ）・黒河竹福（Ⅱ）・柿崎和泉守（Ⅲ）・長尾源五（Ⅰ）で、一門・旗本・譜代で固めている。外様の黒河竹福は人質的意味もあるのであろう。そして「検見」として荻原掃部助・直江与兵衛尉（実綱）・吉江織部助（景資）の三名の旗本が監察にあたり、庶政には腹心の蔵田五郎左衛門を任じている（歴代古案四）。また永禄十一年八月、信玄の信濃出兵に備えた信越国境の警備には次のように諸将を配置している。

飯山　新発田（Ⅱ）　五十公野《いじみの》（Ⅱ）　吉江（Ⅳ）　旗本衆（十数騎）
関山　長尾十郎（Ⅰ）　山本寺（Ⅰ）　竹俣（Ⅱ）　山岸（Ⅲ）　下田衆（Ⅲ）　旗本衆（十数騎）
禰知《ねち》・不動山は旗本之者共数多差越候
春日山　山吉（Ⅳ）・河田（Ⅳ）　栃尾衆（Ⅳ）

つまり前線の城塞へは前掲の第二群に属する有力な国衆に旗本・一門を組み合わせて動員し、本城は旗本重臣で固め、そのうえ前線に旗本を十騎十五騎と特派して監察させているのである。ここに謙信軍の性格がよく示されていると言えよう。

上杉領国の構造的特質　謙信の勢力範囲は、その最盛期である天正六年に於て、越後・上野・佐渡・出羽庄内三郡・北信濃四郡・越中・能登・北加賀二郡・飛驒の諸国にのびていた。しかしそれらは多くその諸国の領主層と同盟服属の関係を結び、軍隊を派遣・駐屯させたもので、分国と称することはできても領国と言える性質のものではなかった。直轄領をもち、直臣を支城に在番させ、豪族を臣従させて知行を給与し、参勤・軍役奉仕を命じ、移封を断行し、村落支配を行なうなど、領国化の事実の見られるのは本国越後があるだけなのである。

この越後は、さきに述べた天正三年軍役帳が作成されたことにより、国内のすべての侍に一律の統制がなされ、領国体制が整備されたのであるが、ここにいたるまでには、激しい国内統一の努力が払われたのであり、同時にこの軍役帳の段階でも、なお払拭できない将士の類型とともに、そこに著しい地域的隔差のあることを認めないわけにはゆかない。これが謙信の領国の構造的特質なのである。

謙信と臣下との服属関係を見ると、直臣はともかく、旧族・土豪層（国衆・地衆）は本領によって自立的態勢をとり、臣礼を表示するか、または少し進んで軍事的指揮を受けるにすぎないところから始まる。この関係ではまだ謙信の領主権はその地域に及ばず、領国化の進展の事実を指摘することはできない。しかるにこの過程がさらに進むと、一定の軍役・普請役がかけられ、参勤奉仕が求められ、知行が給与せられ、所替えが命ぜられるようになり、越後一国が戦国大名領国の色彩を濃くしてくるのである。

この場合越後は南北に細長い形をしており、北辺の下越地方は春日山とははるかに隔たり、その歴史事情を異にしている。中世では上郡・中郡・下（奥）郡と越後を分けているが、上郡は越後西南部の頸城・魚沼で現今のいわゆる上越地方がおおむねこれにあたる。中郡は古志・三島（山東）・刈羽三郡と蒲原郡南半部（南・西・中）つまり米山以北、阿賀川以南の地域でいわゆる中越地方がこれにあたる。下郡は蒲原郡の北半（北・東）と岩船（瀬波）郡とのいわゆる揚北《あがきた》で、下越地方が大体これである。このうち現在の東蒲原郡は小川庄と称し会津の葦名氏の所領で、江戸時代でも会津領で越後以外と考えてよい。このほか本間一党の佐渡、大宝寺氏（武藤氏）の出羽庄内地方、武田氏と争った北信四郡、越中・能登・飛騨・加賀北郡及び上野などが、謙信最盛期の勢力範囲であるが、越後以外は領国と称するほど支配力が浸透していたとは言えない。従って謙信の段階では、伊東多三郎氏や藤木久志氏の考察に従って上・中越と下越とを対比しながら、その領主化の構造的特質を見ることにしたい。

上・中越地方は長尾氏の勢力が早くから植え付けられたところで、頸城・魚沼・古志・南蒲原・三島の諸郡にその所領が散在し、府中・上田・古志・三条に長尾家が分立していた。古志（栖吉）長尾家は上杉顕定に属して府中の宗家である為景と戦ったが、いち早く為景と握手した。謙信の生母の実家であり、一門として遇せられたのも故なきことではない。三条長尾家は謙信に滅ぼされ、関東経営の基地であった上田（坂戸）の長尾家は臣従して、その所領は政景の急死・遺児景勝の養育により謙信の支配に属し、守護領と併せて、謙信の直領（料所）がこの地方に増加することになる。また料所ばかりでなく、直江津（今町）・柏崎・出雲崎・寺泊・新潟等直接支配の港も、直臣に配分した給地もこの地方に多く、逆に国衆の所領が下越に比して著しく少なくなっている。謙信の本拠春日山城は府内と直江津を抱き、これを中心に郡内に要害が配置せられた。これら支城には信頼する宿将が封ぜられるか、番城として直臣が在番させられ、独立性の強い外様の存在することはなかった。頸城と魚沼をつなぐ要衝直嶺城は上杉房能の退隠地であったが、謙信のときすでに番城となっており、中越に通ずる関門である柿崎は宿将柿崎氏の居城で、それも天正五年に成敗されてからは上杉氏の支配となった。栃尾城の本庄氏は謙信の少年時代を過した家で、本庄実仍《さねとみ》・慶秀は謙信時代初期の老臣である。また三島郡与板の直江氏、南蒲原郡三条城の山吉氏ついで神余《かまり》氏など、いずれも謙信の帷幄に参じた宿将であった。為景の晩年にこれを悩ました刈羽上条上杉氏の跡は、謙信の養子で景勝の妹婿である畠山義春（能登守護の一族）が上条政繁と名乗って、これまた上杉家中に重きをなす一門であった。勿論上郡に比べて中郡とくに刈羽郡には旧族が多く、謙信時代に臣従したものであるが、のち景勝の代になって直領と直臣団が大きく進出してくるのである。

これに対して下越は、豪族が鎌倉期以来の本領を基礎に小領主化したものが多く、長尾家に対しては外様の国衆として常なき叛服と相互の抗争をくり返していた。このうちとくに強力なものは、本庄・色部・中条・黒川・新発田・安田・水原の諸氏で、揚北衆と称せられた。永徳十一年に本庄繁長が武田・大宝寺・葦名に応じて叛き、謙信の攻囲を受けたが、翌年子顕長を人質に出して降伏している。この場合謙信の力をもってして、数か月にわたる攻城にもかかわらず陥落させることができず、所領削減の手段をとることもなく、人質をとってただ服属させただけに終わっているのである。永禄十二年二月、謙信は攻囲軍の諸将が一向に心を入れて攻めないので、ついに色部家中・地下人や黒川・安田一党から人質をとり、翌月新発田長敦に対しても誓詞を交換し人質を取っている（歴代古案二）。叛乱軍に加担はしなかったが、下越強豪は本庄・大宝寺と同様な半独立的関係を謙信との間にもっていたのである。

このような地域的偏差は謙信の執政の面にも敏感に反映されていた。謙信が国主の座についた当時は、守護上杉家の「御内《おうち》」の重臣であった大熊朝秀、府内長尾家譜代の重臣直江実綱、謙信を養育した本庄実仍が最も頻繁に奉書に名を現わし、新保長重・小林宗吉がこれについでいる。弘治二（一五五六）年八月、大熊朝秀が執政首脳の座を追われたころから、首脳部の構成が変わり、長尾政景や本庄・直江・吉江の直臣のほかに、斎藤・北条《きたじょう》（刈羽郡）柿崎（頸城郡）といった国衆が奉行人に登場してくる。これは謙信の地盤である頸城地方や上田長尾氏の勢力範囲たる魚沼地方から、中郡へと政権の基盤が進展している証左と見られる。

ついで永禄四年以降、近江守山の者で「側陋ノ身」(上杉年譜十七)である青年河田長親が謙信の側近となり、「魚沼郡徳政条々」(永禄四・三・十二)以下発給文書の河田・直江連署奉書や、受納文書でこの両氏に執奏を依頼する近衛・足利・織田等の書状がこのころ著しく増加している。永禄末年になってくると山吉豊守を奏者とする上杉氏宛文書が多くなり、また外交戦に山崎専柳斎秀仙の参画が顕著になってくる。山吉は中郡三条の旧族で三条長尾氏の地盤を継いだもので、早くから謙信の直臣となっていたものであるが、専柳斎は「書生」(宇都宮文書)と呼ばれる身分から登用された利《き》け者である。このように執政首脳部は譜代の名門の伝統的な重みと、新規採用者の材幹を併用して構成されたことは注目に値すると言える。

このほかに天正初年から新しく奥郡の国衆である新発田・竹俣《たけのまた》二氏が奉行人として登場してくる。この新発田長敦・竹俣慶綱・斎藤朝信等国人衆の連署加判する文書が制札・条目・掟等の執達に限られているのは、注目すべき現象であるが、これは永禄末年の本庄繁長制圧を契機として、奥郡国衆が上杉政権に吸収され、その実力によって政権が補強されたことを示すものである。しかし譜代の重臣ないしは低身の新参者の抬頭による専制的な執政体制を確立できず、逆に有力な国衆に執政参画を認め、これによって法令布達の効果を高めねばならなかったこと自体は、やはり謙信の家臣統制力と領主権の限界を示すものと考えねばならない。

要するに謙信の政府の人事構成は、守護家の遺臣と長尾一門を排除し、一貫して直江実綱以下の譜代重臣に基礎を置き、しかも新参の直臣を混用しつつ、勢力の拡大に伴って国衆を参与させて連合政権的色彩をも持たせたのであった。これが景勝の代になって「侍中」として外様的あつかいを受け、一門衆の撃破されたのちは景勝譜代の上田衆（直江兼続を首脳とする）や信濃衆・武蔵衆にその地位を譲ることになるのである。

武田政権の軍事的基盤　武田信玄の家中も一門衆（同名《みょう》衆）・譜代衆・国衆・新参衆（牢人衆）とからなり、その下に寄騎《よりき》・同心《どうしん》・足軽・仲間《ちゅうげん》・若党・小者などがある。権力構造の中核はもとより直臣団であるが、これは御一門衆・近習衆・直参衆・小十人頭・同子供衆・寄合衆・御蔵前衆・二十人衆などから成り立っている。

一門衆つまり「当家御一門衆ノ家人」（荻野文書）は、親族衆（甲斐国志）・御親類衆（甲陽軍鑑）とも呼ばれ、国主の兄弟で独立したものである。武田信繁・武田信廉《のぶかど》・武田勝頼・一条信竜・武田信実・武田信堯《のぶたか》・穴山信君・板垣信安などがこれに相当する。

譜代の直臣は年寄衆・奉行衆あるいは直轄地の代官として行政にあたり、軍務を統括した。行政主務者は両職で、軍事面では武士《さむらい》隊将・足軽隊将・旗本（旗下）武者奉行・旗奉行・軍奉行などがあり、施政・監察面では公事奉行・勘定奉行・横目奉行・細工奉行・納戸奉行・蔵前頭・台所頭以下の奉行が置かれていた。このほか蔵前衆（代官）・使番・小姓・祐筆・横目（目付）・陰法師（替玉）・奏者番などがあり、郡には郡奉行、直轄領には代官が置かれた。

そして有力な直臣を物頭《ものがしら》・組頭（番頭）として寄親と呼び、その下に寄子（寄力寄騎）・同心の形で在地の名主層を家臣団に組み入れていた。寄子・同心は村落の実質的支配者であるから、武田氏はこれを権力機構の末端として把握することにより、軍事的な基盤としての郷村つまり農兵・普請夫の供給源を確保したのである。この場合、名主層が個別的に家臣化すると若党・被官と呼ばれるものになる。たとえば典厩衆とは武田信豊を寄親とする同心衆のことで、上杉家の小国同心衆などと同様に、武田政権のなかで、また一つの軍事組織体を形成していた。

右のような甲府盆地の平坦部に住む所領関係の錯雑した家臣団に対し、山岳地帯には、九一色《くいっしき》衆・津金衆・武川衆・御嶽衆など地域別に編成された武士団があった（生島足島神社文書「諸士記請文」）。九一色郷は市川大門の東、芦川の谷に位し、右左口《うばぐち》（東八代郡中道町）から駿河の富士大宮に通ずる中道がここを縦断している。九一色衆とはここに土着する党的構成をもつ武士団である。津金は信州佐久平から新府韮崎にいたる要地で、小尾《おお》・比志・箕輪・海口《うんのくち》・村山・井出等多くの支族がある。武川衆は釜無川の支流大武川・小武川地方の武士団で折井・米倉・青木・柳沢・横手・宮脇その他の武士で構成されている。御嶽《みたけ》衆とは御嶽付近の武士団である。このほか室賀衆・海野衆・松本衆などの信州武士や、上野の安中《あんなか》衆などが含まれ、武田政権というのは、甲・信・西上野の小武士団が、信玄の一族・直臣を中心に寄り合って構成するものであった。この点まさしく人は城であり、人は堀であったわけである。

武士の知行地は最低十貫未満から最高七百余貫ぐらいが約半数を占めていた。永禄六年の「恵林寺領御検地日記」や「恵林寺領穀米並公事諸納帳」によって見ると、その知行の客体は恩地・名田・踏《ふみ》出《だし》・名屋敷・公事・被官・夫丸・夫銭・棟別・諸役免許・蔵出・扶持等である。恩地は本領・本給・重恩・新恩等の区別があるが、その担保・売却は禁止され、売買はやむを得ない場合に年期を定めて許されるなど、厳しい制限のもとに与えられていた。また自然の災害があっても、他に代償の地を求める権利もなく、夫役を課せられている。

これに対し名田は私有地であって、年貢未進が二年以上にわたる場合のほかは、所有権が認められ、売買・質入・譲与も自由である。これは本来土着の武士の所領であったものが、大名の領主権が伸張してゆく過程で、領主権の浸透した恩地と、永代相伝の私領との二つの性格を生み出したわけである。従って恩地と言っても、新しく給与せられたものはごく僅かで、本領を安堵せられたものが多く、それが検地されて本成と踏出（出目）に分かれ、踏出分の年貢が免除されて新給の形式をとるのである。

武士は所領に居屋敷という宅地を与えられており、その面積は三・四反から五・六反歩で、菜園を含み、その周囲にはおおむね土塁が廻らされている。彼等は知行地の一部つまり佃・正作を被官・名子で手作りをし、他を百姓に宛て行なって耕作させた。小身の武士のなかには自ら耕作するものさえあった。農業経営のかたわら山林から材木・薪・下草を採取し、年貢・公事のほか軍役を負担する点では武田の家臣であったが、自給自足の生活を廃棄したわけではなく、そのまま寄子・同心として組み入れられたものにすぎない。従って城下に集住した家臣は一部であって在地性の強いことが、武田家中の特色として考えられねばならない。それは常備の専門的武士団に欠けていたことであり、また中世的形態を濃厚に残存させていたことでもあった。ここから、騎馬隊を主力とする戦闘方式や、農兵組織に基礎を置く部隊編成や、長期遠征の困難が発生するのである。それにもかかわらず、信玄が数か国を領有できたのは、信玄の在地武士統御の巧妙さと、外交的術策と戦機の把握および甲州人の粗食に甘んじ寒気に耐える山国気質によるものと言えよう（奥野高広著「武田信玄」）。信玄の周到な作戦準備は、この限界や弱点を知悉していたためにほかならない。

越後武士の存在形態　武士の在地性が強いことは上杉氏家臣団についても同様であった。この点を下越最南端に本領支配を容認され、慶長初年に千二百余石を知行した安田氏を例にとり、天正二年検地帳につき見ることにしよう。同氏はその知行高の過半を上杉氏恩給地が占めるという知行地構成が示すように、かなり早くから大名領国支配に組み込まれているが、安田館を中心とする伝統的な所領には何等の変更をも加えられていない。そればかりでなく、安田領自体がまた直轄領（御直納）と家臣知行地（給恩）とに区別され、上杉領国と同一の構成を示すことが注目される。

まず給恩地を知行する軍役衆は総数一〇九名で、「殿」の敬称で呼ばれるものから「中間」「小者」まで含んでいるが、同姓のものを同族として藤木久志氏の計算されたところでは六十五氏となる。しかも最大八十三貫文、平均して四十貫文の知行高をもつ上層十二氏が総知行地の過半を占めており、安田氏自体に独裁権力があるわけではなかった。たとえば一族五氏で三十二貫文を知行する草水《くそうず》氏は、知行地のほとんどが本領草水村にあり、ほかに「御切符《おんきりふ》」と呼ばれる安田氏からの恩給地をはるか中越の帯織村に与えられている。一族三氏で八十三貫文をもつ渡辺氏も本領のほか四か村に給分を与えられ、それら各地に設定された安田氏直轄領の代官となっている。このように有力な軍役衆は、その在所を本領とする小領主的存在であり、そのほかに安田氏から、安田氏の本領あるいは同氏が上杉氏から恩給された土地を、「御切符」ないし「給分」として恩給され分散的に知行し、さらに安田氏の「御料所」の代官に任ぜられていたのである。

ところでこれら軍役衆の知行地は、安田橋上・安田・地子屋など、主として「安田館辺」と汎称される安田本領の中心地域に集中的に存在している。安田氏が上杉氏から恩給された松岡・羽禰津《はねづ》・帯織・月岡・三林以下の諸村は、大部分が安田直轄領となり、さらにその一部分が、これを管理する代官以下十名ほどの有力軍役衆に分かたれているのである。つまり千二百余石を知行する安田氏の家臣団は、六十五氏の在地小領主・地主層が、安田氏の本貫を中心とする狭い範囲で組織されたにすぎないものであった。

これに対して「御直納分」とか「御料所」などと呼ばれる安田直轄領は三百五十三貫文を超え、代官免などの給分を除く「直納」つまり蔵入高も百九十一貫文余で、家臣の知行高をはるかに超える尨大なものであった。その分布状況を見ても安田館辺以下十八か村に及ぶ安田領全域の各地に設定されている。とくに上杉氏から新たに給与せられた新恩領では、直轄分は百五十貫文で、単に給地に対する比重が高いばかりでなく、安田本領の直轄分四十六貫をはるかに引き離し、安田氏の領主権力が新恩地に於て確立されたことを示している。直轄領は封建権力の直接的基礎をなすものであるから、このような安田領における直納分のあり方は、安田氏と上杉氏との深い主従関係を示すものである。しかし同時に、白河庄における安田本領に手を入れることなく、新知給与でしか大名権の浸透を許さなかったことは、安田氏の小領主としての相対的独立性を示すものと言える。

上杉家臣の筆頭で、慶長期に上杉家料所百二十二か村につぐ五十四か村、二千八百余石を知行した柿崎氏も、柿崎から米山山麓にいたる二十一か村を一円知行しているが、その他の村落では相給あるいは大名直轄領があって、姉崎氏の本領知行にかなり大きな制約が加えられていた。つまり上越から中越への関門にあたる柿崎より海岸線に連なる主要な知行地は、他の給人知や上杉直轄領で分断されており、旧来の豪族の領主支配が漸次大名権力のなかに吸収されて行く過渡的形態を示しているのである。しかしかかる本領による豪族的色彩は下越地方ではいよいよ強くなり、新発田・中条・黒川・色部・本庄などが小領主として自立していたことは前述したところである。これら有力家臣の領分の内には「直納分」・「給分」・「代官免」・「中使免」・「小使免」などがあるから、領主―家臣―代官―中使―小使―農民という収取機構で支配されていたことが知られる。大使というのは領主の派遣する役人のことである（中条文書）。この中心をなすものは城館で、その下方に城下町が展開している。安田氏の場合でも「城の内」の左右には「城の越（腰）」という傾斜面があり、そのはずれが「竹の花」（館の端）である。城の内の西辺に大手門があったことは、「門前」の地名によって知られる。門前の東南隣の「佃《つくだ》」は、検地帳に「合参貫文安田　御手作」と記された九百苅の土地のことで、古く安田氏の直接経営の行なわれた田地である。百姓の集落は八幡宮を中心とする宮町から上町・上町浦（裏）・中町・下町へと伸びて、これが城下町となり、さらに小路によって城の東南側に成立した横町・新町と連絡している。春日山城とその城下を小規模にした姿がそこに見られるであろう。

この小領主の住む居館は通常「館《たて》」と呼ばれ、周囲に濠と土居《どい》をめぐらしている。上杉謙信が近習の吉江与次景泰を惣領家に入嗣させてこれを自己の一翼とした、三浦和田中条氏の江上館を例としてその概況を見ることにしよう。館址の発掘は新潟県教育委員会と中条町教育委員会を主体とし、奥田直栄氏指導のもとに、学習院大学文学部輔仁会をはじめとする学生・生徒によってなされたものである。館の周りは二重に土塁が構築されていたようで、内郭の三千坪ぐらいの平地は約三〇センチの厚さの表土を取り除くと中世の地表面が出現する。建造物は柱石を用いなかったため、柱の穴が多く見られ、それが不規則に並んでいるから、再三場所を移して建て直されたと考えられる。北の方に厨房があり、井戸のそばに竈がくずれたと思われる粘土塊が二つある。こうした点から見てその家屋建坪は四百坪程度とおもわれ、それほど大規模なものとは考えられない。厨房や縁側には砂利を敷いてあるが、これは三和土《たたき》に相当するもので、これまた質素な居館に相応するものと言える。土居は数次にわたって補強されており、その内側に鍛冶の仕事場があったらしく、鞴《ふいご》の口が二箇所から発見された。

館の外辺では、まず艮《うしとら》（東南）の鬼門の方角に小石を敷きつめた小丘があり、そこに「キリーク」（阿弥陀如来）を刻んだ石率塔婆《そとば》が立てられている。巽《たつみ》（東南）の角には現在稲荷社があるが、古くはここに石祠があったようで、その一部の石が残っている。乾《いぬい》（西北）の角にも宮と石祠があり、裏鬼門にあたる坤《ひつじさる》（西南）にはすこしはなれて城願寺の地字名があり、ここだけ三百坪ばかり正方形の土地が周囲の水田より高くなっている。これが祈願寺の址であると思われる。

この館の東方に鳥坂《とつさか》城があり、和田中条一族の本拠であったが、中条宗家の館は鎌倉期の政所のあった石原館（中条高等学校付近）と考えられるから、中条市正の居所と伝える江上館は、その有力な分家であった東家の居館と思われる。このように中条領には、宗家居館のほかに、このような規模をもった一族・重臣の館が幾つかあり、さらにその下には名主《みようしゆ》の屋敷があった。これらが一旦緩急の際にはそれぞれ騎士・手明《てあき》として鑓持・鉄砲衆その他の従者を率いて出陣したのである。

二 軍制と軍法

軍役と動員兵力 天正三（一五七五）年に越後諸士の軍役帳が制定されるが、これは上杉氏の軍役制成立の指標となるものである。封建制度のもとでは、臣従したものに知行地を恩給し、安堵し、その代わりに臣下は主君に軍役を奉仕するという御恩と奉公の関係が基本的なものであった。そしてこの関係は戦国大名の場合は、大名と国人との従属関係に於て現われ、国人の忠誠とは軍役負担の義務遂行にほかならなかった。戦国大名の軍事力は、直轄する常備兵力の比重はいまだ少なく、国人的領主層への軍役をいかに徴するか、つまり領土の広さよりも軍役負担者をいかにして多く掌握するかにかかっていると言える。従って謙信や信玄が勢力範囲を拡大し、信越甲の国人が臣従するにつれて、軍役の範囲も拡大し厳しくなって行った。

本来国人に対する軍勢催促は守護の権限であるが、長尾氏が国主化してくると、軍役・普請役《ふしんやく》を越後の国人に課してくる。天文二十三（一五五四）年謙信が普請のため越後に令して役夫《やくぶ》を募っているのはその例である。軍役・普請役は当初から定額のものではなく、将士は主君の要求に対して、可能な範囲内で、客観的に妥当な量を提供したものと考えられる。それで武田信玄が毎年信濃攻略の兵を出していた天文十六年に「此年も信州・甲州取合止まず、一年二度を働き成され候。はや奉公の人々は、信州御陣に迷惑候て言語に及ばず」（妙法寺記）と記されたような事態も生じてくる。しかし主従の間で不文律で定まっていた軍役も、大名権力の確立によって次第に制度化され成文化されてくるのは当然であった。

永禄三（一五六〇）年、関東・北信で武田勢との交戦が激化してくると、謙信は次のような誓紙を部下にとらせている。

敬白　起精《（請）》文

右意趣は、今度当郡御鑓御せんさく《（穿鑿）》に付いて、吾等私領所納之義、少もわたくしなく御日記にしるし、さし上げ申し候事

一、御ぐんやく《（軍役）》の義、並びにようがひふしん《（要害普請）》以下、少も御うしろぐらくなく之を致すべき事

一、玖介にたいし、何事に於ても御掟に任せ走り廻《ま》うべく候事、もし此の旨偽り申すに於ては、府内六所ごんげん《（権現）》・弥彦大明神・二田大菩薩・蔵王ごんげん《（権現）》、別してすもん《（守門）》大明神、惣じて日本国中大小の神祇の御ばつ《（罰）》を蒙るべきものなり。仍って件の如し。

永禄三年

五月九日

渡辺将監

綱（花押血判）

大関平次右衛門尉

実憲（花押血判）

大河戸市介

忠繁（花押血判）

山沢与三郎

兼（花押血判）

（付記）「五十騎平井祖」

奉　納

入道丸

（今）金井修理亮

重（花押血判）

大関勘（解説）由左衛門尉

定　憲（花押血判）

本庄　玖介殿

宇野左馬允殿

御　申

（上杉家文書一）

この血判起請文は大関以下の古志郡栃尾衆が、栃尾城本庄氏の奉行本庄玖介・宇野左馬允に、軍役及び要害普請役などの義務を果たすことを誓ったものである。普請役は主として城砦・屋敷の普請などに、知行高に応じて人夫を差出す義務で、家臣統制・領国経営の上に、軍役とならんで大きな意義をもつものである。また軍役も知行高に応じて定められたが、この年八月、謙信が府内の留守をさせた諸将に、「分限相当の外、一廉《かど》有る過上の人数已下、爾《しか》と在府せらるべき事」（上杉家文書）とあるように、定額以上を供出することが望ましい忠勤とされた。天正四年十二月直江景綱・河田吉久・吉江資堅・山吉米房丸が能登石動山城に在番したときの起請文にも「この人数一騎一人闕くることなく詰め置き、御諚次第に走り廻《ま》うべく候。この内御軍役候者、涯分召し寄せ申すべく事」、「増人数之義、是も御諚次第に召し寄せ、来る正月十日の内より、御用に罷り立つ様に申し付くべき事」と誓約しているから、定額を欠けば怠慢不忠で、増人数が要求されていたことが知られる。

新規に知行地が宛てがわれた場合は直ちにその分だけ軍役が課せられる。例えば永禄十年四月蓼沼藤五郎が、越後頸城郡西浜郷の内、寺島村を与えられたとき、本軍役鑓五丁のうち四丁を用捨し、一丁と糸毛具足・小旗を軍役と定めている。武田の場合でも同様で武田信実が元亀二（一五七一）年に甲斐国松尾郷以下三百九十七貫三百五十文の土地と陣夫五人を与えられたため、乗馬三騎・鉄砲五挺・鑓五本・長刀五本・長柄十本・弓二張・小旗三本の軍役が課せられている。このようにして各個の軍役が集成整備されて天正三年軍役帳が台帳として成立することになる。それは知行制の整備と相応ずるもので、天正三年の軍役帳制定に先立ち、天正二年には安田氏軍役衆の知行高帳としての安田領検地帳が成立することになるのである。

しかし軍役だけで動員兵力が算出できるのではない。元亀二年三月、信玄が、甲斐中野・窪八幡両郷に対し、棟別銭を免除して出陣を命じているように、軍役を負担しない百姓に、その棟別普請役を免除するかわり兵卒に徴用しているからである。さきの永禄三年栃尾衆起請文に於て「当郡御鑓御せんさく」とあるように、上杉でも「地下鑓」を調査し、軍事力として動員しようとしている。「地下鑓」は兵農未分の段階での上杉分国の民兵で、上杉家臣団の基底にあり、軍役帳には登録の対象とはなっていないものである。とくに永禄十二年信玄に応じた本庄繁長を攻囲中には、謙信は次のように触れている。

地下鑓触之覚

一、やり
一、なわ　二歟《ママ》　廿ひろつゝ
一、なた
一、くわ

右鑓百に小旗三本宛幷びに壱人に此の如く四様持たせ出すべき由、堅く相触れらるべく候、此度武具を致し罷出候者には、急度御褒美あるべき由、仰せ出だされ、御印判を成され候者也、仍って件の如し

永禄拾弐
二月六日　(山吉)豊守
(直江)景綱
(柿崎)景家

御朱印
羽田六介殿
岩船藤左衛門尉殿

(歴代古案四)

つまり地下人に武器武具と武器となり得る農具を携えて出陣すべきことを命じているのである。同

年八月には春日山城の留将に「留守中人数、地下鑓をも集置」（大河原辰次郎氏所蔵文書）くよう命じており、天正元年越中の椎名氏の牢人が国境付近の海辺を荒らしたときは、百姓も自身のためでもあるから鑓・小旗を用意し、陣衆は鉄砲を備えるように指示している。

このように「地下鑓」として地下人が軍事的に組織されたが、これは百姓の身のためでもあり、軍役衆のみではこと足りぬ場合であって、常に地下鑓が戦陣に使用されたわけではなかった。この点必ずしも農兵組織の上に常備兵力が存在したとは言えない。兵農分離はやはり相当程度に進展しているのである。しかも永禄三年に古志郡に地下鑓調査が行なわれ、のち天正十一年、百姓十間（軒）につき地下鑓十人の基準で制度化をはかったのは何故であろうか。それは国内統一を完了した上杉家の常備兵団が、西に東に南に広汎な軍事行動を起こすにいたったため、手薄となった在地警備を郷民の自衛力を吸収組織化して補充しようとしたものと考えねばならない。そして内外の戦が終わり、中央集権化が進んでくると、地下鑓は常備軍に編成されて足軽という常備軽卒となるか、解体されて帰農するかの道を選ぶことになる。こうして平和の暁には刀狩が必須のものとなってくるのである。

信玄が山国の兵を率いて上洛を決意したときは甲・信の総力をあげたと考えられる。この時西三河に侵入した武田軍は、山県昌景書状（『古今消息集』）によると甲・信の兵二万三千となっている。このほか西上野と信越国境とに置かれた守備兵を考慮しても、信玄の動員兵力は二万数千が限度であったのではあるまいか。上杉方も勢力範囲つまり知行高が同じであるから、兵力もそれぐらいと見てよいであろうが、越中・能登は信玄の信濃のように分国化していないし、本国守備も考慮せねばならないので、他国に出撃できる兵力はこれを下廻ると見られる。

ともかく謙信も信玄も国人層をまず服属させ、知行制度を整えつつその軍役を定めて軍制を整備して行った。大名が家臣団を城下に集住させ、直轄軍隊を常備する段階にいたらないため、軍役を将士に課する方法がとられたのであるから、軍役の存在は大名知行制に移行する際の過渡的形態であり、地下鑓にも見られるような兵農未分の姿をも残しているのであった。謙信や信玄の軍隊が大規模な遠征を持続できなかったのは、このような農兵を基底にもつ国人領主の連合部隊である点に主な理由が求められるであろう。

編制装備　上杉軍の編制を見ると、謙信の旗本のほか諸城主の率いる部隊で構成されている。城主の部隊の中核をなすものは、「馬上」と呼ばれる騎馬武者で、これが将校に相当するものである。これに「手明《てあき》」と呼ばれる重装歩兵が随従し、馬上・手明はともに甲・打物（刀剣）・籠手《こて》・腰指（小刀）で武装している。このほかに鑓兵（手鑓を含む）と鉄砲兵（弓を含む）があり、これらが兵卒に相当し、組頭に率いられる。さらに足軽・陣夫など近代兵制の輜重輪卒（特務兵）や補充兵にあたるものが臨時に徴発され、具足師・研師・細工師・能大夫などの軍属もいる。軍の主兵たるものは鑓隊であって、三間柄の槍つまり春日槍をもっている。その柄が不足するときは竹竿を用いるため、謙信は平素領内の竹林保護に注意したという。鉄砲は松本杢助・才野伊豆守を紀伊に遣わし、根来《ねごろ》の杉ノ坊で製法を学ばせたというが、領内でどの程度生産されたか不明である。永禄二年謙信が上洛して帰国の途中、近江坂本で、将軍義輝から、「鉄放薬之方幷調合次第」という煙硝・炭・硫黄の調薬法を詳細に記した一巻（大友宗麟の進上せるもの）を贈られているので、このころには謙信軍もかなりの鉄砲を装備していたことが知られる。玉薬・煙硝・鉛を越中派遣軍の鯵坂長実が本国に請求しているから、弾薬の領内生産は間違いないところである。弾丸ははじめは鉄、のち鉛で、有効射程距離約五十間内外、銃は竹火縄・前装銃で発射までに時間を要したので、まだ主力となるにはいたらなかった。

部将は守護上杉時代の被官・国人または新付の属将で、それぞれ長尾氏に属する以前から領主化していたものであるから、その部隊の内部にさらに主従関係に結ばれた馬上―鑓・鉄砲の一群を内包している。これが同心と呼ばれるものである。同心は、例えば黒川氏の同心土沢氏を見ると、鎌倉期に黒川が奥山庄三分一惣領地頭であったとき、それを通じて公事を勤仕する一分地頭に土沢氏があるから、惣領と一分地頭または庶子との間の支配＝従属関係が、戦国大名領にまで持ちこまれ再編されたものと言うことができる。謙信に対しては黒川氏も直江氏も同心的地位にあるのである。次にしばしば触れた天正三年の軍役帳を紹介し、そこから越後諸将の可動兵力を見ておこう。

氏名	鑓	手明	鉄砲	大小旗	馬上
御中城様（上杉景勝）	二五〇丁	四〇人	二〇丁	二五本	四〇騎
（同心）土沢	二七丁	人	一丁	一本	二騎

山浦殿（村上国清）	一七〇	二〇	二五 此内弓五張	一五	二〇
十郎殿（長尾景信）	五四	一〇	四	五	八
上条殿（上条政繁）	六三	一五	二	六	一〇
弥七郎殿（長尾景通）	一〇六	一五	一〇	一〇	一五
山本寺殿（定長）	五〇	一〇	二	三	六
中条与次（景泰）	八〇	二〇	一〇	一五	一五
黒川四郎次郎（清実）	九八	一五	一〇	一〇	一五
下条釆女正	三二	一〇	二	三	五
荒川孫次郎	三二	一〇	二	三	五
菅名与三（綱輔）	四五	一〇	五	五	八
（同心）菅名孫次郎	二		一	一	一
小計	四七		六	六	九
平賀左京亮	五四	一〇	四	五	八
（同心）力丸（丸田）	四		一	一	一
〃木津	二		一	一	一
〃千田	二		一	一	一
小計	六二		七	八	一一

小計	一二五		一一	一一	一七
色部孫三郎（顕長）	一六〇	二〇	一二	一五	二〇
水原能化丸（家隆）	五八	一〇	五	六	八
竹股三河守（慶綱）	六七	一〇	五	六	一〇
新発田尾張守（長敦）	一三五	二〇	一〇	一二	一七
五十公野右衛門尉（宗信）	八〇	一五	一〇	八	一一
加地彦次郎（春綱）	一〇八	一五	一〇	一〇	一五
安田新太郎	九〇	二〇	一〇	一三	一五
安田惣八郎（景元）	六〇	一五	五	五	一〇
舟見（宮内少輔）	七〇	一〇	五	六	一〇
松本鶴松	八一	一五	一〇	八	一〇
（同心）力丸	一〇			一	二
〃湯山	二		一	一	一
〃向井	二		一	一	一
〃白川	二		一	一	一
〃氏江	一			一	一
〃山屋	一				
〃松江	一				

新津大膳亮	五四	一〇	四	五	八
(同心)舟山	二		一	一	一
〃蔵吾	二		一	一	一
小計	五八		六	七	一〇
斎藤下野守(朝信)	一五三	二〇	一〇	一二	一八
千坂対島守(景親)	三六	一〇	二	四	六
柿崎左衛門大輔(晴家)	一八〇	三〇	一五	一五	二〇
新保孫六	四〇	一五	二	三	七
竹股小太郎	四六	一〇	三	五	六
山岸隼人佐	三五	一〇	二	三	五
吉江喜四郎(資堅)	六〇	一五	五	一〇	一五
香坂弥平太	九〇	一五	五	七	一五
河田対馬守(吉久)	六〇	二〇	五	七	一五
北条下総總守(高常)	六〇	二〇	七	七	一一
小国刑部少輔	八〇	一五	一〇	一〇	一〇
〃大堀	一				
小計	一〇一		一三	一三	一六
本庄清七郎(秀綱)	一五〇	三〇余	一五	一五	三〇
吉江佐渡守	五〇	一〇	四	五	七
(同心)石坂七郎三郎	三		一	一	一
〃一丁とをり	二三				
小計	七六		五	六	八
山吉孫次郎(豊守)	二三五 内三〇丁 手鑓	四〇	二〇	三〇	五二
直江大和守(景綱)	二〇〇 内五〇丁 手鑓	三〇	二〇	二〇	三五
長尾小四郎(景直)	五〇	一五	三	三	一〇
合計(部将三九 同心三九)	三、五九九 内手鑓八十丁	六五〇	三二一〇 内弓五張	三六八	五六六
総計 五、五〇二					

(越佐史料巻五)

右で少なくとも総計五千五百名が動員できるわけで、このほか上野沼田・厩橋・館林、下野佐野、信濃飯山・市川、越中魚津・松倉・富山など諸城の守兵があるはずで、また上野・平子・和納・鯵坂・長沢・村山などの越将も洩れている。従って謙信出馬の際動員できる人数は古くから言われるように麾下八千といったところではあるまいか。出陣の際は、各部将の城の留守は勿論、春日山城までが、僅かの人数しか留められないのが普通であるから、留守補充隊を多く見ることはできない。謙信は出陣中春日山に地下鑓を徴用しているし、また長篠役で大敗した武田勢がふたたび起つことができないまでに痛打を受けたことは、予・後備兵が僅少であったことを示している。それ故謙信軍の八千は、戦闘部隊に徴発された地下鑓・足軽を加え、大荷駄・小荷駄の輜重隊と陣中に従う祐筆・医者・算勘・出家・鍛冶・具足師・研師・槍細工・革屋・弓細工・金掘りなどまで含めたものである。これに、ある場合は関東属将の兵を合わせ、またあるときは越中勢・信濃勢・出羽勢を加えて信玄の甲・信勢に対抗したのである。

信玄軍もまた長柄の鑓（三間実共）・持鑓（二間以下）・小旗・差物・鉄砲・刀剣・立物（甲の鉢の頂上につける）などの武器をもち（歴代古案五　元亀三・八・十二）、「信玄法度之次第」で武具の用意を説いている。しかし上杉にしても武田にしても生産性の低い後進地の軍隊であって、弓矢を中心とする編制はすでに影を潜めているが、依然槍隊が軍の主兵であって、鉄砲の数が極めて少ないことに注目せねばならない。上杉軍にしてもわずか三百数十丁の鉄砲がすべてなのである。おりしも石山本願寺に於ける一向一揆は数千挺の鉄砲で信長を悩ましており、根来寺周辺の門徒部落に対して、顕如は五百挺・三百挺と鉄砲隊の増援を依頼し、銘々が鉄砲を持参するよう命じている（蓮乗寺文書）。雑賀鉄砲衆に比べれば、越後の鉄砲隊などはとるに足りないものと言えよう。上杉軍が越中を攻略して加賀一揆と朝日山に戦ったとき、一向一揆の鉄砲の乱射に苦しめられて和睦し、将士が死傷したり、鉄砲の威力を知らずに敵前を駆けまわったりしているのは(中条文書)、上杉軍が新鋭兵器に鈍感な後進性軍隊であったことを示している。のち長篠役において織田軍三千挺鉄砲の前に武田の大軍が潰走したことも余りにも有名な事実であって、上杉・武田両氏ともに、天下をとるだけの実力を持たなかったことを証明するものであった。

なお戦国時代は、軍の威容を誇示するために、旗・差物が多く用いられた。それは陣営具ではなく兵器であり、軍役に指定されたものであった。とくに室町期に朝鮮・中国から綿紬・綿布が輸入され、従来の麻・苧布に比べて保温・保存に便利なところからそれらを圧到し始めていた。明応年間(一五九二～一九〇〇)に朝鮮から棉が移植され、三河木綿(天文日記)は天文中期すでに有名となっている。甲斐では文禄ごろ木棉栽培と綿布製織が行なわれており、信玄の時代には少なくとも製織がなされ、軍装・馬衣料・陣幕・旗・差物・火縄などの軍需に充てられたと考えられる。越後では海道地方より遠いため、綿製品の利用度は落ちるが、伝統的な越後上布で旗差物が作られている。

軍旗として有名なのは雲峰寺(山梨県塩山市上萩原)所蔵の「諏訪法性《すわほっしょう》」の旗、「風林火山」の旗など十六旗である。「風林火山」は紺地の絹に金泥で「疾如風　徐如林　侵掠如火　不動如山」という「孫子」の一句を大書したもので、横五〇センチ、長さ三メートル八〇センチである。武田軍の陣頭に押し立てた軍旗で、上杉軍の「乱れ竜」の旗に対応する。「諏訪法性」の旗は幅五〇センチ、長さ四メートル三〇センチの赤地の絹に金粉で「南無諏方南宮法性上下大明神」と神号が書かれ、信玄の直筆と伝えられる。大将旗として、本陣の標識となったものという。いま一つの諏訪法性旗はこれよりやや小さく、「諏方南宮上下大明神」と書かれた周囲に六十三字の種子が並書されている。信玄の身辺に立てられその護身とされたという。「日の丸」旗は源頼義が後冷泉天皇から賜り、新羅三郎義光から武田家歴代に伝えられたものといわれる。こうした旗が雲峰寺にあるのは、武田勝頼が天目山で自尽する直前に、家来に命じて旗を同寺に隠したからであると伝えられる。

上杉軍も日の丸を愛用し、上杉神社には馬印の大扇が蔵されており、上杉家にも朝廷下賜という紺地に日の丸を書いた「日の御旗」があり、戦国武将の双璧は不思議にも「日の丸」を特別に安置したという点で軌を一にしている。この「日の御旗」は上杉家の重宝で、平素毘沙門堂に安置し、出陣の時は白布に包んだ箱に納めて修験大善院が背負い、陣営では御旗殿を構え、安養院の僧がこれを守護することになっていた。近代軍隊の軍旗の淵源はまさにここに求められるであろう。応仁二年比叡山徒から攻撃された近江堅田衆は乱戦の間に地下の旗を失なってしまったが、敗走の際敵に渡すまいとして拾いに戻っている（堅田本福寺旧記）。このように旗は地域的共同体の象徴であって、戦国大名の軍団もまた旗にその統一・団結を求めたのであろう。謙信はこのほか「毘」「竜」の旗を用いている。毘の字の旗は、彼がもっとも信仰していた毘沙門天の一字をとったもので、悪魔退散の意味から用いたものである。竜の字の旗は懸《かか》り乱れ竜といい、常に馬前に立て、突撃のときこれを先頭にしたという。

軍法・海軍　戦略・戦術を併せ意味する兵法《ひょうほう》は、「孫子」「呉子」に発し、我国では古くから武人の必須の心得とされていた。ところで南北朝内乱期に槍が使用せられると、一騎打ちから次第に密集歩兵を中心とする戦法に変化し、応仁の乱以後加速度的に集団戦の様相を濃くしてきた。この密集歩兵隊は個人の集合というよりも、馬上の指揮者を頂点とする統制体であり、その複合体が上杉・武田等の軍隊であった。そこでこれがすぐれた戦闘力を発揮するためには、まず個々の指揮者が能力あり勇敢な武士であることとともに、これら単位組織を一つの最高意志の下に統制し動かすことが必要であった。戦国大名の段階に至って軍法が大きく登場し、孫呉が再評価されてくるのはここに基づいている。

戦闘隊形は一般に弓・鉄砲・鑓を第一線に置き、騎馬侍がその後方にあった。

上杉軍でも戦闘開始のときは、鉄砲組がまず銃を発して敵をくぢき、弓組がこれにつぎ矢を発して敵陣を乱し、長槍・歩卒がこれにつづいて突進し、白兵戦では騎馬隊が突撃し、或は馬を下りて戦い勝敗を決した。敵の敗走するときは、急追撃することは言うまでもないが、薄暮に及んだ場合は厳禁したという。大将分は麾《さい》で指揮し、陣鉦・太鼓・法螺貝で兵を動かした。謙信は日月の絵模様と神仏の名を記した軍配（上杉神社蔵）や白木に白紙の采《さい》をつけた軍采《ぐんさい》を用いたといわれるが、その遺品や陣立てなど細部の可信性を望むことは難しい。

武田軍でも数人の侍大将が家中にあり、これが自分の家来と信玄から預けられた騎士・寄子《よりこ》・同心を率い、数人の組頭に分属させた。組頭は麾で組下を指揮し、組下は三人から五人が一組となり、番《ばん》頭《がしら》が指揮し、貝・太鼓・麾の合図で全軍が統一行動をとった。信玄は戦陣の間にあっても、略式の輪《わ》袈裟《げさ》（恵林寺所蔵）をかけて祈願したといわれ、その軍配は鉄骨に紗を張って漆を塗ったもので、表には日の丸に種字（毘沙門天）が配されている。恵林寺に蔵する「武田勢陣立絵図」によると、中央に総大将信玄とそれをとりまいて女人衆・奥小姓・御使衆・小人などがいる。信玄の陣立ては八陣の備えと称せられ、総大将の右方に地・虎・天の三陣、左方に風・雲・竜の三陣、前に鳥陣、後方に蛇陣が備えていた。勿論どこまで信用できるかは疑問である。

密集部隊の戦闘は、指揮者が堅確な意志をもち、将兵が軍律を守り、統制ある行動をとることで勝利を期待することができる。そこで謙信は指揮者に手ずから采配を与え、士卒の抜擢を行ない、物頭・奉行の戦死を敵に悟らせることのないよう注意している。また小事に心を動かさず、表裏を戒め、誠意を尽くすのを大将の資格としたという（藤林年表）。信玄もまた敵情偵察を十分にし、抜け懸け・遠懸けを禁じ、軍法に背いたものは知行を没収し、死罪に行なうとしている。

上杉も武田も、その戦士は在地性の強い武士で、城下に集住して常時軍事訓練を受けるのではなかったが、連年の戦いで豊富な戦歴・経験を積み重ねていたことは確かである。しかし甲斐は牧から武士が発生したという点からも、武田軍は長槍を押し立て平原を突進する騎馬隊に威力があったようである。信繁の家法九十九か条にも「馬に精を入るべき事」としている。信濃の諸豪族がつぎつぎに滅ぼされたのも、騎馬武者の好機を捕えての猛攻に対抗できなかったからであろう。上杉軍は野戦よりも攻城戦を得意とし、謙信自ら攻城軍を指揮したことも七十余回に達している。しかし信玄の寵童であった高坂弾正（春日源助）の遺記とされる「石水寺物語」には、馬場美濃守が「善陣者不ㇾ戦、善戦者不ㇾ死」という古人の言を引いて二十一か度の合戦で手疵一か所も負わなかった秘決を説明しているし、小幡山城守も「せりあいの時は、敵よりまづ味方をよく見合い候て、其の上にて一命を捨てかせぐ時は、犬死もなし」といったと記されている。野戦は両軍が正面衝突すれば犠牲は大きく、しかも当時人員・装備の補給は困難であるところから、好機を捕えて敵方を切り崩さねばならない。そこで「未だ備え定まらざる所撃つべき」もので、敵が「少衆たりと雖も、備え厚きは思慮すべき」である。「勝軍に至らば、足を立てず押し付けに乗ずべし」であるが、「但し敵の同勢崩れざれば、持ち直すべき」もので遠懸けはしてはならない。このように信玄は会戦に全軍の運命を賭する花々しさはなく、敵の虚を突く戦法をとり、あくまでも理詰めの布陣を特徴としていた。とくに防御的戦争では常に決戦を回避し、短期決戦をあせる謙信を苦しめた。そして城塞攻囲も、一挙にこれを潰しにかかるよりも兵糧攻めの持久戦をとったようで、徳川家康などは、武田軍に対しては兵糧の貯蔵をもって対抗するよう教えているほどである。人口の少ない兵農分離の十分でない甲・信山間地帯の領主であれば、当然兵力の温存を第一に考えなければならなかったからである。

ところで上・信・越の三正面作戦を僅か一箇師団に満たぬ兵力で展開せざるを得なかった謙信軍は、機動力と通信連絡法が強く要請されていた。とくに雪中行軍と「越山」(三国峠越え)こそが全軍の危急を救う手段であり、それは連年の出撃によって豊富な経験を積まざるを得なかったと言える。関東出陣に際し、謙信が玉井豊前守に宛てた書状によると、年内は諸軍を休ませ、「越年候はば、則ち正月五ケ日の内に、雪をわらせ越山すべき迄に候」といい、雪時であるから、いつもの土の上を歩く時よりも時間がかかると述べている。越卒は豪雪地帯の雪を踏み除き、人馬を通じさせるのにわずかの日時でこと足りたのである。また関東と春日山城との連絡には、当然急を要するものがあったわけであるが、謙信は平素から諸城要地の連絡を定めており、烽火または信号で急を告げた。また厩橋から沼田を経て三国峠にいたるには、一里ごとに鐘を備え、次ぎ次ぎにこれを鳴らして春日山に報じたという。武田氏でも本城・支城の付近には烽火《のろし》台の設備があり、今にその遺址の残っているものも少なくない。また平時にあっても謙信・信玄とも使僧・山伏・脚力(飛脚)・商人などをスパイとして敵の侵入を予知する努力を怠らなかった。永禄八(一五六五)には、謙信は沼田城衆に、信州方面からの商人は人体をよく改めるよう命じている。合戦は一時であるが、勝敗はかかる目に見えぬ不断の努力の結晶なのであった。

また占領地に対しては、信玄は、信濃を自己の分国として諸豪族を安堵させ、これを戦力として活用し、小国甲斐の兵力を大きく補い、同時にこれを作戦兵站基地としている。信越国境には境目を守る城が林立し、信濃諸士をして上杉方に応ずる気持を起こさせなかった。しかるに謙信は越後・上野を分国としたが、それ以外は敵地と見なし、「植田・刈田ノ時分ハ、必敵地ニ進発アリ。年々更ニ怠ル事ナシ」（藤林年表）という有様であった。七尾城へ進撃したときにも、徹底的な刈田狼籍を行なったらしく、一宮光業の能登部田所源次郎に宛てた天正七年三月の免田作職充行状（乗念寺文書）にも「謙信打入により作人無之付而別作漑入」とあり、耕作を引き受けるものもなくなっていた。謙信が越中・能登を保持できず苦しんだのは、一向一揆が武田方についていたことによるが、同時に占領地統治の拙劣さが、北陸農村を反上杉へと踏み切らせ、謙信納馬と同時に、土民が蜂起するという事態を招いたとも言える。

のち徳川家康が甲斐を手に入れたとき、信玄の政治を尊重し、大久保長安等の遺臣を任用したばかりでなく、その軍法書・武器類の残存するものを集め、信玄の軍法を研究し、武田流を採用した。井伊直政に属した「赤備《あかぞなえ》」の精鋭は武田遺臣を招いて編成されたものである。小幡景憲の唱えた甲州流軍学が江戸初期に流行したのは、決して理由のないことではない。

最後に海軍について見ると、上杉家は船頭八人、水子三百人を常置し、平田尾張守・直江新五郎を指揮官としたと言われるが、水軍の活躍や編成について特筆すべきものはない。しかし佐渡と長い海岸線と親不知の険を国境にもつ越後としては、海軍はむしろ不可欠のものであった。能登七尾も魚津ないし放生津から海上を直行すれば、きわめて短距離であって、長景連も舟で穴水にいたったと思われるが、謙信はやはり陸上の要害攻略に眼を奪われていた。ところが甲斐・信濃の山国を領した信玄は、南下して駿河を手に入れるや、直ちに今川氏の水軍を入手し、元亀元（一五七〇）年には伊豆進攻作戦に活用している。そしてはるかに伊勢の北畠氏の遺臣であった伊勢湾の海賊衆を募って水軍を編成し、翌年これを廻航させ、駿河で三百三十五貫九百文をその主将小浜景隆に与え、一か月間馬三頭分の荷物につき、国中関銭免除の特権をも認めた。これにより、大安宅丸《おおあたけまる》一艘と船五十二艘をもつ水軍ができ上がり、以後この水軍は次第に充実されて、武田氏滅亡後、向井伊賀守に率いられて徳川氏の水軍となり、江戸幕府船手となるのである。

第四章　民　政

一　農村と都市

農村の状態　戦国大名の軍事力を支えたものは内政である。農業・商工業・租税・貨幣・度量衡・交通・通信に関する政策は、領域経済における生産と消費の均衡を保ち、軍費を支弁するため重要な役割を担っている。とくに農業が基幹産業である戦国時代にあっては、食糧を生産し、年貢・公事・夫役を提供し、農兵の供給源でもあった農村を、戦乱による耕地荒廃・農民逃亡より救い、育成・強化することは、戦国大名の能力を如実に示す重要問題であった。ことに信玄の場合は、生産性の低い甲斐の山国から信濃へ進出して、これを作戦基地に仕立て上げたのであるから、肌目の細かい内政を行なっていた。徳川家康がこの地を入手したとき、信玄の治政をそのまま継承したことによっても、その治績は実証されるであろう。

ところで農政を考えるには、戦国大名領の成立と発展の過程における支配体制の性格と、それに対応する土地占有の性格及び農民の動向を明らかにしておく必要がある。信玄は永禄六（一五六三）年に山梨郡黒沢・三日市・九日市等の一帯を検地して、自己の牌所恵林寺（塩山市）の所領としたが、このときの「恵林寺領検地日記」によれば、惣百姓のほかに御家人衆五十三人が名請《なうけ》しており、そのなかには御恩として所領を安堵・給付されたものが多数見られる。「御恩」は「本御恩」と「踏出《ふみだし》」から成り、このほかに屋敷が与えられるが、これは新たに給与されたものでなく、御家人が従来から経営し、あるいは所有していた所領・屋敷がそのまま安堵されたと考えられる。検地によって打ち出された「踏出」は「重恩」として与えられているが、これも従来の所領が検地によって「新恩」と姿を変えたものである。萩原弥左衛門等四十一人の軍役衆も「本成方」を安堵され「踏出」を新給され、踏出分の諸役年貢を免除されて軍役奉仕を義務づけられている。さらに占領地の地士にはその所領を新恩として宛て行ない、武田氏の一円知行を前提として地士を御家人衆に編成して行った。

この場合、例えば十八貫百五十文を恩給された網野弥四郎は「吉田左近助殿同心」と注されており、農業経営を続けながら軍役を負担する地士層は、寄子同心として家臣団に編成されているのである。これは上杉家臣団についても見たところであるが、農業の後進性から郷村共同体の形成が微弱であり、名主的占有者が兵農未分の状態で、比較的成長のおくれた一般農民層を原生領主的に強く規制・掌握していたため、大名は土豪的・名主的農民の支配を安堵し、行政・警察・徴税等の事実上の権限を認めて農村を掌握したのである。従って上杉にしても武田にしても、惣的共同体を土豪的勢力を通じて確実に握り、これを戦力としたから、先進地帯の領主層のように土一揆に悩まされるということはなかった。しかし隷属的小農民の労働力で夫役経営を行ない、年貢・公事・夫役ないし軍役を負担する有力農民を軍事的基盤とし、戦時にはこれらに脇指・鑓・鉄砲をもたせ、または耕作農民を陣夫に徴発するという戦力構成は、まさに農兵組織と呼ぶべきものであった。彼等は近隣における短期の戦闘には勝つことができても、遠隔地の長期戦に耐えることができず、つねに家郷を思わざるを得なかったのである。武田家臣で三河・信濃国境付近を領した下条氏の配下である熊谷氏も、農業経営に支障をきたすため、「遠方御供の儀、御赦免下さる」よう願っている（竹内利美「中世末における村落の形式と展開」）。謙信や信玄が強大な戦国大名となりながら、本国を遠く離れた場合、独力では十分な戦果を挙げることができず、さらに遠く戦線を拡大して全国統一の巨歩を進めることのできなかったのはここに基因している。

それではこのような軍事体制のもとでの農民層の土地占有の性格と動向はどうであろうか。「恵林寺領穀米並公事諸納物帳」によると、ここには収納分が年貢地・公事地・公事屋敷その他の納物の項に分け、名請人ごとにその量が記載されている。年貢地の名請人は四十七人、本納二十四石余、踏出二十五貫文余で、各名請人は本納分つまり本年貢と踏出分の一部または全部を免除されたものを負担している。公事《くじ》地は名請人七十九人で、六十六貫文余の年貢と諸役、入木・入唐苧・糸代等の諸公事が収納される。ここにも検地で「本成」と「踏出」が分けられたが、軍役衆は踏出分の全部を免除されている。このような公事地の成立は本役公事を負担していた在家（公事屋）が解体し、その下に隠れていたものが名請人として登場したものであろう。そして公事地の年貢地化は時代が下降するほど著しくなってゆくのである。

公事屋敷は公事を負担する在家の解体によって生じた種々の屋敷で、諸公事・諸役を負担するものである。例えば三日市場の場合を見ると次のようになっている。

三日市場屋敷ヨリ公事並納物

一、馬仁（二）疋　仁人　九十文　一、入木一月ニ仁把宛　四十八文
一、冬草四把　八文　一、籠草自端午至九月　三十三文
一、独沽四月八日ニ　五文　一、大小宿直十夜ニ　六十文
一、公事木四把　八文　合仁百五十仁文　是者屋敷壱間之積也
右如此勤諸役屋敷、三日市場ニ十四間在之、此外つきひき人ヲ出屋敷壱間在之

このような屋敷が次第に役屋敷と呼ばれ、さらに役家となって行くものと考えられる。そしてここに課せられる公事は従前公事屋にかけられていた庄園領主からの本役公事のほかに、守護の課する諸役や大名の軍役・普請役・陣夫役・棟役・家役・棟別銭等があり、年貢は田畠に、公事・諸役は屋敷に課せられるようになるのである。

このように信玄は名の分解、公事屋の解体によって生まれた百姓や公事屋敷を把握し、検地高を基準として、領国支配を確立したのであった。しかしその基盤としての百姓は、畿内地方に見られるよ

うな作人的占有者ではなく、惣百姓の負担分は本成と踏出分の約二六%ないし三六%で、本役年貢公事にほぼ等しいと考えられるから、名主的占有者と見るべきであった。上杉領でも当時の名請人よりも、天正・文禄・慶長と年代の下降につれて検地帳登録人が急激に増加する点から、隷属性の強い小農民を内包した夫役経営者が多かったと見られる。軍役衆として記載されるものは本成方を負担し、踏出分が免除されて軍役化しているから、家臣化しつつあるものと見られ、御恩給の同心軍役衆にいたっては本成分をも免除されているから、その下に耕作農民を内包していることは言うまでもないところである。従って甲・信・越諸国における農民自立の進展は極めて緩慢であって、信玄や謙信の諸般の施政も軍備も、かかる後進性農村に立脚してなされたのである。

越後では代官の下で、郷村支配機構の末端を構成するものは中使・小使で、永禄三年「在陣留守中掟事」（上杉家文書）には郷司直属の小使が人触れを行ない、色部領粟生島では代官の下に小使があり（色部氏年中行事）、安田領検地帳には中使免・小使免がある。色部領の小使は三人のうち二人までが姓を称し、年始には御座敷・対面所で諸士とともに盃を受けており、安田領の中使仁平は、壱貫六百五十文を知行する軍役衆であった。のち小千谷組割元となった八文字屋（東氏《ひがし》）は田島名主で政所であり、中使となったが、御館《おたて》の乱で戦功を立てている（東家文書）。持高を見ても頸城郡吉岡村中使掃部は、慶長二年に村高百一石五斗余のうち三十五石四斗余（三五%）を持ち、蒲原郡富永村中使清兵衛は村高の二九・六%を占め、その他の中使もいずれも村内最高の大高持となっている。つまり彼等は地士的由緒をもつ在所の支配者であったのである。中使の下に自立しつつある百姓があり、天正十年九月、上杉景勝は棟役賦課のため、侍・地下・寺庵・社家その他の家数調査を厳命している（志賀槙太郎氏所蔵文書）。永禄十二年、謙信は伊勢大神宮遷宮料として棟別銭をかけているから、家数がある程度把握されていたことは確かであるが、農民自立の進展に伴って棟別賦課のための確実な調査が要請されたのであろう。さらに文禄四年の太閤検地、その成果たる慶長二年の越後国絵図の段階になると、居屋敷と合屋《あい》（名子屋）が掌握され、耕作権に基づいて屋敷内の百姓までも登録されることになる。

信玄堤と百塚　戦乱による田畠の荒廃を防ぎ、労働人口を確保し、進んで耕地を開墾する政策は大名の内政のもっとも重大関心事であった。武田信玄は遠江から自領の駿河へ移住する百姓には普請役を免除して、百姓招致に努力している（増善寺文書）。自領から他領への逃散は領主にとって致命的であるから、年貢未納で逃亡したものは盗賊の罪とし、棟別銭はどこまでも追いかけて徴収する定めであった。逃散した百姓を還住させる「人返し」も、逃散禁止とならんで行なわれ、信玄は甲斐都留郡の小山田弥三郎に、都留郷民が勝手に他領の主人に仕えた場合は、召し返すように指示している。このほか信濃の大須賀久兵衛尉の被官や木曾谷中の男女、さらに遠江中村郷・白羽郷民の召し返しをも命じている。

謙信も百姓の還住に意を注ぎ、天正元年十月、越中に進んで太田保を料所としたとき、百姓には先非を責めず還住を命じている（河田文書）。また入国者を定住させ、謙信が善光寺本尊を安置した越後中頸城郡善光寺浜は永禄五年には信州人で町が形成されるほどであった（歴代古案一）。このほか謙信時代に信州人が入国土着して開拓したと伝承する村は、蒲原地方にもかなり見ることができる。

このような新田開発には灌漑用水ないし排水が重要な課題であって、信玄や謙信の時期では実情が不明であるが、景勝時代になると越後刈羽郡鯖《さば》石《し》川に藤井堰を築いて用水を引き、開墾者には当年の作食を無利子で貸し、田畠・屋敷に五年の鍬下年期を設けている（刈羽郡旧蹟志）。蒲原平野の水腐地の湛水を日本海に落とすために、中ノ口川を通して美田を干拓したのも直江兼続の功と言い伝えている。

このような水田は、また洪水の害から守られることによって収穫を全うすることができるが、このためには大規模な治水工事が必要である。とくに甲府盆地は古来から釜無川の氾濫で大きな被害を受けており、ここに治水事業の典型と言われる信玄堤が施工されることになるのである。この釜無川は駒が嶽の西から発し、甲信国境を迂回して竜王町西北の赤蔵付近で御勅使《みだい》川を合わせ、さらに南流して笛吹川と合し、富士川となる大河である。この御勅使川の古流は竜王町付近で激しく流れこんできたため、自然力を巧みに利用して信玄はその改修をなしとげたのである。

堤防を形状の上から分類すると連続堤と不連続堤の二つになる。信玄堤はこの不連続堤の一種で霞堤の始まりといわれる。霞堤は「築流し堤」「テンボウ堤」とも呼ばれ、堤体を河身に平行に築かず、適当な角度を与えて雁行状に築かれるから、洪水は自由に堤防の間から堤内に逆流游滞し、減水に伴って自然に排出されるものである。この堤は天文十一（一五四二）年に信玄が計画し、弘治末に完成したもので、以来四百年間甲府盆地を洪水から守り続けたものである。これを模範として大河・急流に対する甲州流川除という治水法が徳川時代に行なわれたことは余りにも有名である。

まず韮崎市下条南割の地内で岩石を削りとり、これで上流の駒場・有野に石の積出しを築き、奔流を東北に向かわせ釜無川の東岸、赤巌の崖下を突かせた。また八田村六科《むじな》の西に将棋頭という圭角の堤を築いて水流を二分して水勢を弱め、御勅使川が釜無川に突入するところに大石を並べて水勢をそぎ（十六石）、釜無川と順流するようにしている。こうしてのち竜王に堤が築かれたのである。この信玄堤は山梨県の史蹟に指定されているが、これは中巨摩郡竜王村の高台の三社明神から、南の伊勢神明前にいたる延長三百五十間、敷幅八間の土堤を本体とし、これは竹を植栽して根固めとしている。さらにこの本堤の川表に接し幅六間、延長千百五十間の石堤を築造し、その石堤の川表に亀甲出し三十三本を築設したのが原形である。この堤防によって保護された堤内の河原を耕地に開き、永禄三（一五六〇）年八月、輿石・西山両郷の民を移住させ、棟役を免除する代わりに堤防の守護にあたらせている。

信玄堤から下流の堤防は、その後順次に築造されたがいずれも霞堤である。この霞堤は中国にはなく、欧州ではライン川・ローヌ川にあるが、年代は一八〇六年ライン連邦成立の前後と考えられている。しかしこのように古くかつ巧妙な信玄の霞堤も享保十六（一七三一）年になって、勘定所吟味役井沢為水が紀州流で改築したため、高大な連続堤に変わってしまった。そののち元文元（一七三六）年堤防の川表にさらに三本の長大な突堤が築かれ、明治二十六年この突堤を廃して石堤川表に一条の土堤を築いたが、明治二十九年及び同四十年両度の洪水で決潰したため、二条の突堤に改築して旧に復した。信玄の堤体は現在堤心に没しているが、堤高六尺で良質の粘土をよく突き固めて作ったものである（日本学士院編明治前日本土木史）。

このほか信玄は東山梨の「万力林」、北巨摩の「白須林」など、防水の用をかねて整備したといわれる。これに対して上杉謙信には、永禄元年、林泉寺の僧に雨乞いをさせ、または救恤をときどき行なったというほかに、大名権力をもって広範囲の治水・排水事業を行なったという事蹟の伝えられるものはない。しかし小千谷市三仏生に存する百塚の如きは、やはり強力な武家政権によって築造された堤防（不連続堤）ではないかと思われるので一言触れておくことにしたい。

三仏生《さぶしょ》の百塚は隣町の越路町来迎寺《らいこうじ》の百塚と並び称せられ、いずれも朝日長者（または夕日長者）が財宝を埋め、これを隠蔽するために類似の塚を数多く作ったと伝承される。来迎寺の百塚は安浄寺（東本願寺末）上手のかつて来迎寺のあった台地の西端にあり、その形状に大小があり、並び方が不規則であるところから、やはり来迎思想によって順次築かれた墳墓ないし供養塚であると考えられる。しかるに三仏生のそれは丘状地の稜線上に一列に並置されているもので、一つの意志に基

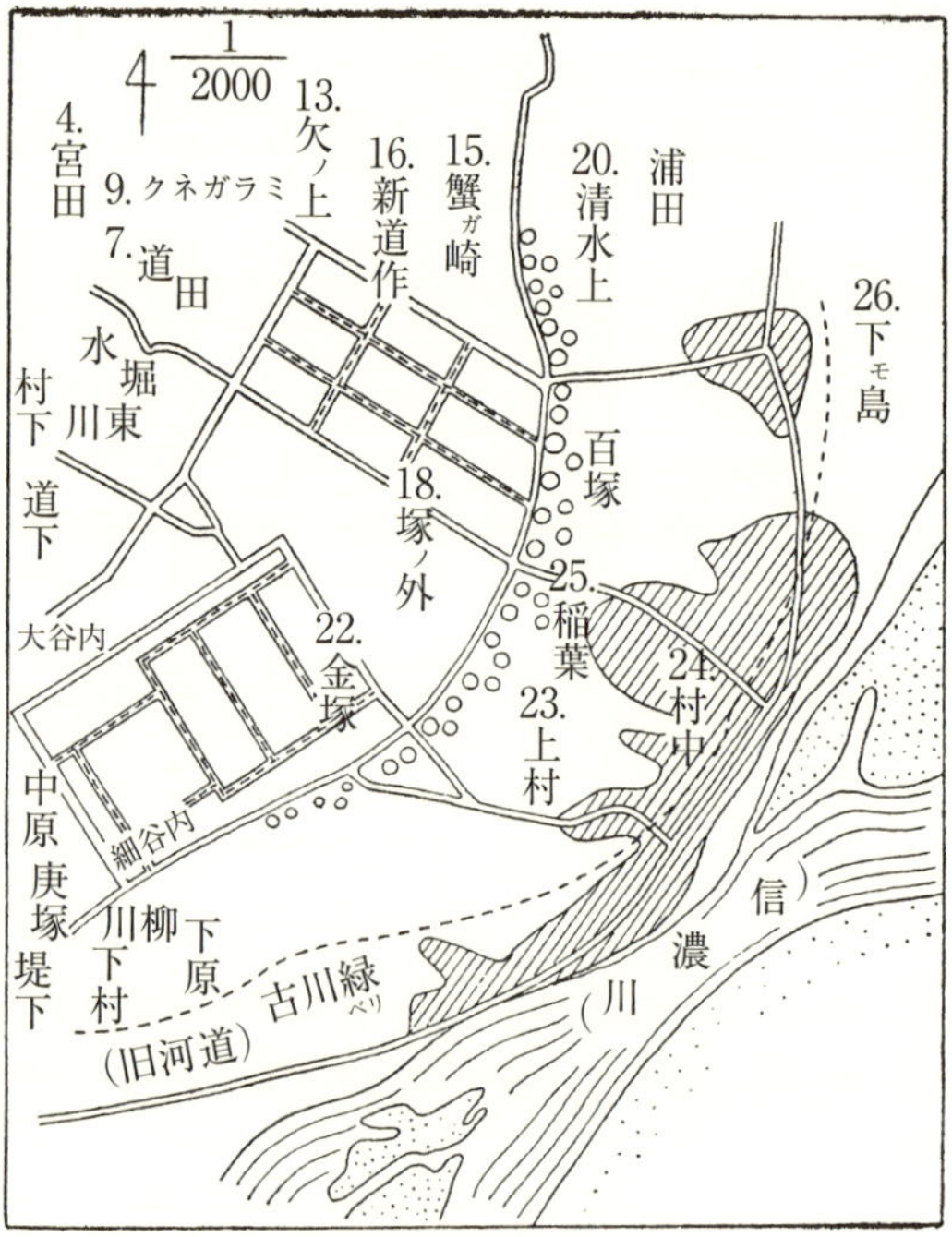

三仏生百塚付近略図

づき、計画的に築造されたことは明白に看取できるものである。現在百四十数箇の塚が残されているが、この塚の上に西国三十三か所の観音像が天保頃にそれぞれ番号を付けて安置され、そこに欠番号のあること、崩れた塚が道路の東側に見られることから推して、二重ないし三重に密着して配置されていたことが知られる。

　ここで地名によって中世の地形を復元して見ると、百塚東方の地域は現在の村落のある三仏生の中心地であるが、浦田・下島《しもじま》・向島・淵後島・下島・小島・古川縁《べり》などの地名から、細長い「古川縁」以東は古くは信濃川であり、現在の集落の中心部（村中・下村・上村）は西方より川辺に移ってきたものであって、この村落は百塚の西方の西山の麓にある4字宮田・9字クネガラミならびに村下と清水上《しみずがみ》に起源をもつと考えられる。下田・小田・半田・岡田などの古田や大清水・小清水の涌水点があり、その外縁を道路が走っていた（道田・道下）ことによっても傍証することができよう。勿論この近辺にも浦田・川東・梨ノ川・井梨・水堀・川柳・大谷内・細内・割目などの河流・湿地に関する地名が見られるから、河川がこの地を洗っていたことは認められるが、それらは一応の痕跡を示すにとどまる地名であるので、中世にすでに開田されたものであろう。百塚西側に堤下があり、その東方に新保があることはこれを証するものである。このように見てくると信濃川が陸地に激突する堤下から塚田―庚塚―金塚―塚の外―蟹ガ崎にいたる百塚線は、これら中世までに干拓された水田地帯の自然堤防に一致するのであって、百塚は一種の不連続堤と考えることが可能となる。朝日長者伝説は「金塚」の地字名から創作されたもので、村落の中心部が「クネガラミ」から村中に移ったとき、百塚の使命は終わりを告げており、近世の村民にはその意味が忘れ去られていたのである。塚上の観音石像はいずれも近世後期のものであり、そのうち墳墓に使用されているものもあるが、それは新しい意味が百塚に付与せられたにすぎない。そしてこのような合理的にして大規模な土木工事は、領国制のかなり進んだ段階にあって見られるべきものであるし、地形から言っても戦国期にその成立を推定することができよう。永禄四年三月の上田・妻有・藪神三庄に対する徳政令（精選古案）に見られる魚沼郡と長尾氏との関係からみて、あるいは謙信の領国統治の一事業ではないかと考えられるのである。

城下町の成立　戦国大名は一般に山腹や丘陵に城郭を構え、ここに居館を置いていた。ここには家臣が従者をつれて参侯ないし在番しており、とくに鉄砲隊・長槍隊の足軽も常駐していたから、ある距離をおいて物資供給のための市場町が形成されていた。大名はこの城下町を領域の経済的中心として、商工業を振興し、不必要な人口の流入を防いで経営に努めた。北条氏の小田原、今川氏の駿河府中、朝倉氏の一乗谷、武田氏の甲斐府中、上杉氏の春日山・府内、大内氏の山口、大友氏の豊後府内などは代表的なものである。

甲府は城下町として構営されたものではないが、跡部勝忠は府中の「ヒロ小路」に住し、「穴山町」・「元穴山町」などは穴山信君の居住地域と思われるから、家臣の参勤によって都市区域が成立していたことが知られる。また弘治二（一五五六）年、甲府の八日市場には一か月に十三番の夜警が結成され、盗難・火災の防止にあたっているし、天正三年四月の武田家朱印状には「八日市場之町人」とあり、翌四年六月には三十人の伝馬衆があった。のち八日町として繁華な商人街を形成したこの地区の濫觴は、少なくとも信玄の時期にまでは溯ることができるのである。このように城下町は家臣の集住地と商工業者の定住地の融合より成立するものである。

上杉氏の春日山城下も、有名なわりには、その成立は明確でない。春日山の称呼よりすれば、古くこの地は興福寺の勢力下にあり、春日神社の分霊が勧請されたものであることは間違いない。王朝時代から鎌倉時代にかけて、越後国衙は関川中流にあったもののようで、新井市に「国賀《こつか》」の地名があり、その対岸の板倉町田井には「国分寺」の字名が残っている。守護上杉氏の入部ごろから府中は現在の直江津市府内におかれたと考えられ、春日山はここから約一里を隔てて頸城平野を一望のもとに収め得るものであるから、守護の鎮城として利用されたことは十分考え得るところである。しかしこれを戦国的城郭として修築したのは、やはり守護代長尾為景で、その時期は長尾氏が国主としての地位を確立した永正年間のことと思われる。

このののち春日山城は長尾氏の根拠地としてしだいに充実されて大きくなって行った。永禄三年八月謙信が関東に出陣しようとしたときは、「春日山城要害普請等油断有るべからざること」（上杉家文書）を命じている。同七年信玄が謙信の虚を衝いて越後に乱入しようとすると、謙信は蔵田五郎左衛門・萩原伊賀守に春日山城の普請と城を枕に討死の覚悟を命じたが、この際「しものくら」（山麓の居館の内）に置かれた食糧・兵器を「実城《みじよう》」（本丸）にあげ倉庫につめて置くように言っている。同年八月大門・大手門の造営が命ぜられているから、この頃画期的な山城の修築がなされたと見られる。元亀元年北条氏秀が養子に迎えられたときは、二の丸に居館が作られ、小田原から随従した家臣にも邸宅が与えられた。このののち城郭はいよいよ整備され、天正元年には実城・二の丸・三の丸まで塀普請が行なわれ、城は一応完成を見ることとなった。ついで天正三年正月謙信の養子景勝が春日山城に移り、三の丸に居を定めると、上田長尾氏譜代の手明組から、のちに五十騎組と称された五十騎、長柄組と称された三十人を連れてきたため、謙信の馬廻衆や奉公衆をはじめ氏秀の従臣と合わせて、城下居住者と武家屋敷は著しく増加したと考えられる。さらに服属した豪族は、質人・証人を春日山に送り、自ら春日山に参勤在府したから、質人の屋敷が作られたり、出仕の際の屋敷が設けられたことも当然である。

さらに城下には寺院が集まっていた。室町期すでに金剛院（天台）・大仙寺（浄土）の寺院があったが、戦国時代に入り林泉寺（曹洞）が長尾能景によって創立された。ついで謙信が一向宗禁制を緩和すると、西光寺・長円寺など在来の道場が表面に現われ、また信濃の動乱を逃れて越後へ移住するものもしだいに多くなってきた。浄興寺・本誓寺・専称寺などがこれである。また北陸道に沿って教線を伸ばしたものとしては、加・越・能に大きな地盤を育成していた和田本覚寺の分寺である性宗寺が挙げられる。同寺は近世初期に仏光寺派に転じたが、本覚寺の祖和田信性の木像を安置すること、開基本尊が証如期のものである点より見て、同寺所伝のように天文十八年分寺して春日城下に道場を開立したものと考えられる。そしてこうした真宗道場は天台・真言・禅などと違って、門徒団を背景とするものであるから、城下の繁栄を急速にもたらしたものと言える。弘治元年謙信が信濃から善光寺大御堂の本尊を携えて帰り、御堂に安置したときも、その門前には信州からの移住民が多く居住し、永禄五年にはすでに善光寺町と称される町区を形成するようになっていた。

春日山麓の中屋敷という村落は「御中屋敷」（三反一畝十四歩）を中心として発達したもので、ここが上杉氏居館と馬廻衆の居住地と考えられる。春日山城が山城であり、この地域は豪雪地帯で山麓根小屋に冬期の城郭を兼ねた居館が必要であるからである。文禄二年と思われる本願寺教如の書状によると、府内・春日に「廿八日講」と「廿四日女房講」ができており（高田市本誓寺文書）、この前後のものである本願寺門跡御印書（下間頼竜）によると府内・春日・木田に門徒団がいた（高田市本覚坊文書）。また天正九年教如書状には「越後府内講中」が見えるが、これは浄興寺下坊主衆と大町・春日・中屋敷・井々村・ツチハシ・アヤノ小路・ヤスイ・日本小路の門下で構成される講中であった。こうして見ると春日山麓から府内にいたる間には、中世末期から真宗門徒となるような庶民の集落が、かなりの規模で成立していたことが知られるのである。木田村小字船場島は荒川に面する船着き場で、その西方の一ノ口は市の立ったところであろう。さらにその西方春日山麓の大ノ町は大手口の町場であろう。これが中屋敷の小字鉄砲町・御中屋敷とともに城下町となり、北方の春日神社の門前町である春日に通じているのである。文禄三年定納員数目録によると、春日山在城のものには御留守役黒金上野介以下同心共五人、御納戸衆・御蔵衆・御武具方・御膳部衆・毘沙門堂番衆・不識庵番衆・旅御作事奉行衆・山廻衆・普請奉行衆・道作奉行衆・御中間・御鷹師衆・御鷹指・御大工奉行衆・御鍛冶奉行衆・番匠・御厨衆などの百三十一人が見える。謙信時代はこれよりずっと下廻るであろうが、このほか餌指・細工師・鍛冶・馬喰・紺屋などがあって春日町に居住していたと思われる。

「景勝一代略記」に天正六年春日町三千軒、府内六千軒と伝えているのは信じがたいが、春日山麓よりも府内の方が都市の規模は大きかったとおもわれる。永禄四年とおもわれる謙信の書状では府内を板屋に改造すべきことを厳命しており、奥衆、地下衆（遠国・近在の将士）の居屋敷がここにあり、その被官の町屋敷に住むもののあったことが語られているのである。春日山馬廻衆は春日町に、参勤の将士は上杉憲政の御館《おたて》のある府内に住んだものであろう。また御用商人も府内にあり、永禄三年の府内に対する諸役免除の上杉家臣連署条目によると、鉄・青苧《あおそ》・茶・薬を扱う伝馬問屋・船問屋・麴屋・酒屋などの商人の存在が考えられ、またのちに府内から福島・高田へと移ったという商人の由緒（頸城郡誌稿）から見て、舟宿、信濃馬役、木綿・紙の問屋、塩四十物《あいもの》・鍋・小間物の問屋ないし小売りの商人で繁栄した都市が形成されていたと思われる。

このほか善光寺門前に信州者の居住区があったが、春日・府内・善光寺の三地区は行政的には一体性をもって統治されていた。地理的に離れた三地区が、行政上一体であったことは、自然発生的な小さな町に重心がかかっていたわけで、のちの城下町に見られるような、積極的構営がなされない点で、やはり中世的色彩が濃厚であったと言わねばならない。なおこのほか地方の豪族の居館の付近にも城下町が形成されている。さきに見た安田氏の大手門付近の鍛冶町・御城町・横町・宮町・上町、中条氏の江上館の下町・町場をはじめ、色部氏の平林、本庄氏の村上、直嶺城の安塚などはそれである。柿崎氏の柿崎町は上杉氏の支配権が領国に浸透して、文禄頃には城下町というより街道上の宿場町化しているが、中・下越において自立的な豪族の居館周辺に城下町が発展していたことは、春日山城下への家臣の集住、地方城下町の吸収が進展しなかったためであって、春日山城下の中世的形態、上杉政権の特質と照応するものと言わねばならない。

都市の支配　生涯を戦争にあけくれた謙信や信玄には、莫大な軍資金・軍需品を調達するため港津や都市を確保する必要があった。上杉領国内の要港であった寺泊津と蒲原郡内湊は弥彦神社が上分を徴収していたが（弥彦神社文書）、天文十九年、謙信が政権を完全に掌握すると、翌年大串某を「三カ津横目代官職」に任じている（藤巻文書）。しかしこの三ケ津の一である新潟津はその後竹俣慶綱に与えられ、そのほかの沼垂・蒲原津の二津も新発田領となったと考えられる。これは当地が春日山から遠く離れていて支配の維持に困難であったためで、従って謙信の都市確保は春日山の近くより漸次遠くへ及ぼされることになる。永禄三年には府内が御料所となり（上杉家文書）、同七年柿崎町が直領となって制札が下された。ついで景勝の代になり、天正六年出雲崎と寺泊、同八年三条町、同十三年には新潟町が御料所として確保された。御館の乱の戦後処理で都市が「蔵入り」となり、新発田重家の乱で新潟町が両軍争奪の渦中に入っていることは都市把握の重要性を示すものと言える。豊臣秀吉や徳川家康が国内の重要都市を直轄地としたように、上杉氏はそれを領内について実施しているのである。

このような点から謙信は都市の保護に留意し、臨時・新規の課役を免除した。永禄三年五月十三日には、前年の凶作により府内の活況が失なわれたのを憂え、往古より課せられた諸役地子以下を五か年間にわたって免除する法令が発せられている。それに関連して船舶に対する課税を免じ、他国船を招致して港の繁栄を計り、馬方が商人から不当な駄賃を貪ることを禁じ、商人と伝馬問屋の談合で駄賃を決すべきことを定めている。

こうした保護は取締りと表裏をなすものであって、永禄三年謙信は府内町人で統制に従わぬもののあることに注目し、蔵田五郎左衛門に「難渋の族」はだれかれといわず成敗すべきことを命じているし、同五年十一月の関東出陣のときは留守役として長尾政景を「府内よこめ《（横目）》」に任じ、町民の火災予防について連帯責任を規定し、「御掟」の施行と違反者の成敗権を与えている。また関東や下越への出陣の際の軍事基地であった柏崎町では、永禄七年四月荒浜屋宗九郎に制札を与え、戦乱による荒廃からの復興を促し、離散した町人の還住と地方豪族に抑留されたものの届け出を命じ、当地にくる牛馬荷物に対する新役を禁じている。そして一方では盗賊・火付け及び不法行為の取締り権を与え、町人の「強儀」を重科とし、青苧役の皆済を命じている。この処置が十分に成功しなかったためか、さらに同九年、謙信は末代までも未進を免じて町人の定住を促している。

ところで都市の支配に任ぜられた代官は如何なる性格のものであろうか。永禄初年府内の夜番・火の用心・板屋葺改造・町人取締りに当たった蔵田五郎左衛門は、都市の代官的性格をもって初登場する人物である。彼は伊勢祠官の出身と考えられ、御師蔵田左京亮の同族である。しかし父にあたる蔵田清左衛門尉は、上杉家雑掌神余《かまり》昌綱とともに大永五年三条西実隆を訪れて青苧役の減少の儀を願っており、青苧役には深い関係をもっていた。この青苧役は謙信の重要財源であるから、蔵田氏はこの点から上杉政権の枢機に参与し、府内・春日の火の用心・倉始末・春日山普請・大手門の固めなど、行政・財政面の能吏として活躍したのであろう。五郎左衛門が永禄五年伊勢へ謙信の代参に行き（蔵田文書）、その弟与三が魚沼郡上弥彦社の神官を勤めている（魚沼神社文書）ことから、神職的性格も認められるが、天正十年には祖父以来の由緒で青苧座取締りを命ぜられているから、商人的性格をもった御師《おし》の一族が重用されたと見ることができる。このほか与板衆である宇津江藤左衛門も府内・春日の町奉行を勤めたといわれる（「先祖由緒書」与板組）。勿論町方と在方がまだ分離していないから、こうした代官は近世の町奉行のように郷方支配と分かれた都市支配を行なったのではない。御料所を管理する代官という職務内容から重要直轄都市の支配に当てられたものと考えられる。

この代官の下に町役人があったようで、後年景勝時代の沼垂の島垣隼人佑（島垣文書）、新潟町の玉木屋大隅・若狭屋常安など、その土地の地衆で、近世初期に検断・町肝煎となった名家は、いずれも上杉謙信時代に起源をもつものであろう。柏崎町の荒浜屋宗九郎もこうした性格のものである。府内の直江町でもその指上《さしあ》げによると、ここに古くから旅船問屋があって湊出入売買の品を取扱ったとしている（頸城郡誌稿）。

鎌倉時代において、津軽船が放生津や三国湊に回漕していることは有名であるが、こうした日本海海運によって発生してきた問屋層を上杉政権が掌握し、軍用輸送に用い、恩賞として特権を与え、湊と町方を支配させたのである。

二　経済政策

経済政策の背景　戦国大名は武器・兵糧を調達するという軍事的な必要と、家臣の城下集中と常備軍編成とによる日常消費物資の確保、あるいはそれと関連する年貢等の販売・銭納地代の収納その他の貨幣の取得といった財政的見地などから、商業そのものに緊密に結びついていた。戦国大名の経済において、商品流通はもはや無視することのできない重要な意義をもつようになっていたのである。そこで経済政策は大名経済を第一義として行なわれ、その支配統制は庄園領主のゆるやかなそれと比較して極めて厳しい直接的なものであった。

武田信玄の農政について、佐藤信淵は「国政ニ篤ク心ヲ用テ、力ヲ堤防溝洫《こうきよく》ニ歇《つく》シテ、水利ノ法ヲ精密ニシ、能ク百姓ヲ教育シテ農政に懇到ヲ極メタルハ、甲州ノ武田信玄ヲ第一トス」と常識的な評価をしている。たしかに信玄の「甲州法度之次第」にあっては、訴訟・田畠・借銭に関する規定が多く、信玄が内治に留意した一斑を推すことができるが、その内治には大きな限界があった。

およそ「甲州法度之次第」は、保阪潤治氏本は天文十六年六月朔日の日付と信玄の花押をもち、二十六か条から成り立っている。同年五月晦日、高白斎駒井政武が「甲州新法度之次第」を書き納め進上しているから、これを清書し、花押を加えて公布したものがこの保阪本である。政権を握った年少気鋭の信玄が、従来の分国法を改め、今川氏の「かな目録」を母法として、庶政一新の基調を公示したものと考えられる。このうち妻帯役に関する条項がのちに削除され、ほかの条項が付加せられ、天文二十三年五月末尾二か条が追加されて流布本（諸州古文書、群書類従）の五十七か条となった。天文十六年の法度の末尾には「晴信に於て、形儀《ぎょうぎ》その外法度以下、旨趣相違の事あらば、貴賤を撰ばず、目安を以て申すべし、時宜に依りその覚悟すべきものなり」と言い、また「縦《たと》いその職に任ずと雖も、分国諸法度の事は、違犯せしむべからず、細事の儀たりと雖も披露を致さず、恣に執行せば、彼の職を改易せしむべし」と厳飾し、自身及び有司の遵法の態度を明らかにした点に、二十七歳という若さ、純真さをうかがうことができるとされている。

条中まず百姓の年貢抑留・地頭の非法・恩地沽却を禁じ、譜代の被官の他家への奉公や逐電した奴婢についての規定が注目される。また借銭・負物（債務）・質物・貧困者等に関する規定は国衆の悩みを物語るものと言える。棟別銭の規定はさらに厳しく、すでに郷中へ割り当てた以上、逐電・死去にかかわらず郷中の弁償すべきものとし、他郷に移れば追いかけて棟役銭を取り、その減免願を停止し、その身家を売り田地を売って国中をさまようものはどこまでも追って取り、一銭もなければその屋敷を入手した人が弁済せよとしている。洪水で家が流れた場合は新屋がその償いを致し、新屋がなければ郷中が弁済せねばならなかった。こうしたところに武田政権の性格がその片鱗をのぞかせている。

いま甲斐の農業生産力を他国と比較して見ると、慶長三（一五九八）年の国高は二二七、六〇〇石余で、信濃の四〇八、三六〇石弱、越後の三九〇、七七〇石、越中の三八〇、三〇〇石、上野の四九六、三八〇石弱に比してはるかに幼弱なものであった。もし甲斐に蒲原平野のような限界生産力の高い湛水地帯があれば、信玄は勿論用水・排水・水防の実力を発揮して農政に専念したかも知れない。しかし山国では水田も少なく、開発の余地も乏しかった。そこで信玄としてはまず取り立てを厳にし、国衆が潰れないように詳細に規定しなければならなかったのである。ここに甲州商人発生の必然性があり、またかかる生産性の低さからも信濃に進出せざるを得ないのであるが、同時に国力増強は商業の力に待たざるを得なかったと言える。たとえば信州上伊奈郡小野郷八彦明神の造営修理費捻出のために関所が設けられ、商人五銭・馬一疋十銭の関銭を徴収している。ここが商人関と呼ばれ、商人以外について関銭の規定が見えないことから、その関税は商人の利潤の吸い上げが目的であったと考えられる。これは、中世関所の一般的性質からしても、武田領内の全関所に妥当すると思われ、武田政権の一つの財源となっていたのであろう。また武田氏は富士山の道者に対し、黒駒・舟津・河口・吉田などの登山口に関所（役所）を設け、登山客の誘致につとめた。都留郡を預かる小山田信茂は参詣者の減少を防ぐため、半関と称して郡内関所の関税を半減し、富士の御師《おし》刑部《おさかべ》新七郎や仁科豊前守にその旦那衆へ申渡すように通報している。富士登山は諸方の民衆が先達に案内されて参詣するものと思われるが、各村落・講中の先達は一定の御師を手次としたから旦那と呼ばれたらしい。従って旦那への関税免除は割引き奉仕であって、単に富士崇拝のための関銭停止というよりも参詣者の増加つまり関銭の収入増加ないし関銭を犠牲にしての街道筋や登山口の繁栄をあてこんだものと考えられよう。こうした財政収入はひとえに聖なる富士山のおかげであるから、信玄は永禄四年に吉田役所から三か年間に十貫文、永禄八年に黒駒関から十貫文を、中宮社壇造営料として関銭収入のなかから寄進している。観光投資とでも言うべきものであろう。

戦国大名の関所の機能は軍事・警察的作用を果たしたが、それにもまさってこのような経済的機能をほとんどが担っていた。そしてこの機能は関銭が領主の収入源であるという面と、領国の物資の需給の均衡を保つため、移出入を統制するという面とがある。国内の商品流通に関しては関所は阻止的役割を果たすが、自給自足的経済圏を維持するためには、関所によって厳重な監視がなされねばならない。この矛盾は戦国大名には一般的であるが、物資の少ない山国の甲斐ではこれを両立させる必要があった。そこで移入奨励のため、または特殊関係をもつ商人のために関銭を免除するのであって、富士山道者への免除もその一形態にほかならない。これに対して特定物資の国外流出を防止することも関所の重要な機能であって、信濃から美濃への通路にある妻籠《つまごめ》の関は、このような物資の移出入を禁ずる荷留《にどめ》のためのものである。逆に甲州に出荷される必需物資に対して隣国が関を設けたことも当然であって、駿河国には大永頃甲州塩関二か所があった（興津文書）。長尾氏も越後から糸魚川街道を経て信濃に達する国境関では、「しほあいもの」（塩合物）つまり乾物を課税品目にあげている。永禄十年の武田と今川の断交への報復措置として、今川・北条両氏が甲州への塩留を行なった（葛山文書）のは、関所のこの機能が完全に露呈された一例である。

このように関所によって流通を規制したのは、商業に対する統制が確立していなかったためで、商人は大名権力に相対的中立性をもっていた。伊勢地方との商業交易と交通を円滑にするため、北条・武田・徳川・葛山の諸氏が、いずれも伊勢舟の舟役を免除したり、永禄八年正月信玄が上野に侵入しようとしたときでも、謙信が信州からの商人の出入を許しているのは、その現われである。武田氏も上杉氏も、このような商人の保護者として、重要人物ないし職業をマークし、御用商人・御用職人とし、諸役免許・営業独占の特権を認めつつ、商工業を統制し、財政収入を増加させたのである。

天文十二年信玄は鍛冶某の忠誠を賞して諸役を免じ、同二十年甲斐下山の轆轤師《ろくろし》堀内左京丞に商役と関役を免除し、信州高遠の番匠村を保護した。元亀三年には甲府の斎木助三郎の細工《さいく》の労に対し町次《なみ》の普請以下の役を免除し、紺屋田村右衛門尉に番子（徒弟）を他所に出さないように注意し、甲府市川大門の御用紙漉《すき》を指定して肌吉《はだよし》紙を生産させた。勝頼の代になっては、大工・細工師・番匠などに扶持を与え、普請役を免じ、所領を給与している。

御用商人の有力なものは特権を拠点として商品に対する売買の監督権をもち、他国から城下にくる商人をも統制下におくようになった。甲斐に多量に入ってくる魚商人からの運上は魚・塩の供給を任とする古府八日市場の酒田氏が徴収して、そのうちから武田氏に納付させているし、天正元年八月勝頼は駿河府中の魚座の代官を中村某に安堵して魚商人から役銭を徴収させている。このように営業税の徴収と物資の調達が御用商人の主要任務であって、駿河江尻城の穴山信君は駿河商人に、徳川方の商人と鉄砲や鉄の取引きまでさせている。また往来が自由であるというところから、敵情偵察・通信連絡・敵地案内などにも利用せられていた。永禄八年謙信は沼田在城の松本景繁等に命じ、敵地（信州）から商人が出入するのはよいが、よく人物を調べて用心するように言っているが、信玄のよく用いた商人のスパイを警戒したものにほかならない。

徳政と量制　徳政とは借銭・借米を破棄したり、年期売り田畠の年期を短縮させたりする政策で、商業や高利貸業には深刻な打撃を与えるものである。室町幕府は借銭高の一部を納めさせて、貸借契約を有効にしたり無効にしたりすることで、財政的見地から徳政令を発布している。北条氏は徳政によって銭納化した年貢の一部を米納させ、借銭・借米を破棄させると同時に、年貢・夫銭以下の完納に注意させているから、徳政の目的が年貢夫銭の完納にあったと見られる。しかし徳政は貨幣の欠乏に悩む農村部においては地侍にも百姓にも善政であった場合もあろうが、都市の商業資本の犠牲においてなされるから、城下町の繁栄と大名の財政を維持するため、城下町は徳政から除外する方針がとられた。そこで城下町以外の商人を、大名の統制下にくり込み、商農分離が進行することになるのである。

信玄の「甲州法度之次第」では貸借関係について幾つか規定が見られる。たとえば田畠が二重・三重に抵当に入っていた場合、また借銭が弁済できないものの田地差押さえに複数の貸方があった場合は、先札つまり証文の年次の早いものに権利があるとしている。親の負債は子が弁済するのは当然で、子の負債を親へ掛けてはならないが、親が借状に加筆したり、早世した子の跡を親が相続したときは子の負債を弁済せねばならない。借りたものが、遁世とか逐電とかいって国中を徘徊するのは罪であるが、それを許容したものはその負物を弁済すべきである。逐電人の田地を抵当に取ったものは、年貢公事夫役以下を地頭へ速かに弁済し、完済のときに地頭は田地を渡すべきである。穀米の負物を肩代わりしてはならないし、債務者死亡の際は口入人《くにゆうにん》（保証人か）の方へ催促せよ。連判で借銭したものは、逐電や死去によってただ一人になっても弁償すべきである。過分の質物を取った場合は、約束の期限が過ぎても売ってはならないし、負債のため田畠を年期売りまたは沽却するときは売人・買人はその地頭主人へ届け出よ。米銭借用は一倍に至れば頻りに催促を加え、なお難渋すれば過怠とすべきである。年期売りの田畠は十か年を限り、敷銭と引きかえに請け取るべきで、売った人が貧困の場合はさらに十か年待ち、それが過ぎたときは買った人の心に任せる。以上煩をいとわず甲州法度のなかの貸借関係の条項を述べたが、そこを貫くものは借りたものは返すべきだが、貸方にも手心を加うべきものとする考え方で、その際年貢・公事・夫役の減少することのないよう、とくに配慮されている。そしてこうした考え方からか、武田氏の場合、徳政の史実を見出だすことはできないのである。現実に甲斐は商人の活動で物資を確保し、財政上も商業利潤に多く依存しているから、これに打撃を与えることは妙策とは言えないのである。

ところが謙信の方では永禄四年三月魚沼郡上田・妻有・藪神三庄に対して徳政を命じている。このとき彼は関東・越後の諸将を率いて小田原城を攻囲しようとしていたのであるが、魚沼地方が前年の水害に苦しんでいたため、越山の基地としての重要性からも民の窮乏を救ったものであろう。条文を左に紹介しよう。

上田庄・妻有庄・藪神、去年水損、地下人等窕《くつろ》げらるべきが為の御徳政の掟の事

一しゃくせん(借銭)・しゃく(借)米、とくせい(徳政)ゆく(行)べき事

一ぜにかう(銭講)・米講の事、同前

一しちおき(質置)男女同前、但しうりきり(売切)これを除く

一あづけもの(預物)の事、利平つきたらばとくせい(徳政)ゆくべし

一うりもの(売物)の代物の事、当座調わざる故、或は日限を定め、月をかぎり、借銭・借米ニ申し合うべし、御とくせい(徳政)ゆくべき也、但し無手形は、御法の外として、げんでう(厳重)にさくはい(策配)いべき也

右此ほかとくせい(徳政)の沙汰、堅くこれを停止し畢《おわ》んぬ、仍て御下知件の如し

永禄四年(朱印)(地帝妙)三月十一日

(直江)実綱　(花押)

(河田)長親　(花押)

（精選古案）

これは借銭・借米・銭講・米講（無尽）は貸借関係を破棄させ、抵当に入れられた男女は売買後は徳政に該当しないし、預け物は利子のついた場合は貸借と見なすとしている。また売掛代金を期間を限って借銭（米）の形としたものは徳政を施行し、手形証文のないものは厳密に考慮すべきである。そしてこのほかは一切徳政としないことを明示した。ただしそれは全領的なものでなく、一地域を限って、しかも水損不作に対する救済措置にほかならない。少なくとも領国経済統制の進展を反映する北条氏の徳政とは趣きを異にするように思われる。

　しかし天正十一年景勝が領国に発布した徳政令は全領にわたる経済統制令の最初のもので、御館の乱（天正六年〜八年）以来の借物を徳政とし、流質の放置されたものはそのままとするが、当春中の質物・年季の男女を返し、田畠を記入した借状、年季売の借状（永代売券は奉行の指図）を返すこととしている。また商人の武具・絹布その他の品物や商売の未進・割符替（為替）は徳政令の適用から除外されるが、借物と見なされ、利子のあるものは徳政となっている。このように徳政は領国経済統一の方向に沿って施行されたのであるが、それが甲州に行なわれず越後に行なわれたのは、やはり越後地方に経済的発展があり、上方諸国との青苧《あおそ》・越布以下の取り引きが大規模に行なわれて商人の成長が著しく、質入れ売買が為政者の障害となるまでに農村部になされていた実情を反映すると言える。

　このほか領国経済統一の方針を示すものに桝目の統一がある。荘園や小地域でそれぞれ違った桝が行なわれていては、農産物の商品化や貢納物の貨幣化に大きな支障があるから、戦国大名は国内に広く使用されていた地方都市の商業枡を採用してこれを統一した。武田氏の甲斐では、きわめて特殊な量制で、鉄判《かなばん》・はたご（端子）・なから（半枡）・小なから・籾斗桶・米斗桶の六種の枡があった。鉄判（甲州枡・大枡・三升枡）は京枡三升を一升とする。はたご（四つ入れ・一配）は京枡七合五勺入に相当し、なから（せんじ）は京枡三合七勺五才、小なから（小せんじ）は同一合八勺七才五にあたる。籾斗桶は京枡一斗一升、米斗桶は京枡一斗二升にあたる。このような量制は、府中の枡座であった枡屋伝之丞が、祖先小倉摠次郎の武田信玄から与えられた朱印状を所持していたと主張していることから考えると、信玄の制定にかかるものとして間違いはない。江戸の秤座守随《はかりざしゅずい》氏の祖先も信玄の配下で甲斐一国の天秤の支配にあたった。なお武田氏滅亡後もこの枡制は存続し幕末にまでおよんだ。

上杉謙信は天正四年能登を攻略すると、翌年十月政令を発し、能登における容量不同の従来の私枡を廃してともかくも公定枡をきめ、秤量では京目を禁じ田舎目を能登一国に用いさせた。このように占領地で量制を統一した謙信は、恐らくその本国でも枡や秤量を統制したであろうことは当然想像できる。彼が越後で下した枡統一に関する法令はないが、天正八年景勝は越後柏崎町への掟で次のように述べている。

一　諸商売、謙信御在世の時分これある様に、申付くべき事
付り、器物の儀、私法を以《もち》いるの由、甚だ曲の子細に候、所詮売買共に、同前たるべし、権之

儀、量も亦同篇たるべき事

これは私製の桝や秤が行なわれていることを非としたもので、すでに謙信在世当時から、越後の桝は統一されており、景勝もこれを踏襲したことを示している。所伝によれば、春日山城下の町年寄等は、名字帯刀を許され、扶持を給せられて桝座を組織し、焼印を押した桝を製作し、領内に頒布する権利を与えられていたという。そして天正十九年、景勝は秀吉の命により、いち早く領内の桝を一切京桝に統一したのであるから、さほど謙信の量制は複雑なものであったとは考えられない。甲州桝の廃止と京桝・新京桝の採用が幾度か企てられ、しかも農民の反対で永く実現できなかったのと比べて、越後の方がやはり進んでいたと言わざるを得ない。

道路と橋梁　大名の本城と各地の支城とを結ぶ街道の要所要所に宿駅を設置し、公用交通者の利便をはかり、軍隊と物資を迅速に輸送できるようにするのが戦国期の交通政策の基調である。陸路と水路が平行する場合、貨物は水路、人馬は陸路というのがこの時代でも原則であって、上杉軍の進撃路も奇襲・後方攪乱・退却・兵糧弾薬輸送等の場合を除き、一部舟路によったほかは、おおむね陸路をとっている。つまり戦国交通史は陸路によって展開されたとも言えるのであって、領国軍事体制の確立とともに道路は著しく整備されるにいたった。

上杉氏は道作奉行を置いて開鑿・管理させていた。戦争が必ずしも既存の道路によらず、攻撃目標の位置によっては、どのような峻険の突破をも要求せられ、またしばしば外征直前に新道開拓に着手せねばならなかったからである。その最大の成果としては、関東出兵によって整備された(1)関東街道をあげることができる。これは柏崎—三国峠—関東への道で、永禄十二年北条氏の使僧天用院は、三国—塩沢—下倉—小千谷—北条—柏崎—府内を通っておりこれが本街道と思われる。これに対し長享二年僧万里は三国峠を越えて上田より妻有《つまり》に出て信濃川を渡り、小国郷の三桶《みつおけ》を経て柏崎にいたっている。これは脇往還と見られるが、上田—柏崎を本街道が四日を要したのに、これは山道であるが二日間で至ることができた。さらに府内より安塚（直嶺）・松之山を経て塩沢で本街道に接続する路線があり、途中山険が多いが、軍旅急行の捷径として室町時代からよく利用された。この路線に守護直轄領の多いことも注目しなければならない。この街道が三国山脈を越える際は通常三国峠であるが、また清水峠も重要地点と見なされている。「文禄三年定納員数目録」には直路《じきろ》衆の長尾伊賀守があり、これは志水（清）城主（北国太平記）であるから、清水在城衆は直路衆と呼ばれ、従って清水越えが上野《こうずけ》への直路として利用されたことが知られる。

このほか当時しきりに経略の行なわれた信州にいたる田切—古間経由の(2)北国街道（信濃路）、根知—大町経由の(3)松本街道（根知口）、小出雲より富倉峠を越えて飯山にいたる(4)飯山街道、糸魚川《いといがわ》を経て越中にいたる(5)北陸街道（越中路）とその脇往還がある。さらに(6)出羽街道は謙信の本庄繁長服属の過程で整備されたもので、(7)赤谷街道（奥州路）は新発田—五十公野《いじみの》—赤谷を経て津川にいたり、会津と下越を結ぶ重要通路であった。

道路の延長ないし一部である橋・舟渡しも建設された。長享二年僧万里は荒川を転《くり》舟（両岸に大綱を張り、渡る者が手繰りで舟を動かすもの）で渡ったが、そののち府内大橋が作られ、それも大破したが、謙信が上杉憲政の求めに応じて関東出兵を決意した天文十八年再興された。信濃川・阿賀川のような架橋のできない大河は渡し舟が用いられ、民用の場合は舟賃が徴収されたものであろう。そしてこれら交通路の維持と整備には普請人足役が徴用され、普請役の重要部分を占めていた。春日町から荒川を越えるところは「木田渡し」で、架橋されなかったのは戦略的配慮からである。

こうした道路政策は、四周の険を冒して東西南北に派兵した武田信玄について、さらに明白にうかがわれるところであろう。彼は信濃より越中への最近路として飛驒に出ようとしたときは、実に飛驒山脈の一六八三メートルの安房峠をさえ、しばしば利用して大軍を送っている。かく交通路があるから進撃したというよりも、進撃のために道路を啓開したという方が適切であって、甲州からの交通線は信濃・遠江・駿河に通じ、緩傾斜の迂回路よりも急傾斜の直線路へと移行して行った。

主要なものを挙げると、(1)御坂路《みさかみち》（鎌倉街道、沼津往還）は石和《いさわ》から御坂峠を越え、河口—吉田—山中—籠坂《かごさか》峠—須走《すばしり》に達する。(2)右左口《うばぐち》路（中道）は甲府—上曾根—右左口—柏尾坂—上九一色《かみくいっしき》—女坂—本栖—大宮で富士の裾野の樹海を通過するが、駿河への最短距離である。(3)河内路（駿州往還）は富士渓谷を通る路で、甲府—市川大門—割石峠—岩間にいたって富士川を渡り、飯富《おぶ》—身延—岩淵にいたる。(4)若彦路は酒折—竹居—大石峠—上井出（駿河）にいたり、(5)睦合路は河内路から分かれ、巨摩郡睦合より駿河梅ガ島に通ずる道で信玄の開発したものである。関東方面へは⑹萩原口《はぎわら》（青梅街道）があり、甲府—塩山《えんざん》—大菩薩峠—青梅に達し、⑺雁坂口（秩父往還）は甲府から笛吹川に沿って雁坂峠を越え秩父に向かう。信濃方面へは⑻穂坂路《ほさかみち》が甲府—穂坂より塩川に沿って信州峠を越え千曲川沿岸に出る。また⑼逸見路《へんみじ》は穂坂より中田・穴山・日野春を経て信州下蔦木に出るものである。

このように武田氏は甲府を起点とする諸街道を大動脈として四隣を攻略・経営したが、信州の大半がその作戦基地となると、信州飯田から青崩峠—水窪—犬居を経由する二俣街道と、飯田から駒場《こまんば》を経て三河に入る参州路及び駒場から美濃にいたる美濃路が重要性を帯びてくるのである。

このような道路修築は、その規模が沿道農村の労働力を超過すれば、その負担はより広く分国全体に課せられた。天文二十一年武田信玄が甲府から信濃諏訪郡にいたる路次を修築したとき、「勧進」によった如きはその一例である。元来勧進とは、諸人の信仰に訴えて社寺がその造営費用の拠出を仰ぐものであり、それは社寺が庄園領主の座から転落しつつあったとき、新しい費用捻出法として案出せられたものである。社寺造営等以外に勧進の採用されるほとんど唯一の例は道路・橋梁の構築であって、それは交通路が公共的施設であるところから、その建設を仏徒の善行として奨める福田《ふくでん》思想により、僧侶が民衆に功徳を説いて勧進したためであった。しかるに戦国大名が軍事的必要から道路橋梁の建設を一手に掌握し、その費用を勧進の名目において徴収したことは、僧侶の専売である中世的勧進の形式のみを継承し、本来の神仏の功徳・救済という宗教的意義を喪失させてしまったものであった。そこで中世交通路建設に大きな役割を果たした普遍的な民衆の勧進は、その拠出額は一定され、その拠出の拒否は厳罰に値するものとなって、もはや一般課役と選ぶところはなくなったのである。

渡船場については、駿府以東が武田氏の分国となると、富士川の渡しが交通政策の対象となった。これは吉原の問屋矢部氏の管掌するところであったので、信玄は元亀三（一五七二）年矢部但馬守に渡船を管掌させ、その屋敷名田を保証した。また水運は西国に比べて東国の発達度は低いが、それでも可能なかぎり戦国大名はこれを利用している。それには自己の所有船舶を使用するほかに、水辺領民の船舶を徴用するのが一般的であった。たとえば今川氏などは帆役・湊役・出入之役・櫓手・立使役等を水上交通業者に課していたが、これらを免除して業者を優遇する措置も諸大名領に見受けられる。この特権を理由なく領民に付与するほど戦国大名は寛大ではなく、対償を求めようとする下心は明白であって、一般にそれは有事の際の奉仕を期待し、輸送の完備を企図して始めて与えられたのである。なお戦国大名の下した制札に一般的に見られる竹木伐採の禁も、単に所有者を保護するに止まらず、武器・武具・船舶資材等の軍需確保の意図に出るものであった。

伝馬・宿駅と交通統制　道路による交通は宿駅制度によって支えられている。駅制は大化改新にあたって創設され、律令制の崩壊によって覆されたが、鎌倉開府によって京都・鎌倉の連絡の必要から再現した。しかし幕府権力の衰退と歩みをともにし、戦国大名領の成立によって三度特異な分国駅制が復活し、近世への遺産となったのである。しかし戦国時代の駅制は決して普遍的存在ではなく、北条・今川・武田・徳川・上杉等東国地方を中心とする数箇の分国に限られたことは注意する必要がある。それは東国大名の政治への関心とともに、当地方が水運に恵まれた西国に比し、交通路の大部分を陸上に依存せねばならなかった自然地理的条件に基づくものであろう。

この時期の輸送具である駄馬及び乗馬は伝馬《てんま》と呼ばれる。伝馬はかなり広い分国が成立するとともに発生したと思われるが、北条氏の「常調」、武田氏の「伝馬」（水運は「船」）という専用の印判を生むにいたって、制度化したと言える。この伝馬を負担するものは道路に沿った町や村で、これを宿駅と名付けることができる。一つの村落で一箇の伝馬役を負担できないときは、信濃の大門・和田の二村が担当したように、複数村落が参加した。一宿駅の伝馬従事者数は、武田領の駿河棠沢は二十五間（軒）、沼津三十間、竹ノ下五十間、蒲原三十六間、根原二十間、厚原二十五間、信濃大門十七人、諏訪十日町七十七間半（八五人）、甲斐八日市場二十二間半（三〇人）となっている。負担者は全住民でなく特定者で、信濃十日町では武士、後家等が担当しているから、代銭納がなされたと見るべきである。これが進めば伝馬従事者は次第に専業化されて行くことになる。彼等は伝馬屋敷に住し、伝馬営業を認められた交通業者である。それが高度に組織されたものが問屋で比較的大きな宿駅に発達し、多くは宿屋・伝馬業を営み、伝馬役を負担し、また領主から行政権の一部を委ねられていた。駿河吉原の矢部氏、棠沢・高山宿の芹沢・武藤など伝馬問屋はそれぞれの地方の勢力家であった。

伝馬の継立てに武田氏は「伝馬」の朱印を手形に捺印した。旅行者はこの手形によってのみ旅行できたわけで、無手形乗用・偽造手形による宿駅機能の低下と混乱は大名の厳しく禁制したところであった。営業としての伝馬の公定賃銀は武田も北条も一里一銭で、一日の公用としての無賃伝馬数は北条三疋、武田四疋で、それ以上の継立てを禁じていた。戦時その他非常時には馬数を増加し、「拠《よんどころ》なき火急之公用にをひては、其時に至りて御下知を加へらるべき事」（芹沢文書、根原村共有文書）と馬数を規定せず、随意の要求に委ねた。宿駅設置の主要目的が軍陣非常の際に置かれているためである。

上杉氏の伝馬制度も北条・武田と同じ頃に田切・府中・関山・柿崎などの宿駅が成立していたと見られるが、ここでは伝馬と併称される「宿送り」が特徴的である。これは主として宿と宿との間を、人間がその肩を利用して公用物資の逓送に従うことをいうものである。禅僧万里のような旅行者にはこれが珍らしかったと見えて、「凡駆男女負什物北地風俗也、号曰宿送也」（梅花無尽蔵）と記している。馬とともに人が輸送を担当していることは上杉氏駅制の特質であるが、人の負載力が馬に比べて著しく劣るため、一時に二十人、三十人と大量の継立てを命ぜられる場合が多かった。（毛利安田文書、歴代古案十）そしてこの制度には人馬提供ばかりでなく、雪中の雪踏み（別本歴代古案十）、飛脚に対する一汁一菜の給与、公用猿楽及び桂（狂言師）への雑事（食糧燃料）供与などを含んでいた。

上杉氏はこの課役を重視し、天文二十三年謙信が黒川清実に上条の地を郡司不入としたときでさえも、「但公方役、同伝馬宿送之義者可被仰付候」としているし、永禄三年五月、府内町民に五か年間諸役を免じたときも「但宿送計可勤之事」として諸役免除の対象から宿送りや伝馬役を除外している。

しかも無制限の使用が民衆の生活を脅かすところから、伝馬・宿送りの利用の制限と従事者の保護および不正利用者の防止のため朱印手形が行なわれたことも武田氏の場合と同様で、この手形に対して郷士・土豪層の問屋が伝馬を提供し、宿送りの棟役を役屋に課した。問屋では荒井、町問屋で大崎郷《ごう》頭《がしら》の和田六右衛門（中頸城郡誌）、田切の問屋職を命ぜられた郷戸氏（名香山村史）、寺泊の問屋五十嵐氏（五十嵐家文書）などが有名である。しかし上杉氏は問屋に駄賃統制・人足徴集の権限を与えたのみで、諸役免除その他の保護を与えていない。これは東海道に位置した北条氏の伝馬制度などに比べてやはり古い形態が残っていると言える。

商品流通の発展・交通路の整備・地方豪族の参勤・宿駅制度の発達等、領国制成立過程の諸現象は、また宿場町の発達をうながすものであった。天正六年町屋敷（御書集二）のあった柿崎、天正三年、天正九年にそれぞれ町として伝馬役を勤めている荒井や弥彦などはそれである。また関東街道では府内（二里半）――九戸町（一里半）――柿崎町（二里半）――鉢崎《はつさき》のように宿場町は平均二里間隔に分布している。岩船郡では三里程度で村上城下・平林城下・せきしも（関下）町がある（慶長二年「国絵図」）。つまり宿場町の距離は近世の東海道に等しく、その発達の度合を知ることができよう。しかしこれらは越・羽・信にまたがる上杉領国が解体すると一村落になってしまった。

さらに伝馬宿駅制で注目すべきことは、大名の間に連絡制があったことである。すなわち当時の駅路は甲府や府内といった本城を基点として放射線状をなし、分国の国境で切断された比較的短距離のものであったが、政治関係の変動によって隣国にまで延長される場合もしばしばあったのである。天正四年武田・北条が上杉・徳川に対峙したときは、武田勝頼は駿河竹下・棠沢等に「小田原よりの伝馬異議なく出すべき之事」と令し、天正八年御館の乱ののち上杉・武田は北条氏の攻撃を怖れて同盟を結んだが、このとき景勝は越後中頸城郡田切問屋に武田氏の印判あるものは関山まで送らせるよう命じている。勿論これらは一方的規定ではなく、北条領の小田原・棠沢間は武田の手形で、また武田領の北国街道上の宿駅は上杉の手形で伝馬継立に応ぜさせられたに相違ない。天正二年北条氏が武田領駿河の船舶に発行した船手形も、やはり両氏の手形交換つまり相互交通の円滑を企図したものである。

これは戦国大名の間に政治的同盟が成立して始めて可能となるが、同盟国でなければ、関所を設け、交通を統制して分国の封鎖性を堅持していた。領土拡張と自給的分国経済の確立を使命とする戦国大名は、当然領域内外の人民の行動に強い制限と看視を加えざるを得なかったのである。当時大名は国境の家臣・同盟国・商人・僧侶などを利用して他国の情報をキャッチしていたが、その反面防諜に留意したことは言うまでもないところである。武田信玄の甲州法度之次第にも「一、内儀《(承認)》を得ず他国に音信書札を遣わすこと、一向停止せしめ畢んぬ。但し信州に在る国人謀略のため一国中通用の者是非なき次第なり、若し境目の人、日頃書状を通じ来らば、これを禁ずるに及ばざる歟」と記している。

戦時には領民の他出と他国人の入国は厳重に取締まられ、とくに敵国人のそれにいたっては全面的に禁止された。その政策は違反者への厳刑・近隣者の連帯責任・代官役人の厳戒等の行政手段のほか、国境または交通の要地に警察的機能を果たす関所が設けられた。越後では守護時代にすでに経済的関所が設置されており、祖父朝広の時から「御領関所」を預かっていた（井上所蔵毛利文書）毛利重広は、明応三年国境関を安堵されている。謙信もまた直轄地に関所を設けて関銭を徴し、天文十八年府内大橋場掟書を定めて橋銭を徴し、天文二十年には大串某を三か津横目代官職に任じて上分のことを沙汰させている。しかしそれらも武田信玄が信越国境に設けた関所や、信州妻籠関のように、交通統制の機能を果たすものであった。関銭を徴収してこれを財源としたのは中世の関の特質であるが、関所の経済的機能はすたれて、次第に警察的機能の比重が大きくなってゆくのである。

鉱山の開発　戦国末から近世初頭にかけての大名領国制の形成過程で、重要な経済現象として鉱山の開発と金銀通用の事実がある。大規模にして恒常化した軍事行動、物資の調達と運輸、武器の購入と蓄積、城館の構築と土木工事などのためには、大名領国の封鎖的経済のほかに、全日本的な隔地間の商品流通のなかに入り込まねばならず、ここに国際通貨としての金銀や硬貨を獲得しなければならなかったのである。とくに天文後期以後の外国貿易の進展は金銀の産出額を飛躍的に増大させたのであった。ここから石見銀山が大内・尼子・毛利の争奪の対象となり、生野銀山が山名氏の手から織田信長上洛とともにその手に帰するなど、金・銀山は戦国大名の渇仰するところとなった。

上杉謙信の活動の陰に佐渡の金山を宝庫としたことはよく説かれるところである。「春日山城内惣在金目録」（伊佐早謙氏所蔵文書）によると在庫金は次のようになっている。

千百二十六枚一両三分一朱中小朱中　利平之金、買金、所々より参金

千五百八十八枚四両三分二朱糸目　土蔵在金

「利平之金」は貸付の利金で、家臣や府内町人に貸しつけたものであろう。「買金」は買入れた金で、「所々より参金」とは運上及び贈答である。「土蔵在金」は別口になっていて貯蔵用である。このような多額の金銀の蓄積によって大遠征が可能となったわけで、永禄二年上洛の時にも朝廷・幕府・公卿に多数の金銀を献上し、それ以後禁裡御料所分として毎年黄金三枚を献納している（御湯殿上日記）。

しかしこれらをすべて佐渡から獲得したと言うような考え方は受取りかねるのであって、佐渡鉱山は徳川領となってから、慶長七年の相川鉱山の興隆で有名となったものである。それ以前は室町期からの西三川の砂金採取と天文年間の発掘で相川金山の先駆となった鶴子《つるし》銀山が主であって、天正期の産金額はそれほどではなく、また天正初年には佐渡の各地頭が全く上杉家に忠誠を誓っているわけでもなかった。謙信が佐渡以上に金銀の運上を得たのは、越後の金山であろう。慶長三年の蔵納目録に、諸国の鉱山から金銀を豊臣氏に運上した明細な記録があるが、これによると越後黄金山は千百二十四枚四両一匁四分二厘、佐渡黄金山は七百九十九枚五両一匁六厘である。つまり越後金山は全国一位を占め、全盛期の西三川金山を含む佐渡金山の運上の一倍半以上に達しているのである。越後金山とは岩船郡高根・海浦鉱山（新潟大学蔵堀家文書）あたりに擬すべきであろう。北魚沼と会津の境に近い

上田銀山も、寛永十九年の発見とするが、すでに天文年間上杉氏採掘の事実を認めてもよさそうである。さらに謙信は越中新川郡の金山の奪取経営に努め、応永開掘といわれる松倉金山、天文年間に始まるという河原波金山はいずれも天正頃に全盛であった。また吉野銀山は天正元年、下田銀山は天正二年、亀谷銀山は天正六年の発見で、天正より元和にかけて盛山であったという。

甲信地方では武田信玄の発掘したという鉱坑址が多い。そのうちで確実といわれるものは、甲斐では黒川山金山・西八代郡金山・南巨摩郡保村金山・駿河では富士金山、信濃では諏訪郡金沢金山・南佐久郡川上村金坑である。黒川山金山は大菩薩峠の北に続く北方にあり、東山梨郡神金村大字上萩原に属する。この神金村大字市ノ瀬字前金場にも、武田の頃採掘したという旧坑があり、多摩川上流の北都留郡丹波村の丹波川でも砂金が採取されたらしい。西八代の金山は湯ノ奥村地籍に中山・内山等の坑があって、元亀二年二月には中山金山衆が深堀城攻略に戦功をたて山県昌景より褒賞せられている。富士金山は湯ノ奥村に隣接する駿河富士郡上井出村麓にあり、天文年中に今川治下で開掘され、永禄十一年以後武田氏に帰したものである。信濃川上村の金坑は梓山と川端下とにあり、現在でも南梓川沿岸の砂礫中に砂金を産し、往時採掘の跡は各所に残っている。当時どれほど多量の金が産出されたかは、天正十年武田家滅亡の時、信玄の聟で駿河の代官であった穴山信君が、金子二千枚（二万両位か）を礼物として帰順したことによっても明らかであろう（多聞院日記）。当事金銀は戦時に於ては賠償的に使用せられ、あるいは軍用金として兵糧・武具の購入・部下の行賞に用いられ、これによって漸次下層へと及んだのである。

貨幣の鋳造　上杉謙信の没後、春日山城に、約三千枚の金が遺されていたことはすでに述べたが、次にその史料となった文書を記しておこう。

　　　　　惣あり金之一紙

　御利平之金

かい(買)金　　　　惣一紙

　所々より参金

一　八百枚　　御おひ(笈)　よつ(四)に入申て御座候

一　弐百八拾七枚八両一分一朱中小朱中、あり金合千八拾七枚八両一分一朱中小朱中、このほか

　参拾八枚三両二分、へつ(別)して御あつけ(預)なされ候

惣都合千百弐拾六枚三分一朱中小朱中

　　とそう(土蔵)一紙

　　　黄金之　　　　惣一紙

一　千五百八拾八枚四両三分二朱糸目

　此内

一　弐百弐拾六枚　御前江参

此内六まひ（枚）ハ善光寺へ御ミとニ
残而
一　千参百弐拾弐枚九両一分三朱糸目　あり金
此内四枚三分一朱府内御利子さ（下）かり
天正六戊寅　　河隅忠清（花押）
五月五日　　飯田長家（花押）
とめ様
（伊佐早謙氏所蔵文書）

文明以来盛んに朝鮮へ輸出された日本金は四十二文目つまり田舎目十両を一箇とする形制物であった。小葉田淳博士は、貿易金として一定の品位のもとに、十両を単位として作成されたものではないかと言っておられる。ここに一枚というのはこの十両の金のことである。一両は四分、一分は四朱で、朱中とは一朱の半分、糸目は朱中の半分である。いずれも金の目方を呼ぶので判金の事実は出てこないが、米沢市上杉神社所蔵の天正越座小判は、量四匁余、径一寸五分五厘で、「越座天正」の極印のある判金が所蔵されている。しかし前述の春日山在庫金の注文によると、十両目の一枚の形で作られていたわけで、あえて小判を作成する必要はなく、形といい極印といい、やはり徳川時代の仮托と見るべきであろう。近世以前に鋳造せられたと伝える古判金銀と称せられるものが、どれだけ信用できるか明らかではなく、元禄以来甄銭の流行とともに偽作された古金銀も少なくないのである。ただし越座小判が仮托としても、判金が越後に鋳造せられたことは確かであるとされている。

武田氏の判金は鋳造量も多く、一定の量目（四匁五分）をもち、貨幣として整っていた。両目の単位は上杉氏と同じく、枚・両・分・朱・朱中・糸目である。この甲金は信玄時代の遺制に基づくといわれ、その最古のものは灰吹碁石金といい、砂金を吹き丸めて碁石形にしたもので、それから大小の板金に改造されたものがあった。甲金座には古くから信用のある富商の松木・野中・志村・山下の四家があった。その形状や重量は多様であって、志村古甲金・山中判・野中古甲金・山下判金などがあるが、松木の刻印が最も多いとされる。そこではまた秤量貨幣の段階のものもあったことは認められるが、近世初頭すでに不正なものも少なくなかったらしい。

なお武田氏の貨幣政策について注目せられることは、撰銭条令を発していることである。撰銭《えりぜに》ないし精銭《せいせん》とは銭貨のなかから悪銭を除去し、支払者に受納者が返却して善銭を請求することである。若き日の信玄の定めた「甲州法度之次第」には「一、悪銭の事、市中に立つるの外、之を撰ぶべからざるの事」とあって、ある種の悪銭の見本を市中に展示して、その他の銭を選ぶことを禁じたのである。しかるに永禄二年のものという小山田氏印書（諸州古文書甲州二ノ上）によるとさきの甲州悪銭法度を停止し、新銭一切を禁止したのである。このことはさきの撰銭行為の禁止と許可は、「妙法寺記」に記すように、その強制は社会に動揺を与え、禁令は事実上行なわれなかったことを示している。しかも一方では他国より悪銭の流入を促す結果ともなったのではないかと考えられる。甲斐には富士参詣の道者が多く入ってくるから、悪銭持ち込みの機会も多かったわけで、神事・造営の闕怠も来たす有様であった。この場合の新銭は悪銭と同義に解されるので、新法度では一切の悪銭の通用を禁止しているのである。また富士山本宮の神主に宛てた文書に「鉄炮玉之御用ニ候、悪銭有之儘《ありのまま》に納めるべく候」とあるので、鉄砲の弾丸として神仏に捧げられた悪銭の回収を図ったことが知られる（駿国雑志甲斐国誌）。

三　宗教統制

謙信の信仰　上杉謙信の信仰は禅と真言系旧仏教で、これに善光寺如来や飯縄《いずな》・更科《さらしな》・小菅などの山嶽信仰が混入している。これは信玄も同様で、東国武将の信仰の一般的形態であった。謙信の生母青岩院は観音に深く帰依したと言われるが、謙信は七歳のとき、曹洞禅の林泉寺に入り、天室光育の膝下で修学したため、禅が長尾家の人としての彼の信仰の中核をなした。林泉寺は嘗て国衙（新井市大字国賀）の付近にあったものを、謙信の祖父能景が、その亡父重景の菩提のために春日山城外に招致したらしく、曇英恵応禅師を開山としている。天室は六世の住持で、一山を誡めた自筆「禁制五カ条」及び「修養十徳」を遺した高徳である。

天文二十二年二十四歳で上洛した時、紫野大徳寺九十一世徹岫宗九を訪れ、法号を宗心と命ぜられた（上杉家文書）。これより有髪の僧とし戒行を保ったが、川中島の対戦で厭世観を起こしたのか、弘治二年三月、二十七歳で遁世の志を発した。そして六月長慶寺に隠居していた天室光育に書状を送り、その出塵の志を述べて身を退く旨を諸臣に伝達するよう依頼している。長尾政景等の勧めによりこのことは思い留まったが、こののち謙信は女色を断ち、肉食を退け、精進潔斎、全く出家の生活を送ったと言う。

武人としての謙信は毘沙門天を崇拝し、また春日山の鎮守たる春日明神を奉じたことは勿論であるが、当地は羽黒・白山その他の天台・真言系の諸仏が信仰され、とくに信越国境の諸神が上越地方に崇められていた。豪族の宗教はほとんどこうした多神教で、まだ一神教的行き方をとるものはなく、他国から入ってきた地頭層も俗信と無関係ではあり得なかった。たとえば木曾義仲追討の功で越後国奥山庄地頭職を賜わった和田宗実（平姓三浦氏）の後裔は、この地の羽黒権現を信仰し、和田氏の「御宝殿《おほうでん》」は羽黒村の近くにあって惣領家（中条家）が奉斎した。現在の米沢にある中条家の菩提寺たる極楽寺は羽黒権現の一坊であったものである。ところが同家は鎌倉末に随願房なる僧侶を招いていたが、その住坊は「奥山庄波月条絵図」（中条町役場所蔵）によると現在の弥勒院《みろくいん》の地にあたり、随願房は弥勒堂を守っていたようである。しかるに戦国時代に入るころ、禅刹大輪寺が中条氏の外護を得て弥勒堂を管理しているから、大輪寺は弥勒堂の後身で、禅寺に変わったと見ることができる（大輪寺文書）。そして時勢の推移につれて菩提寺たる極楽寺も観音・薬師が後退して弥陀信仰が強化され、近世初期には浄土宗の寺院になってしまった。しかし同族の黒川氏は、宗家の羽黒極楽寺に対して一家の墳墓を乙《きのと》村五輪山に営んだが、盛実のとき乙宝寺を修築してこれを菩提所とした。乙宝寺（乙寺）は猿供養伝説より天台系と見なされ、本尊大日如来は平安期の名作であったが、羽黒修験が深く浸透して近世初頭には新義真言宗智山派に属した寺院である。このように宗教界自体も大きく変貌しつつあったが、武家層一般の信仰はその土地の名刹を崇拝する保守的傾向をもっていたのである。

従って謙信は達磨不識の公案によって自ら不識庵と号したほどの禅徒であったが、また密教的諸神諸仏にも祈ってその加護を期待した。その印判《いんばん》に、将軍地蔵・摩利支天・月天子・飯縄明神・阿弥陀・日天子・弁才天・帝釈天・妙見菩薩や円量・宝在心・森帰掌裡・梅などの瑞祥字のあるのは、よくその禅密混淆の信仰を表わすと言える。彼は天室・徹岫をはじめ、鉄堂・法興・通天等に師事し、安国寺・長福寺・至徳寺・転輪寺・広泰寺・楞厳《りょうごん》寺・顕聖寺・長徳寺等の諸刹に参じて禅学に努めたが、また城内の大乗寺長海について密教を受け、平生護摩を修して武運長久を祈願し、大覚寺門跡義俊とも懇意であった。とくに天文二十二年と永禄二年の上洛の際には紀州高野山に詣で、同山無量光院の住職阿闍梨清胤を訪ね、永禄五年法印を越後宝幢寺に迎えて伝戒の師とするにいたった。元亀元年冬の頃から法名を改めて謙信としたのはこの関係からである。ついで天正二年四十五歳で清胤を師とし剃髪法体となり、義俊の執奏で法印大和尚に任ぜられた。天正四年正月清胤来越のとき、真言秘密の深法をことごとく伝授せられ、阿闍梨権大僧都に進んでいる。この前年には高野全山の学僧に黄金百両を贈り、越後でも五智国分寺・大乗寺のほか、法音・宝蔵・延寿・宝幢・惣持の五寺、金剛・妙観・大聖・安養・蔵王の四院一堂及び浦佐普光寺（南魚沼郡）・逆谷《さかしだに》寛益寺（三島郡）・菅谷不動寺（北蒲原郡）等の寺院を扶持した。謙信の往生の時、導師となったものはほかならぬ大乗寺良海である。

このように、天台・真言の旧仏教が、禅・日蓮・浄土など新仏教諸宗に転換しつつあり、真宗もまた滔々と押し寄せているときにあたって、謙信は禅の環境に長じつつ、真言に傾いて行った。このことは彼の性格から、意志的自律的な禅宗よりも、天台・真言の伝統的権威を重んじたことによるものと考えられる。大覚寺義俊との交友、延暦寺大講堂造営のための座主堯尊法親王への黄金二百枚の献金、高野山金剛峯寺への参詣などは、朝廷・幕府に対する崇敬と同様の性質のものであった。禅宗はまだ高僧に対する帰依の段階で、全国的教団の成立を見ていなかったから、謙信は領国支配の確立を日本仏教や政治における伝統的な中心への接近によって果たそうとしたのである。日蓮宗本成寺（新潟県三条市）や時宗の称念寺（高田市）・専称寺（刈羽郡北条村）に対する寺領安堵・寄進・再興、および石山本願寺証如への贈与などは、彼の信仰によるよりも、国主としての内治・外交に属するものと言えよう。謙信の宗教に対する態度は、真言的夾雑物の多い禅を純化すると言うよりも、逆に高度の加持祈禱に徹底しつつ、民衆の土俗的修験的宗教が真宗・禅宗・浄土宗・日蓮宗へと進化しつつある事態を無視し、比叡山や高野山への接近に努力した保守性・後進性をもったものと言わざるを得ない。

摩利支天
月天子
将軍地蔵

将軍地蔵
摩利支天（伝馬印）
飯縄明神

森帰掌裡

宝在心

円量（左文）

阿弥陀
日天
弁才天

妙帝地

梅

森帰掌裡

円量

上杉謙信の印判

信玄の祈願の特質　戦国時代の思潮に於ては、神仏に戦勝を願い、領土拡張を祈り、一家の繁栄を請うことは一般的傾向であって、謙信や信玄がこれをしたからといって、直ちにその信仰の強さを示すものとは言えない。しかし謙信がその願文において、自らを正義と断定し、信玄や氏康を悪逆と罵倒し、戦いの名分を立てていることは、やはり僧侶志望の独身者らしい、異常なまでにひたむきな直線的な宗教的態度を考えることができよう。信玄の場合は神仏に祈願を籠めた事実、およびその裏付けとなる記録・古文書は比較的多く現存し、内容にも異色ある信仰を示すものがあり、謙信に比し幅と現実味があるが、やはり当時の月並の祈願とも言い切れぬ面がある。

天文十一年九月信玄が諏訪頼遠の遺児虎王を擁して高遠頼継と戦ったとき、彼は諏訪上下社に願文を捧げて、勝利の場合は具足壱両・馬壱疋・伊奈郡内百貫の神領を寄進すると言っている。天文十九年には甲斐一ノ宮浅間神社に願文を納めて信濃平定を祈ったが、翌年信濃府中を手に入れることができたので、新たに浅間神社所在地の荒間二十貫の土地を寄付し、社殿を修築して結願を完うした。このような神仏に対する態度は神明仏陀を人間以上の不可思議な力と見て、これに祈願することによって難局を突破できるという確信に基礎を置くものである。しかも祈請の形式は、他人に依頼すると同様に、ただ寄進・造立などの喜捨恩施をして福利を要請しようとするもので、いわゆる「現世利益《げんぜりやく》」の信仰にほかならない。これが室町時代の一般的様相とはいえ、信仰そのものとしては低級な自己本位のものと言わねばならない。

謙信はその出陣にあたり、五大尊明王（中央不動明王・東方降三世明王・南方軍荼利明王・西方大威徳明王・北方金剛夜叉明王）を本尊として、五壇護摩を執行《しぎょう》し、武締式を挙げたと言われる。この敵国撃滅の壮挙に対し、信玄は易者につき易筮《えきぜい》により考えさせ、先筮の辞に任せて戦機を握ろうとしている。永禄元年北信濃に兵を進めようとしたとき、信州水内郡戸隠神社に奉った願文には、先に信州を平定すべきや否やを占ったところ「外之九三」つまり「外虚邑無所疑経日径必得也」と出たし、越後と甲斐は和すべきか戦うべきかについては「君子有攸往、先迷後得、主利安貞吉云々」という「坤卦之吉文」を得たので、勝利を得たならば、「粤孔五十緡」を当社修補のため権現の宝前に供えると言っている（戸隠神社文書）。このとき近江朽木谷にあった将軍義輝は謙信と信玄を和解させて謙信を上洛させようとしたのであるが、信玄は易の示すところに従い、和睦をやめ神明の加護を信じて謙信と戦う決心をしたのであった。義輝はなおも信玄の歓心を得て和睦を実現しようとし、翌二年信玄を信濃守護とし、その子義信を三管領に准ぜしめたが、信玄は堅く易筮の示教を守って素志を捨てず、謙信上洛の虚を衝こうとした。そして越軍と戦うか否かを卜したところ、「九二之孚有喜也経鷹約為神所享斯之為喜云々」と出たので越軍と戦うこととし、生島足島神社への願文で、凱旋の時は十か年間毎年青銭拾緡を修補のため社納することを約束している。易は解釈するものの熟慮の結果であるから、信玄は大事決行の前に客観的に深く考える時間を持ったわけであるが、しかもその結果甲越和睦の機会を逸したことは、やはり武将としての自主的判断力の弱さを露呈したものと言わざるを得ない。

現世利益を求めて神に祈請することは、戦勝や領土拡大のためだけではなかった。近江犬上郡多賀神社に対して、二十五歳になった信玄は神明の庇護によって厄災を除き、長寿を得て文徳武運が念願の如く自由になるように、黄金弐両を寄進している。また北条氏政に嫁した信玄の長女が妊娠したときは、富士浅間神社に「当産平安無病延命」を祈り、富士吉田口にある船津の関を弘治四年六月より撤廃すべきことを約束している(甲斐小佐野文書)。永禄九年にも氏政夫人の平産を祈り、安産の節は僧徒百人に神前で法華経を読誦させ、神馬をも献じ、至誠を抽んでようとしている(浅間神社文書)。諏訪神社は建御名方富命、戸隠神社は手力雄命を祭っているから、戦勝を祈願したのであり、浅間神社は木花咲耶姫を祀るから平産を願ったのであろう。

このように現実的な利益を期待するのであるから、祈願の対象となる仏神は、霊験によって選ばれ、宗派に左右されることはない。甲斐の浅間神社、信濃の諏訪神社・戸隠神社・生島足島神社・松原諏訪神社、武蔵浅草三社権現、駿河浅間神社、近江多賀神社、山城石清水八幡や京都清水寺成就院(法相宗)・信濃安国寺(臨済禅)・山城鞍馬寺妙法坊(天台宗)・醍醐理性院(真言宗)などに信玄が祈願を捧げたのは、それらが著名な社寺であるからである。従って信玄の信仰は宗派宗旨に局限されず、広汎にして自由自在で、いやしくも効験ありと思えばただちにその信仰を捧げたと思われる。これはいわゆる宗教的寛容ではなく、その目的のためには如何なるものをも利用しようとする性質のものであった。

往昔源頼義が園城寺の鎮守神である新羅大明神を深く尊崇し、三男義光を神社の氏人とし、加冠させて新羅三郎と称せしめた。武田氏はこの義光の後裔であるから、歴代天台宗を奉じ、信玄も園城寺と親しんだ。これに加えて延暦寺の山門法派として当時広く伝えられていた穴太流（台密慈寛流の一派）を相伝した。このように信玄が延暦・園城二寺と特別の関係を持ったのは、単に信仰のためと言うよりも、高度の外交政策、とくに西上の実現に目標が置かれ、同時に曼殊院門跡のとりなしで天台の極官たる大僧正に任ぜられたように、名聞を望むところにもあった。元亀二年九月織田信長が延暦寺を焼亡すると、信玄は満蔵院権僧正亮信・正覚院僧正豪盛等が徒弟を率いて甲斐に逃げてきたのを保護したばかりでなく、延暦寺を甲斐の身延山に再建しようとした（甲陽軍艦）。身延山の久遠寺は高祖日蓮入定の地として法華宗徒の霊地であるが、信玄はこれに信濃長野に一層宏大な大伽藍を建立する約束で、その引渡しを申し出たのである。日蓮僧徒は高祖影像の前でくじを引いて信玄の命を奉ずるかどうかを占い、ついにこれを辞退するに決したが、信玄はなお実行させようとしたので僧徒の怨みを買ったと言う。延暦寺を焼き、日蓮宗に心を寄せた信長とまさに対蹠的である。こうした行動の陰に、やはり信長に対抗する政治的配慮が強く作用していることは否定できないであろう。

このほか甲斐巨摩郡加賀美の法善寺は真言宗で高野山の末寺であったが、武田氏累代の祈禱所であったから、信玄もこれを崇敬した。この寺には智証大師自画と伝える不動明王像を伝えていたが、その永禄十三年法印良海の奥書に、信玄が義光以来仰信された本尊として崇敬した旨を記している。甲府万蔵院の毘沙門堂も信玄の建立したものであるが、信玄自身は不動尊への信仰が厚かった。恵林寺霊殿の武田不動は鎧不動尊像と呼ばれ、京都の仏師康清に対面して彫刻させ、信玄を不動尊化したものといわれ、鎧の袖には武田家の花菱紋が描かれている。

このように信玄は祖宗以来の歴史的関係から天台・真言を信仰したのであるが、彼はさらに新仏教である禅にも深く帰依した。禅に対しては信仰というよりも、むしろ修養または学問と考えた方が適当かも知れない。歴史的関係から天台・真言等旧仏教を信じ、やがて禅に帰依するというのは戦国大名に多く見られるところであるが、信玄もその例に洩れなかったのである。信玄にまず禅を説いたのは京都相国寺の惟高妙安と山城天竜寺の策彦周良で、いずれも臨済禅である。天文二十三年信玄は策彦に甲斐に下向して恵林寺に住することを請い、策彦は弘治元年（または二年）に下国して恵林寺に住し、長興・継統の二寺をあわせ管した。そして信玄の禅道修業には妙心寺の関山派がもっとも適応すべしと説き、信玄もこれを容れて、甲府長禅寺の岐秀をその師とした。信玄除髪の際の大導師はすなわちこの岐秀である。このほか希庵・明叔・快川・春円・高山・鉄山等諸英衲《えいのう》（高僧）が信玄の帰依を得ている。

信玄は臨済禅とくに関山派に深く帰依した結果、甲府とその付近に五山を定めて府中五山と称し、長禅寺を首位とし、東光・能成・法泉の三寺および円光院をこれに列せしめた。円光院は信玄夫人三条氏の墳寺である。これら五山は、はじめはおおむね鎌倉五山の末寺であったが、信玄はこれらをみな関山派に改めさせてしまった。

信玄は臨済禅ばかりでなく、曹洞禅にも志を寄せ、全国内にその宗風を興こした。曹洞禅で信玄の崇拝した名僧は信濃竜雲寺の北高全祝である。彼は出羽の人で北畠顕家の子孫と言われ、はじめ謙信領の越後雲洞庵《うんとうあん》に住したが、信玄はその名声を聞いて、竜雲寺に招き、分国内曹洞諸寺の僧禄司としたのである。そして永禄三年には小宮山丹後守を奉行に、甲斐山梨郡永昌院の謙室大益を江湖の首座、北高を師宗として、多年戦場に斃れた諸将士のために、竜雲寺に千人江湖会《ごうこえ》を行なった。このように大衆を集めたことは、東国では類例がないと言われている。

このほかにも、浄土宗では信濃善光寺阿弥陀如来を永禄元年に甲府に移して善光寺を建立し、時宗では甲府一蓮寺を保護し、浄土真宗では光沢寺（長延寺）実了師慶を信頼した。「仏法を御取立候はば、諸宗をあしく成されざるが大慈大悲の名大将なり」と策彦等が信玄に説いたと言われるが（甲陽軍鑑）、信玄はとくに一宗派に限って信仰することも排斥することもしなかった。しかしさらに重要なことは、信玄は信仰・修養という面のほかに、宗教を政治の具として活用していることである。信玄が加賀・越中の門徒一揆を動かして謙信を牽制できたことには、長延寺実了師慶の暗躍が大きく預かっている。信玄の二男竜芳の子顕了道快は実了の付弟で、のちこの子孫が高家となり武田家を再興した。また醍醐寺三宝院派の修験者を甲府に招いて祇園寺を建立し、これを諸国の大名に往来させ、音問を通じ連盟を約させた。恵林寺に入った明叔慶浚は飛驒の三木《みつぎ》直頼の俗弟で、のち美濃・飛驒に住したが、三木氏は江馬氏に対抗するため信玄と結んでいたものであった。駿河臨済寺に住した鉄山もまた武田氏の老臣石坂次包の関係者で、今川・武田の連絡を図っている。

社寺の統制　永禄九年と十年にわたり、信玄の将士二百三十八名は起請文を呈出して忠誠を誓っている（生島足島神社文書）。この起請文に偽りのある場合、罰を加うべき諸神諸仏は、梵天・帝釈・四天王のような一般的なものを除くと、八幡大菩薩・富士浅間大菩薩・熊野三所大権現・諏訪上下大明神・甲州一の宮（一の宮町浅間神社）・二の宮（石和町神部神社）・三の宮（甲府市三宮神社）大明神・三嶋大明神・飯縄戸隠大権現・伊豆箱根両所大明神・御嶽権現・国立橋立両大明神・上州鎮守一二両社等甲・信州および近隣の大社が挙げられている。これら諸仏神はここでは武田家を守護すべきはずのものであって、現実には国主から所領安堵と新知寄進ないし修築によって成り立っているのである。従って神官は封建制の上では、国土安穏・平産・戦勝の祈願を職務として給与をうける家臣にほかならないのである。神社も寺院も嘗ては守護使不入の寺社領をもっていたが、一円的土地所有を前提とする戦国大名領国制が確立すると、不入の特権はむしろ大名権力によって保障されるから、大名に対しては次第に無効となり、やがて宗教の面にも統制が及んでくるのである。謙信が施政の最初に発した文書も、天文十二年九月の本成寺日意宛の寺領安堵状にほかならなかった。

信玄は永禄二年に久遠寺の日叙に国中の同寺末寺を管掌させ、元亀三年には信濃竜雲寺の北高全祝を分国内曹洞諸寺の僧禄司《そうろくじ》とした。越後に移った信州笠原本誓寺は、寺伝では天文二十二年の謙信上洛につき奔走したので、謙信から一本山に取り立てると言われたが、本山への不忠の科といって辞退したところ、越後・佐渡・出羽三か国寺院惣録所に取り立てられたことになっている。もとよりとるにたりないものとは言え、近世初頭にすでに本誓寺下の末寺・道場が越後に充満していることを考えると、謙信の晩年までには、真宗でも録所ないし触頭の原型ができあがっていたのではなかろうか。また宗派と宗派との間には宗論《しゅうろん》がよく行なわれたが、なかでも「折伏《しゃくぶく》」を使命とする日蓮宗は好んで他派と論議をしていた。そこで信玄の「甲州法度之次第」では、「浄土宗・日蓮党、分国に於て法論あるべからず、若し取り持ち人あらば、師檀とも罪科に処すべし」と定めている。京都で法論が騒動となり、法華一揆の勃発の端緒となったのは、わずか十年前の出来事であり、そうしたことで分国の精神的統一がまったく失われるからである。

　ここから僧侶の生活をも規定する立法が、外護者の方から行なわれることになる。甲斐の塩山向岳寺は法燈派であり、またその一本山であるが、南北朝の末期に抜隊得勝が創立した大法窟である。信玄はこの派を保護・贔負し、大衆を督励するため次のような寺規を定めた。

壁　書　　　　(信玄)(花押)

一、開山の御遺戒に背くと雖も、学文(問)尽夜を捨てず

一、心地を修行に励まし、作毛に入るべからず

一、寮舎敷地に於て、売買を放つべからず

一、門外の焼香は時一剋たるべし
一、入院はその仁を択び、閏月の如くなるべし、右憚多しと雖も、当庵聶負に依り壁書を加う、若しこの旨に背く輩に於ては、大衆同心して之を払うべし。

天文拾六年丁未五月吉日

これは開山（抜隊）は不立文字を標榜したが、信玄は大衆に学問に励み、俗事に思慮を労することなく、敷地を勝手に売買したりしないように戒め、入院者を選択するように申し渡しているのである。「憚多し」とか「当庵聶負」とか言っているが、やはり大衆自治によって違反者を追放するという処罰規定を具備するものである。また翌年には開山以来の師資相承の禅僧のほか、林下《りんか》道人や他山の衆僧を加えることを禁じて争いを防ぎ、和合僧つまり仲好くやってゆける僧侶は妨げないとしている。

しかし戦国乱世の時には「清僧」はまれで、寺院には俗臭が満ちていた。若き信玄は「甲州法度之次第」を定めたときは、妻帯の僧は供養すべからずと定め、僧の妻帯を罪科とし、事情に応じて役銭を課しこれを訴人に与えた。これは晴信自筆といわれる保阪潤治氏所蔵本の第十九条に見え、「甲陽軍鑑」は、妻帯役は国法に背いたものへの処置であると解釈している。しかしこの条文は流布本には見えず、保阪本二十六か条が流布本五十五か条に増加したのは、天文十六年六月より同二十三年五月までであるから、この間に僧侶の妻帯を罪科とする条文は削除されたのである。つまり妻帯僧侶には公然と妻帯役を課されることになったのである。しかし甲府長延寺など武田氏と関係の深い寺には、これが免除されたのであり、肉食妻帯を標榜する真宗寺院・道場が数多く存在する信濃の水内・高井に領国が拡大してくると、当然現実主義的傾向を示してくるのであった（日本歴史、四六号、田中久夫氏「武田氏の妻帯役」）。この妻帯役の内容は一種の普請役で、康楽寺（篠ノ井市塩崎）に次のような武田氏朱印状がある。

定

証連（蓮）寺（埴科郡）　本覚寺（埴科郡）　長命寺（水内郡）
西光寺（更級郡）　称名寺（水内郡）　専性寺
専称寺　浄連（蓮）寺　西勝寺
専住寺　同　宿　三十七人

右の衆、妻妾を帯するの由に候の条、向後かの役に懸くる御普請御免許候ひ了んぬ。但し一国一統の御普請並びに田畠に懸くる諸役に於いては、累年の如く勤仕せしむべきの旨、仰せ出ださるるところなり。仍って件の如し、

天正六年

釣閑斎（長坂光堅）

奉之

八月廿一日　（武田勝頼）（朱印）
白鳥
康楽寺
（更級郡）

ここに見えるのはいずれも真宗寺院で、康楽寺が妻帯役免除の世話役をしたのであろう。そして一国一統にかかる普請役・田畠諸役は勤めねばならないが、従来の妻帯役は真宗の特異性から免除されたのである。

一向宗対策　日本仏教諸宗派のなかで、戦国大名の特に配慮せねばならなかったのは真宗教団であった。とくに一向宗と呼びならわされた真宗本願寺教団は、末寺・道場が農村に立脚点をもっていて寺領に依存することなく、また本願寺＝親鸞＝阿弥陀如来を中心とする全国的組織として、領国外の権威によって容易に動かし得るという特徴をもっていた。ここに戦国大名が領国体制確立の過程で、国人・百姓を組織したこの教団を利用し、あるいは禁圧せねばならない必然性があったのである。

武田信玄は、上杉謙信が一向宗に苦しんだのと対蹠的に、よくその勢力を活用した名将の一人であった。彼が妻帯僧に対して課役をかけたのは、一見肉食妻帯を公然のこととしている真宗にとって不利のように見えるが、真宗坊主のほとんどが俗体の道場主で、いわゆる毛坊主であったことを考えれば、妻帯役はごく一部の寺号をもつ布教師に課せられたにすぎないことが知られる。前に触れた武田勝頼朱印状に妻帯役を懸けられていたものには、道場主は一名も入っていないし、それさえもここでは免除されているのである。交通路の関係からか信玄の時期までに甲斐にひろまった真宗勢力はきわめて微弱であって、社会問題を惹起するほどのものではなく、親鸞門流では荒木源海の法流が伝わっているぐらいである。信玄の部将内藤修理の母は一向宗であったが、その母の葬儀に甲州とどろきという寺の一向坊主たちを、内藤がやりこめる話が「石水寺物語」に見えている。内藤が死人の膳をいかにも見事に申しつけたところ、一向坊主が「阿弥陀様へよく食を進上すればわきわきへはいらぬ事にて候」と言ったので、百人余りの坊主達に一切膳をすえなかった。坊主たちが膳を乞うと修理は「上人さえまゐり候はば、脇々の坊だちは、腹一ぱいかと存候て、如此」と申したので、坊主たちも詫言して、亡者にも膳を据え、みなの坊主も余宗のように執行したというのである。これによると一向宗は特異な存在と見なされていたが、内藤修理の母あたりにも食いこみ、坊主もかなりいたことが察せられる。しかし村落共同体の展開が未熟で、武士の在地性も濃く、一向一揆勃発の可能性は全くないといって差支えないのである。

一向宗僧侶のなかには、むしろ信玄に近づき忠節を尽くすものもあった。甲府長延寺の実了師慶はその典型的なものである。実了は本願寺実如から法名を与えられた一向僧と思われ、俗姓は関東管領上杉憲政の一族で、北条氏康に追われて甲斐に遁れてきたものである。信玄の寵を蒙って御伽衆に加えられ、陣僧を勤め、本願寺や加賀・越中門徒との連絡にあたった。

信玄と本願寺顕如とは姻戚関係があり、従って交際も深かったと思われるが、永禄三年の謙信の関東出陣に際し、北条氏康の一向宗禁制の解除を条件に、本願寺に加越門徒の越後侵略を依頼したことから軍事的提携が始まった（前田家所蔵文書武州文書三）。永禄八年信玄の上野出陣のときにも、本願寺は越中門徒に謙信の牽制を命じている（顕如上人書札案留）。永禄十一年椎名康胤の金山城が謙信に攻められたとき、信玄は実了を越中金山に派遣し、本庄繁長を叛かせるとともに、北陸一向宗の巨刹瑞泉寺の家老である上田石見守を救援に赴かせた。石山合戦の始まった元亀元年十二月にも顕如は実了に大坂の状況を告げ、信長の攻撃に対して救援を依頼しているし、同三年にも長延寺実了を使者として信玄に信長の背後を脅かすよう頼んでいる（顕如上人書札案留）。天正元年越中にいた謙信が、関東・信濃の形勢を憂慮し、一向一揆と和して春日山に納馬しようとしたときには、「信玄よりの使、長延寺と号するもの、表裏中ニ付いて、敵富山江引返」（大行院文書）すという一幕もあった。このように信玄は、長延寺実了なる英僧の活躍によって、病に斃れたのちまで、一向一揆軍を味方にして謙信を苦しめることができたのであった。

それでは信玄との決戦を覚悟して、天文二十二年はるばる石山本願寺を訪れた謙信は、何故門徒軍の支持を得られなかったのであろうか。また越後の多くの真宗寺院が、川中島合戦のときに信州から越後に逃げてきたという伝承をもっているが、果たしてそれは事実であろうか。これを見るために我々はまず戦場となった信州水内郡・高井郡の真宗寺院の存在形態を考え直さねばならない。その一例として比較的早く越後に移転したと思われる笠原本誓寺の由来を尋ねて見よう。同寺は下総布川にあった真言宗の真宗寺が親鸞に帰依して、本誓寺という寺号を賜わったというが、同寺末の飯山真宗寺の提出した中世末か近世初頭と思われる由緒書上には次のように言っている（本誓寺文書）。

一　くわんとう《(関東)》のの《(布)》川の本願さま《(様)》、信州江御越之砌、御家の人々多有中にも、ざい《(在)》所子共すて《(捨)》かたく《(難)》思てある間、御伴の人四人ならでハ無御座候、其中ニ我等子孫御師生《(匠)》様ヲ一度ニ越申てハ様子心元なき間、壱年計さき《(先)》立被参候而、川中島を一見仕、されどもながの《(長野)》殿ヲだんな《(旦那)》ニとりさだめ《(取定)》、扨《さて》心安とおぼ《(思)》しめし、くわんとう《(関東)》へ御迎ニ被参候而、卸とも《(伴)》中被越候

一　ながの《(長野)》へ御越被成候てハ、なかの《(長野)》殿の御ゑんちや《(縁者)》ニ御なり候、其故ひかりだう《(光堂)》と申て、見事なる御寺ヲ御たて、御はんぢやう《(繁昌)》ニ候おりふし、たかなし《(高梨)》殿きり《(切)》出被成候而、ながの《(長野)》ヲ御たや《(絶)》したまう、其時ハ道祐の御子まね二郎と云人御もり《(守)》候て、かさわら《(笠原)》ゑおかくれ《(隠)》被成候、

一　かさわら《(笠原)》にて、されども、かさわら《(笠原)》殿御懇意有而ますます《(益々)》卸はんぢやう《(繁昌)》被成候、然れ共たかなし《(高梨)》殿御はんぢやう《(繁昌)》被成候而、かさわら《(笠原)》をもやがてうちとり《(討取)》たまう《(給)》、そのときかさわら《(笠原)》御もん《(文)》書御ゆい《(遺)》言ニて我等御師聖《(匠)》様参候、かさわら《(笠原)》を御たち《(立)》有而

一　平出へ御越被成候事も、道祐の子共たちののかわ《(布川)》在所ニてましますが、ながの《(長野)》ニて御はんぢやう《(繁昌)》被成候へば、四、五年あとニこし《(越)》申候、ながの《(長野)》殿たいてん《(退転)》のとき、平出へ越ざい《(在)》所ニみ《(見)》たて被申候とき、御師聖さま《(匠様)》を平出へよびこし《(呼越)》申候、御堂ヲ御たて《(建)》候、其御堂の

ふきやう《(葺様)》たかなし《(高梨)》殿の御意ニ参、それ与《(より)》平出ふき《(葺)》と云ふきて《(葺手)》出申候、其ふきて《(葺手)》ニなになり
とものぞみ《(望)》あらば申上候へと被仰候、よ《(余)》のゝぞミ《(望)》ハなく候、我等師聖さま《(匠様)》もち申候が、
ひとたび《(一度)》ひろの《(広野)》ゐ出度とのぞミ《(望)》候へ者、やすき《(安)》之事とて、かさね《(重)》てながの《(長野)》へ御帰有而、阿弥
陀だう《(堂)》と申て、能○《御》堂ぢやう《(道場)》御たて《(建)》候、

一 ながの《(長野)》ニて御はんぢやう《(繁昌)》候とき、是こそながの殿の御めかけ《(目懸)》なりの御ゑんぢや《(縁者)》とひうり《(日売)》て御
座候へば、有間じきとおぼしめし《(思召)》、さていのうへ《(井上)》ニ御越被成候、其時も平出ニ子どもたち《(供達)》
おき《(置)》て、ながのぶん《(長野分)》へ出入なく候て、井上へ御とも《(供)》被申候、されども井上ニて御はんぢやう《(繁昌)》
ハかぎり《(限)》なし

一 蓮如様井上へ御修行有而御なり《(成)》被成候時分、かさわら《(笠原)》真宗寺様一段と御馳走被成候而、御大
慶と思食、その御とき御かたミ《(形見)》と有而おしきおかた御じ《(自)》筆ニて御いだし候、同法京《(敬)》坊さま
の自筆ニて聖教卅くわん《(巻)》かたミ《(形見)》と被仰御いだし候、そのとき蓮如様本の字ヲ御ゆるし《(許)》被成、
おく《(奥)》ニ本誓寺様と御あそばし《(遊)》御いだし候、然とき御師生《(匠)》様初与《より》有真宗寺をば、なにと可仕
候と被仰上候へば、家の子に寺名ヲいんきうさせ候へとの御意ニ候とき、是こそ久敷
ほうこう《(奉公)》なしたる物《(者)》と被仰上候へ者、そのとき我等しそん《(子孫)》へも御くニあそばし《(遊)》被下候

一 さて其後くわんとう《(関東)》よりてき《(敵)》出候而、川中嶋をちらし候とき、御坊様の物之本も御すたり被
成候と承申候、其時我等御くもほうねん《(法然)》上人の卸もくざう《(木像)》共ニ御すたり被成候と承候

（本誓寺文書）

元禄十五年笠原本誓寺十四世一祐の編んだ「本誓寺記録」をはるかに凌ぐ、価値の高い史料と思われるので、煩を厭わず全文を掲げる次第である。これによると本誓寺は蓮如の時代まで真宗寺本願坊と称していたし、関東布川より信濃に移ってきたのは、高梨氏が長野殿・笠原殿を征服して北信に覇を唱えようとしている時期であった。浄興寺宛宝徳元年八月蓮如書状（浄興寺文書）に「誠今度其方までも可立寄存候之処、物忩之由奥にて聞候上はや思留候」とある北信の動乱が笠原退転の時期であることが考えられる。磯部勝願寺祐恩（照光寺本尊裏書、浄興寺蔵存如書状）・（真宗寺祖）道祐・（本誓寺）性祐は法名の通字から同系で同じころの人と考えられ、いずれも生存年代は明らかではないが、ほぼ文安・宝徳の頃と推定できるからである。そうすれば笠原性順宛蓮如書状（本誓寺文書）に見える七世巧順（性善）や八世性祐の父六世性順が「御師聖様」にあたることになり、寺記も性順が笠原へ引越し、真宗寺を相続したとしている。従って永享の乱が下総布川より信州長野への移転の直接の契機となったと思われる。

そしてその移転の状況から察せられるように、布川真宗寺は道祐等の家の子を抱える武士的階層に属し、長野殿・笠原殿ひいては高梨殿といった地頭層を外護者として持っていると言うことが注目せられる。それは北陸地方に見られる真宗門徒のように、村落の長百姓が下人を寺中とし、村落の中心としての道場を設立するといった農民的色彩を帯びたものではなかった。従って関東の敵つまり武田勢が川中島を蹴ちらしたときは、十世超賢や真宗寺は外護者の高梨氏と運命をともにし、飯山あるいは越後へと寺基を移したのである。しかし外護者が武田方となった真宗寺院も多かったはずであるから、康楽寺・正行寺・長命寺・普願寺・本覚寺・勝善寺・本誓寺（倉科）などの真宗古刹が武田治下の信濃に繁昌したこともまた当然であって、島津氏と結んだ長沼浄興寺も、それが越後へ移ってきたのは元亀・天正ごろであったと思われる。

このような真宗寺院はもとより長尾氏の一向宗禁制の対象たるべきものではなかった。しかも北信の真宗道場・寺院は国境を越えて頸城《くびき》平野への進出を意図しており、信濃からの教線は着実に頸城郡に浸透して行った。さきに挙げた永正十六年大崎郷大鹿道場（安楽寺）に対する実如の本尊下付はその早い一例であるが、本誓寺の家の子で真宗寺号を譲られた道祐の子孫もまた越後に教団開拓の歩を進めた。飯山市真宗寺旧蔵の開基本尊裏書は次のようになっている（信濃史料十一）。

方便法身尊形

本願寺釈証如

天文十一載壬寅正月廿一日

信州本誓寺門徒越後国

頸城郡笠原真宗寺

願主釈祐顕

本誓寺以下の寺院が越後に移ったのは、こうしたパイオニアによる素地が形成されていたからである。

上杉謙信の眼にまず映じた真宗とはこのような関東より信濃に伸びてきた、聖徳太子像・法然木像・親鸞像・善光寺如来・光明品・高僧連座聖徳太子画像・十二光仏十字名号・九字名号本尊ついでは方便法身像等、多様な崇拝対象に象徴される古い形態のものであった。しかし謙信が対決しなければならなかった北国門徒は鮮烈な印象を人々に与える無碍光本尊に端を発し、村落共同体の展開と百姓層の成長のなかで、六字名号と方便法身像に農民のエネルギーの結集された真宗であり、前者が地頭に依存したのに対し、これは守護地頭を疎略にし、侍の館々を焼き払うものであった。従って信濃の真宗教団は領主層を掌握すれば教団も追従したが、越中では領主は門徒の操り人形ともなる可能性があった。しかるに謙信は椎名康胤・神保長職等を一応従えることをもってたれりとし、その基底をなす農村門徒を動員する教団そのものに対する施策を欠除していたのであった。これが椎名・神保の反覆常なき行動を憤りながら、能景以来の越中征伐をくり返さねばならなかった所以であり、信玄に巧みに乗ぜられたとも言えるのであって、朝倉氏とともに上杉氏は一向一揆のために、巨大な軍事的エネルギーの消耗を余儀なくされたのであった。とくに謙信が天文二十二年本願寺を音問した翌年に、早くも朝倉と結んで加・越一揆を討とうとしたことや、天正初年謙信と織田信長との対立が必然となった時期にいたっても、一向宗対策を根本的に転換し得なかったことは、いたずらに信長をして漁夫の利を得させる結果を招いたと言えよう。

第五章　西上の挫折

一　信玄の西上

信玄の海道進出　武田信虎・晴信の二代にわたって獲得したところは、本国甲斐や信濃・飛驒・西上野の山国であって、経済的価値も低く、とくに海道から遠ざかっていたから、大軍をもって京都に攻めのぼるのに不便であった。ただこれら山間地帯では近隣を統合する大名が成長せず、小領主が相互に抗争していたから、容易に信玄に征服されたのである。従って信玄が今川氏真に戦端を開いたことは、南進の宿望を達する機会であり、衰えたとはいえ大国を相手とする最初の戦ともなった。そこで信玄は北条氏及び徳川氏と事前に駿遠夾撃を交渉し、例の如く周到な用意の下に駿河に侵入したのである。しかしその結果は意の如くならず、いたずらに家康と氏康に利益を与えただけで空しく軍を返さねばならなかった。

家康はすでに遠江経略を開始し、西半部を手中に入れていたのであるが、永禄十二年信玄の別軍たる秋山信友が遠江に進攻すると信玄に疑心を抱き、機先を制して掛川城を包囲した。このため信玄は家康との衝突を恐れ駿府に滞留して北条に備えた。家康は使を城中に送り、遠江を譲れば、北条氏政とはかって氏真を駿河に復帰させると申し入れた。これは今川氏の駿河回復の美名のもとに、信玄の海道進出を阻止し、自領を拡大安定させようとする巧妙な懸け引きであった。氏真はこの提案を容れたため北条・徳川の和が成り、家康は船で氏真を沼津に護送し、氏政はこれを伊豆の戸倉に移し、その子国王丸（氏直）を氏真の養子とし、駿河・遠江の支配権を委譲させてしまった。薩埵山で北条と対戦していた信玄は腹背に敵を受けることを恐れ、信長に請うて家康に今川・北条と断交するよう諭させているが及ばず、この以前にすでに武田軍は撤退してしまっていた。これにより家康は掛川城を得、さらに十三年正月岡崎から遠江引間（浜松）に本城を移すことになった。信玄南下が成功すれば、次には徳川家が脅威にさらされるはずであるから、家康の取った手段はその機先を制したとも言える。信玄は家康を図ろうとしてかえって家康に利用せられてしまったのである。

このように信玄が南下の宿望をひとたびは達しながら、占領地をことごとく放棄せざるを得なかったのは、一に北条・上杉の提携にあった。信玄は遺恨やるかたなく、駿河より伊豆へ、あるいは碓氷峠を越え西上野より武蔵・相模へと打って出た。とくに永禄十二年九月の小田原進撃戦では、引き上げる信玄が三増峠で、追撃する北条軍を破ったまま帰国してしまったが、これは啄木の兵法であって、目標は駿府にあった。果たせるかなこの出陣に脅威を感じた北条氏は、駿河に出ていた兵を撤去して本国に呼び返した。そこで信玄は十二月駿河に攻めこみ、岩淵を焼き蒲原城を陥れて、今川・北条両氏の連絡を遮断し、造営中の府中を占領、進んで駿河一国を分国とした。これは元亀元年のことで信玄はここに南下の希望を達したのである。氏真は戸倉城から伊豆早川に移り、北条氏康の保護下に置かれた。

ところで越・相二国は相提携して信玄にあたるはずであったが、養子・領土・同陣の三条件履行は必ずしも簡単なものではなかった。元亀元年五月と八月信玄の兵が駿河から伊豆を攻めると、北条氏政はしきりに謙信の援けを請うているが、謙信は越相同盟の条件がまだ整わないからと出兵を承知しなかった。信玄が上杉牽制のため上野に出ると、十月謙信は風雪を凌いで上野に出陣したが、今度は氏政が同陣しなかった。こうした越相の間の空隙が信玄の乗ずるところであって、信玄はいよいよ北条氏への攻勢を強化して行った。信玄の西上にもっとも障害をなすものは背後の北条氏の存在であるからで、信玄はこれに最後の決戦を挑み、しかるのち西上を断行しようと決意するにいたった。

元亀二（一五七一）年正月信玄は六回目の駿河進攻を行ない、埖和《はが》氏続を興国寺城（沼津付近）に攻め、北条氏繁を深沢城（御殿場市）に囲んだ。この時信玄は降伏を勧告する矢文を城中に射放ったが功を奏しなかった。氏政は急を謙信に告げ、謙信は景勝を沼田に派遣して陽動させたが、信玄の攻撃もまた陽動作戦であって、二月西に転じて遠江に攻めこんだ。まず小山・能満寺に塁を築き、大熊朝秀を籠らせ、三月には高天神城の小笠原長忠を猛攻した。この前年、家康は誓書を謙信に入れて信玄との連合を絶ち、その上盟友織田信長に勧めて信玄と婚姻関係を結ぶことをやめさせようとしていたからである。信玄は高天神城を一時には陥れられないものと見て、内藤昌豊を留め、自身は信州高遠まで退いた。そこで三月謙信は永年の禍根を蔵する越中に攻め入り、富山城を奪還し、河田長親を留め、さらに神通川を渡って諸城を攻め、塩屋秋貞等を降した。とくに越中勢の中心は一向一揆であり、その中核は井波瑞泉寺と土山勝興寺（安養寺）であったから、謙信は瑞泉寺証心と和し、証心の弟を越後に、上田隼人を瑞泉寺に質として、四月越後に帰った。信玄が信濃と上野に出兵しようという報告があったためである。このように越中もまた、長尾能景以来数十年にわたる戦闘を続けながら、武田の信濃・上州からの脅威に阻まれて平定することができなかった。しかも上杉攻撃と見せかけて信玄は四月東三河に入り、足助《あすけ》城（愛知県加茂郡）・野田城（愛知県新城町）を手に入れ、二連木《にれんぎ》に徳川軍を破り、酒井忠次の吉田城（豊橋市）に迫まった。家康は浜松より来援して吉田城に入ったが、防備を固くして出撃しなかった。そこで信玄は近くの牛窪・長沢等を掠めて五月甲斐に帰った。

甲・相同盟の復活　翻って甲・相の関係を見ると両者は隣接する大国で、信玄の駿河進攻によって分裂したのであるが、駿河から遠江にかけて信玄の勢力下に入ってしまった以上、今川救援のために決戦することは無意味であった。また信玄の西上の望みは切なるものがあったが、北条氏は上洛の計画はなく、関東平定を念願としていた。両者は四つに組む必要はなかったのである。しかるに上杉と北条の同盟は氏康の没後急速に冷たくなっていた。すでに氏康の遺言でも、上杉との提携が頼み少なければこれを打ち切り、旧好を重んじて信玄と和睦するように説いていたので、氏政は機会を待って信玄と和を復しようとしていたという。しかも越相同盟の三条件のうち、養子（人質）問題は実子を実弟に代えて一応解決したが、同陣（統一軍事行動）は遠く離れたまま事情の違った両国ではできないことであった。領土割譲にいたっては、謙信は氏政が土地を割譲すれば出兵しようといい、氏政は出兵を待って実行するといい、一決できるものではなかった。後年謙信は氏政の罪を数え、「先年謙信一和の時、かくの如く数枚の誓詞を成し、翌年誓詞を翻し、剰え弟ニ候三郎（景虎）并代を限らず忠信仕り来たる遠山（康光）父子差し捨て、父氏康の遺言に背き、東将軍（藤氏）切腹させ申し、天道神慮筋目弁えず、法様ヲも知らず、親子兄弟の好みをも、誓詞の罰をも分別なし」（天正三年謙信願文）と憤慨している。この同盟に反対して佐竹・里見等が信玄に応じ、関東の動揺を大ならしめた点からすれば、謙信にとっても利益のある同盟でもなかったのである。

こうして北条氏政と武田信玄とは元亀二年十二月相互援助の盟約を結んだ。上野箕輪城の内藤昌豊（武田方）と厩橋城の北条《きたじょう》高広等（上杉方）が推進し、信玄の老臣跡部勝資に申し入れたのは、越・甲・相三国の和睦であったが、信玄は甲相同盟を成立させようという意見で、これを端緒として十二月二十七日に信玄と氏政との間に誓詞が交換されることになったのである。（元亀三）正月十七日北条氏政が由良成繁に報じたところによると、かつて上杉方より北条方に走り、越相盟約に活躍した由良氏のような部将に対しては、秘密のうちに事を運んだので、由良は面目を失い、不満を洩らした。そこでそれが余儀なき次第であり、北条一族や家老にも十二月二十七日にはじめて申し聞かしたほどであり、自分は旧冬より病気であったため報告がおくれたと氏政は弁解し、これを納得しないで氏政を敵にされても力及ばずと言っている（由良文書）。この講和の条件・内容は、関八州は北条領とし、武田方より干渉しないこと、但し前々から武田領である西上州は北条より手を出さないという不可侵協定を骨格とするものであった。そして北条より上杉は手切れの一札が送られ、上杉よりも「手切之一札」が北条に送られてきた。人質は氏政の弟の氏規と氏忠とが甲斐都留郡に送られ、今川氏真は伊豆早川より追放されて浜松の家康のもとに身を寄せることになった。

謙信はこの時、佐竹義重に攻められている小田守治を援けるため上野に出陣し、西上野の武田方の諸城を押さえていたが、厩橋城に越年したとき、信玄と氏政との和睦を聞いた。そして信玄が厩橋と沼田との連絡を絶ち、背後を脅かそうとしたため、元亀三年閏正月上野石倉城を破却し、一旦厩橋に帰り、さらに石倉付近に出陣した信玄と利根川を挟んで対陣したが、相互に決戦に及ぶ気もなく引き上げた。この信玄の出陣は越甲の和議が世評にのぼったため、ことさらに氏政との盟約の実を示そうとしたためであるが、三月にも謙信が利根川べりに砦を築いたということを聞いて無理に出馬している。このほか八月には葛山《かつらやま》衆（駿河）に命じて、関東出陣の侍は、所定の知行役のほかに、余分に人数を増し、長柄は三間、持槍は二間とし、立派な旗指物に、軍馬を選び、鉄砲を備えることを命じている。謙信との同盟よりも、信玄との盟約の方が、はるかに効果があることを氏政も認めたのであろうし、信玄はこれによって、西上の際の後顧の憂いを絶ったのである。

西上の準備　戦国大名には、将軍を擁し皇室を奉じて天下に号令しようとするものが少なくない。尼子晴久・今川義元・上杉謙信・武田信玄等がそれである。しかし織田信長がすでにそれを達成したからには、出師上洛は義昭と結んで信長を斥けることが直接の目的となってくる。元亀年間にこの壮挙をなし得るものは、武田・上杉両氏だけであったと言える。信玄が義昭に接近して行った時期は明らかではないが、元亀元年四月には、駿河山西で京著一万疋（百貫）の料所を将軍へ、五千疋をその近臣一色藤長に贈ることを約束している（榊原家所蔵文書）。しかしこれは勝頼の任官と義昭の偏諱拝領、及び北条・上杉両氏から幕府へ訴えられるのを阻止するためであって、西上の意図に出るものではなく、進献のことも、こののち実行されたようにも思われない。しかし義昭が地方有力大名を上洛させて、信長を牽制させようという策をめぐらしはじめると、信玄と謙信の和睦がまた義昭のデスク・プランとして画かれてくる。元亀三年五月義昭は、信玄が誓書をもって忠節を抽《ぬき》んでるという言上を聞き届け、天下静謐の策をめぐらすべきことを命じている。謙信の方へは織田信長・朝倉義景から和睦が説かれた。律気な謙信は一応和睦を考慮したようであるが、西上を念願とする信玄の同意は得られなかった。七月には謙信の重臣河田長親に宛てて将軍家内書が出され、信長も松井友閑等を越後に遣わし、「この節一和を遂げられ候ハでは余りに尽期無く候」と説いている。信長はこの際謙信をなだめて信玄に恩を売り、信玄の鋒先を緩和しようとしたのであり、信玄はまた義昭への接近を計り、西上の目的を果たそうとしているのである。まさに虚々実々の外交戦であった。

一体織田信長は上洛を志したときから、信玄には辞を低うし礼を厚くしてまじわった。美濃を経略すれば、信玄の所領である信濃の木曽と境を接するから、相互に誤解を生じ、争いを起こすことを恐れたのである。そこで信長は妹婿である美濃苗木の城主遠山友勝の女を養女として、四郎勝頼に娶わせた。その所生の子が信勝である。しかるにこの女性は産後なくなったので、信長はさらに信玄の六女お松御料人を嫡子信忠の妻とする約束をした。一方信玄も永禄十二年興津で氏政と家康に挟撃されて窮地に立ったとき、「信玄事は只今信長を憑むの外、又味方無く候。此時聊も信長疎略に於ては、信玄滅亡疑無く候」(古今消息集)とまで言っている。氏政と和睦したのち、元亀三年正月、信玄は信長の祐筆武井夕庵にあてて「縦《たと》い扶桑国過半手の裏に属し候共、何之宿意を以て信長へ疎遠を存ずべく候哉」といい、家康等佞者の讒言に油断信用なく、近日謙信が「甲・相・越三国の和睦専ら悃望し候。然りと雖も存ずる旨候の間、許容致さず候」と報告している。このように信玄は信長に義昭との間を執り持たせ、しかも西上を計画し、裏ではたがいに排斥し、信長も家康と盟約し、謙信ともひそかに結んで、信玄を牽制していたのである。

ところで信玄の西上をもっとも待望していたものは石山の本願寺であった。当時本願寺は反信長陣営の中心にあり、近江・越前・伊勢など各地の門徒が蜂起して信長と抗争し、信長またしばしば石山本願寺を攻撃したから、本願寺顕如は遠く信玄と通じていた。顕如の妻は三条公頼の女でその姉は信玄の妻であったし、信玄の次男竜芳は真宗僧侶であった。信玄が北信を占領したときは、多くの真宗寺院・道場が越後に亡命したと伝えられるが、これは高梨・井上・長沼など上杉与力の国侍と関係の深い坊主たちで、倉科《くらしな》本誓寺・松本正行寺・白鳥康楽寺・須坂勝善寺等真宗古刹は、依然信濃に繁栄していた。元亀元年九月に信長に戦端を開いた顕如は、長延寺（実了師慶）を甲府に遣わし、関東鎮定を祝うとともに、信長との対戦の有様を報告している。元亀三年正月、信長が本願寺に迫まろうとする風評があったので、顕如は信玄に信長の背後を脅かすように依頼している（顕如上人御書札案留）。何年かは分からないが、このころ八月義昭は、信長と顕如との間を信玄に調停させようとし、信玄は顕如に講和が妥当と思うが承諾するかどうかを問い合わせている。このように信玄と本願寺とは深く結託していたのである。元亀三年三月、信州更級郡氷鉋村唯念寺門徒十七名は「今般御本山に対し、織田信長公反逆を企て候儀に付き」、上坂して籠城し、軍令に背かず子々孫々にまで当流安心を相続するという誓詞を入れている（唯念寺文書）。文体・用語ともに元亀年間のものと思われず、すこぶる疑わしいものであるが、信玄占領下の地域から石山合戦に参加していることは認めてよいのではないかと思われる。それが可能であった背後には武田と本願寺の提携の存在することを考慮に入れなければならない。

　このような関係から信玄は謙信を牽制するために、しばしば加越能の一向一揆を利用した。北陸門徒の中心は加賀金沢御堂（金沢大学構内）であるが、後年ここの青侍杉浦壱岐法橋宛の（天正三年）四月二十六日付武田勝頼書状には「不図《ふと》当表（三河表）出馬、三州足助《あすけ》城を始めとして、近辺の敵城或は攻落し、或は自落し」たとし「此上三・尾国中へ乱入せしめ、是非を決すべく候。此処畢竟織田上洛の上、大坂へ取り懸かり候由に候条、後詰第一の行《てだて》に候」と海道進撃は大坂本願寺の援護のためであると述べている。さらに「当夏秋の間、輝虎越中に向かい干戈を動かさば、無二越後に至り働きを成すべく候」「加越両州の人数相催され、用捨なく防戦を遂ぐべき義専要に候」と、謙信越中出馬の暁は、勝頼も越後に侵入するからと加賀・越中・越前の一揆の奮戦を期待している（加能古文書）。元亀三年に謙信が越中に出馬しようとしたときにも、顕如は次のような書状を信玄に送って越中一揆を援助させようとした。

長尾事、当春越中表出馬すべき由、其の聞こえ候。仍って椎名（康胤）身上の儀、別して御扶助の事に候。なお以て貴意を加えらるるに於ては、此方本望に候。様躰、長延寺・竜雲斎申し伸ぶべく候。委細上野法眼啓し入るべく候。
（元亀三年）正月十四日
徳（信玄）栄軒
（顕如上人御書札案留）

越中松倉城の椎名康胤が、顕如及び信玄と結ぶ一向一揆側の大立物であったのである。

この年謙信が関東にあったため、井波瑞泉寺・土山勝興寺を中心に一向一揆が越中に起こり、杉浦壱岐法橋は加賀門徒を率いて越中に入り、河上五位庄に陣した。日宮城にあった神保覚広等は新庄城の越将鯵坂長実に援助を求め、長実は天神山城の長尾景直に報じ、春日山への注進と援軍・弾薬を請求した。しかし圧倒的に優勢な一揆のために、越軍は五福山（婦負郡長沢郷）に敗れ、日宮城も奪われてしまった。言うまでもなく信玄西上に呼応して、謙信を牽制するための動きである。謙信はまず直江景綱を遣わし、河田長親・鯵坂長実等を援け、六月十五日から能化衆に摩利支天法を修せしめ、衆僧に尊勝陀羅尼・千手陀羅尼を転読させ、加賀・越中の凶徒退散と越中・信州・関東・越後謙信分国の無事安全・長久堅固を祈った。そして厩橋城の守りを固め、八月越中の新庄城に入った。富山城との距離わずかに四キロばかりのところである。このとき織田信長の軍勢が上口《かみぐち》近江を圧迫しつつあったが、杉浦壱岐は金沢御堂の坪坂伯耆・宇津呂丹波・川那部佐次右衛門・岸新右衛門等に、近江救援を中止して、「一騎二騎宛成共早々掛(駈)け付けらるべき事肝要たるべし」と報じている（寸錦雑録）。九月十七日には飛驒の江馬輝盛が参陣したが、この日未明より一揆は退散しはじめ、富山城も奪取することができ、十月には椎名以下の国人も降服するにいたった。しかし翌天正元年正月謙信が越後に帰ろうとすると、一向宗徒はまた富山城を恢復し、謙信も引き返してこれを討つという果てしなき泥試合になってきた。そこで謙信は神通川以東をほぼ確保し、河田長親を松倉城に置いて采配を振らせることとし、四月関東に向かうため一応国へ帰った。実はこのときすでに信玄は没していたのである。

さらに信玄は佐竹義重・簗田晴助・里見義弘等関東の反北条勢力とも深く連携し、謙信および北条氏政を牽制させていた。飛驒では江馬輝盛が謙信方であったので、元亀三年木曾義昌の将山村良利を侵入させ、これを経略し、信長の本拠である美濃を制しようとしている。また石山本願寺との関係から、伊勢の長島一揆の中心である願証寺・長円寺と連絡をとるとともに、旧勢力たる国司北畠具教やその残党とも握手していたし、大和志貴山の松永久秀や延暦寺・園城寺から浅井長政・朝倉義景、美濃郡上《ぐじよう》の遠藤加賀守などにも通じていた。とくに美濃では守護であった土岐氏の一流四郎頼次を教唆し、元亀三年八月松永久秀のもとから密かに美濃に帰らせ挙兵させようとまでしている。レーニンの封印列車の先駆とも言うべきであろうか。ともかく信玄の西上にあたっては、摂津・山城・大和・伊勢から北陸・濃飛・東海・関東に及ぶ「大環円」（渡辺世祐博士「武田信玄の経綸と修養」）を作り上げ、信長・家康を挟撃しようとする雄大な体制が周到に準備されていたのである。信長の畏怖したのも当然のことであった。

大遠征　元亀三年九月二十九日、信玄はまず山県昌景を先発させ、伊那谷を経て東三河に侵入させた。そして信玄自身は氏政の援軍とともに十月三日甲府を発し、遠江に向かった。当初十月朔日に出発の予定であったが、当時越中在陣中の上杉謙信に対する防備と、自身病気であったために遅れたものである。同盟者浅井長政父子には次のように報じている。

只今出馬し候。此の上は猶予なく行《てだて》に及ぶべく候。八幡大菩薩・富士浅間大菩薩・氏神新羅大明神照覧あれ、偽りに非ず候。義景に相談ぜられ、此の時運を開かるべき行《てだて》尤に候。恐々謹言。

（元亀三年）十月三日　　信玄

浅井下野守（久政）殿

同　備前守（長政）殿

（南行雑録）

このように神明に誓って急速に進撃した信玄は、遠江乾城主天野宮内右衛門を案内者にして、飯田城を降し、二俣街道を南下して久能城に迫まった。徳川家康は十三日大久保忠世・本多忠勝・内藤信成等を見付《みつけ》に派遣したが、彼等は信長の援軍を待って決戦するのが妥当と考え、全軍は一言坂《ひとことざか》で武田軍の追撃をふり切って浜松に帰った。そこで信玄は馬場信春に浜松方面を警戒させ、自ら主力部隊を率いて天竜川上流の磐田郡野辺付近に移動し、武田勝頼・同信豊・穴山信君等に二俣城を攻撃させた。二俣城は水の手を断たれて十二月十九日落城し、信玄は天竜川を渡って姫街道を三方ケ原の台地にいたり、二十二日祝田《ほうだ》の坂上に休止した。三河を突くと見せて、浜松城の主力を誘い出す作戦である。浜松城には佐久間信盛の指揮する平手汎秀《ひろひで》・滝川一益・水野信元等織田の援軍がいたが、信玄西進の報告を得た家康は城を出てこれを追撃することに決した。この日の薄暮、家康は祝田の坂上にある甲軍に攻撃を加え、三方ケ原の戦となったが、徳川＝織田の連合軍の大敗となり、家康は三百余人を討たれて浜松城へ逃げ込み、平手汎秀も戦死した。信玄は浜松を突かず西進し、刑部《おさかべ》（引佐郡細江町）で越年し、翌天正元年正月十一日進んで豊川の右岸の三河野田城（愛知県新城町）を攻囲した。野田城には菅沼定盈《さだみつ》が家康の援将松平忠正や部下四百と守っていたが、急を家康に告げ、家康は三河吉田（豊橋市）に陣して野田を望んだが手の施しようがなかった。包囲軍は地道を鑿って井泉を断ち、給水を阻止する戦法をとった。山国甲斐の採掘師たちが技術を発揮したのであろう。

一方信玄に先発して三河に侵入した山県昌景の軍は各地の城を降し、長篠にいたり、軍を分けて野田城下町を焼き、井平を侵して家康を牽制しつつ信玄の本隊に合流した。また別動隊である秋山信友は春近衆・岩村衆・高遠衆ら信濃勢を率いて伊那口から美濃に侵入、十一月岩村城を陥れた。城主遠山友通の妻は信長の叔母で、信長の末子勝長が養子になっていたが、信友はこの女性を妻とし勝長を甲斐に送った。ついで明智城に遠山景行を攻めて殺し、本隊と呼応して、家康・信長の領国を攪乱した。信長はこの年七月近江小谷山に浅井長政を攻め、来援した朝倉義景一万五千の兵と対陣していた。秋山信友が東美濃に侵入すると、伊勢長島を本拠とする濃・尾・勢の本願寺門徒も岐阜を脅かそうとする形勢となり、ために信長は小谷への防備を強化して十二月三日岐阜に帰った。このように信長もまた信玄の大包囲作戦の下で、きわめて困難な立場に追い込まれたのである。

しかるに朝倉義景は織田軍の陣地を突破して浅井氏を救い、遠く信玄に呼応して東進する方策をとらないで、信長が江北を引きあげると越前に引き返してしまった。信玄の西上計画はこのため有力な一角が崩れたわけで、義景帰国に驚いた信玄は、十二月二十八日、三方ケ原の大勝を報じ、「御手の衆過半帰国の由、驚き入り候。おのおの兵を労すること勿論に候。然りと雖も此の節信長滅亡の時刻到来候処、唯今寛宥の御備、労して功無く候歟」とさらに出兵を促している（伊能文書）。

重囲に陥った野田城は、菅沼定盈が身を以て城兵を助けんことを請い、信玄はこれを許して二月落城した。このときも信玄は義昭のもとにいる東芳軒（常在）に義景の出兵を説いている。信玄西上をもっとも待望する本願寺顕如も遠・三・尾・濃の門徒に指令して信長に反抗させ、江北十か寺に浅井を援けさせ、加賀・越中門徒に謙信を越中に釘付けさせて義景の江北出陣を求めている。しかし消極的な義景はついに出陣せず、長蛇を逸して自らも滅亡して行ったのである。

一方上杉謙信と織田信長とは、遠く隔っているために、さほど深い交渉はなかった。しかし信玄西上に対抗するため、急速に両者は結びつくことになった。徳川家康がすでに謙信と同盟を結んでおり、謙信も信長も本願寺を敵とする関係において結合は必然であったと言える。元亀三年十一月信長は信玄と断交し、謙信の老臣直江景綱を経て相互軍事援助の誓約を結び、人質として信長の子息を越後に遣わすことになった。相質つまり人質交換ではないから、信長の方が低姿勢であったわけである。十一月二十日誓詞が交換されたが、信長は謙信の使者長《ちょう》景連の眼前で牛王《ごおう》を翻えし血判を押した。そして謙信が越中を引き上げ、信濃・上野に出兵して信玄の背後を衝くことを依頼したが、三方ケ原の戦でこの信長の計画は崩れ去ったわけである。

ただし信玄にとって朝倉義景が予想外の行動をしたように、信長にとって謙信もよき協力者ではなかった。謙信は久しく朝倉と結んでおり、朝倉からは浅井長政の身上のことにつき謙信にとりなしを頼んできていた。天正元年三月、謙信は、信玄滅亡の際は長政のことは信長の存分に任すと了承したが、朝倉の処分について両者の意見が一致するとは考えられない。またこれと同時に謙信は延暦寺の再興を信長にすすめているが、先年叡山を焼いた信長にとって、大敵を眼前にしてあまりにも迂遠な条件と考えられたことであろう。こうした神明の加護という点にも、畿内の厳しい現実に立たされた信長と、僻遠の北越にある地方大名との意識の隔たり、ひいては国内制覇の実力の差異がうかがわれることと思う。しかも謙信が崇敬してやまなかった将軍家にしても、義昭は信玄の三河侵入に策応して、近江石山・今堅田に城を設け、天正元年兵を挙げて信長に対抗させた。しかしこの挙兵は義昭の過信によるもので、二月石山・今堅田は敗れ、信玄が野田城攻略後しばらく西進しなかったのに乗じて、信長自身岐阜を発して上洛し、四月六日義昭を二条城に囲み、勅命を奉じて和平し岐阜に帰ってしまった。この帰途六角承禎の籠る近江鯰江城を包囲し、これに兵糧を送った百済寺を焼き討ちしている。信長の既成勢力を突きくずすものは、もはや畿内やその周辺には存在しなかったのである。しかも信玄の病死によって甲信の遠征軍は故国に帰り、信長の地位は決定的なものになってしまった。

信玄の死　信玄は野田城攻囲中、すでに重態になっていた。そこで長篠に引き返し、さらに十六日鳳来寺に移って療養したが、快方に向かわなかったので、一旦甲府に帰ることとし、信濃の駒場《こまんば》にいたってついに没した。ときに天正元年四月十二日、信玄は五十三歳で官は大膳大夫《だいぜんのだいぶ》、位は従四位下であった。法名は恵林寺殿機山玄公大居士である。

信玄の死因については、それが影響するところ大きかったため、古くから次のような説がある。

第一は野田城に伊勢芳休という笛の上手なものがいて、毎夜城壁で吹いていたが、信玄も笛が好きで城外でこれを聴いていたところ、城中から信玄を狙撃したというものである（武徳編年集成）。

第二は野田城落城の時、退散する城兵が信玄の陣営に向かって発砲し、ために信玄が傷ついたというものである（松平記）。いずれも徳川方に伝えられたものであることが注目されるであろう。

ところが一族の御宿《みしゅく》大監物信綱が小山田信茂に宛てた申状によると、信玄はかねて「肺肝の病患に苦しみ、忽ち腹心に萠し」ていた。このため医薬の術を尽くしたが、「業病更に癒えず、日を追うて病枕に沈む」という状態となった。癌から腹膜炎になったのではないであろうか。駒場で嫡子勝頼を枕頭に招き、「我三戸の小国を以て、隣国他郡を攻め伏し」、一事として宿望の果たさざるものはないが、ただ「旌旗を帝都に挙げざる儀、妄執の随一なり、信玄亡命の由露顕せば、当方の怨讎時節を窺がい、蜂起すべきや必せり。三四星霜の間」喪を秘し、国内防備を固め、士卒を撫育して、一度花洛に責め上ぼることができれば、たとえ死んでも「歓喜たるべし」と遺誡して斃れたという。これが信玄の死の実相であろう。しかし徳川方では野田城攻囲中に信玄を狙撃し、これがもとで信玄が病死したという伝説が大切に伝えられたのである。野田城将菅沼定盈の子孫が貞享元（一七八四）年幕府に提出した『貞享書上』にもこの伝説が載せてあり、愛知県南設楽《しだら》郡新城町の菅沼氏はそのとき使用したという鉄砲を所持しておられる。

さて信玄の遺骸は、遺言によって甲府躑躅ケ崎に塗籠の中の壺中に納め、三年後の天正四年四月十五日これを取り出して棺に入れ、翌日恵林寺で葬儀を営んだ。このように信玄の死は秘密にされたが、二週間もたたないうちに噂は敵方にも流布された。四月二十五日飛騨の江馬輝盛の臣河上中務丞富信が富山城の越将河田長親に宛てた書状には「信玄の儀、甲州へ御納馬候。然る間御煩いの由に候。又死去成され候とも申し候。如何不審に存知候」と巷説の実否は分かり兼ねるがという但し書き付きで注進されている。織田方も甲州征討の陣触れをしたという風評が記されているから、信玄病死の噂はかなり拡まっていたと考えられる。勿論あれほどの大遠征が突如中止され撤兵となったのであるから、誰しも疑問のないはずはなかったであろう。四月晦日には河田長親から謙信の老臣吉江資堅にあてて、濃州・遠州へ出したスパイの「脚力」の報告によると、「信玄遠行必定の由、穏便ならず申し廻る由に候。如何様煩いの儀は疑いなく存じ奉り候」と言っている。信玄の死の噂でもち切りであるが、少なくとも病気であることは確かであるというのである。

喪を秘すということは、世間には病気と言い触らしたことであって、家督は勝頼が相続していた。七月十四日北条氏政は長延寺師慶に、勝頼相続によりこれと同盟の誓書を交換したいと申し送っている。本願寺顕如も九月二十一日勝頼に家督相続を賀しているが、同時になき信玄にも祝賀の書状と礼物を贈るのを忘れてはいなかった。使者を迎えた武田側も苦しい芝居をしたに相違ない。信長もまた九月七日付で毛利輝元・小早川隆景に信玄病死を告げている。秘喪三年はさして実効もなく、徳川家康は戦陣の間に病死の実否を確かめようとして、駿河や東三河に攻め入り、長篠を破り作手を降し、山家三方を招き、武田に属する諸城を攻めたてていた。

上杉謙信は信玄の病死を河田長親の報告があるまでは知らなかった。四月二十四日にも小田守治に宛てて、信長・家康とともに信玄を滅ぼし、北条氏政を蹴倒そうと報じている。彼が信玄の死を確認したのは六月に入ってからで、上野白井城の長尾憲景に「信玄果て候儀必然に候」と言い、家康・信長も駿河へ乱入するであろうし、「其方本意も漸く近付き」、「越中口日を追い存分の儘に候」と喜こんでいる。信玄に妨げられて果たさなかった関東と加越の平定が、ようやく見通しが明るくなってきたからである。しかし軍記や近世の所伝では、好敵手を失った謙信は、湯漬の箸を捨て飯を吐出し、「さてさて残り多き大将を殺したるものかな。英雄・人傑とは、この信玄をこそ言はめ。関東の弓矢柱なくなり、惜しきことなり」とはらはらと落涙し、三日間越後府中の武士の家の音曲を禁じたと伝えられる。勿論太平の世の武士道物語であって、戦国の世では得たりと軍事行動に移ったのも当然であった。

二　謙信の征戦

越中平定　謙信が意の如く関東や信濃を征することができなかったのは、信玄が越中の武士や一向一揆を味方にして背後を脅かしたからである。しかるに元亀四（一五七三）年四月信玄が病没し、武田家の懸命の偽装にもかかわらず、次第に真相が知られてくると、織田・徳川・上杉の連合軍は各地で攻勢に転じた。七月二十三日越中派遣軍の村上国清は、吉江資堅に、飛騨の江馬輝盛の報告に基づき、信長が将軍義昭を大和へ追放し、家康が駿河に乱入し「信玄死去必定」であることを注進し、信長と朝倉義景の和談と信玄死去が加賀一向一揆の方で下々まで評判になり、恐慌を来たしていると言っている（吉江文書）。朝倉は一向一揆との対抗上、謙信と結んでいたものであるが、義昭の斡旋で一揆と和睦し、信長と対抗関係にあったものであるから、織田・朝倉の和平は加賀一揆の背後をつくものとなるわけで、信玄死去とともに北国一向一揆にとって破局的事態がやって来たということになる。そこで謙信は七月越中に出陣して、国中平定の宿望を果たすことができた。

およそ越中の本願寺教団は井波瑞泉寺に発し、蓮如の北国巡錫によって飛躍的発展をとげた。とくに加賀に近い砺波《となみ》郡には精悍な農山村門徒団があり、文明十三（一四八一）年には石黒光義等に対して土一揆を起こし、永正三（一五〇六）年には富樫氏から権力を奪った加賀門徒とともに、畠山尚順の依頼で出撃してきた長尾能景を討ち取った。このような情勢から神保・石黒等越中国侍や能登守護畠山氏までも瑞泉寺・勝興寺（安養寺）に好みを通じ、一向宗徒と協調するにいたり、社会的軍事的勢力として上杉氏西征の一大障害となっていた。

永禄初年には富山城及び増山城の神保長職《ながもと》（宗晶）と松倉城および金山城の椎名康胤とが、おのおの近隣の小領主を従えて、対抗していた。椎名氏は能景・為景・謙信と長尾上杉家三代にわたる与党で、謙信の従弟長尾小四郎景直は康胤の養子となっていた。守護代の神保氏は一向一揆の攻勢に直面し、惣領慶宗は一揆側につき、為景に攻められて敗死したが、その跡をついだ弟慶明等も、遠い長尾氏の援けをあてにして、本願寺門徒の禁圧を強行することはできなかった。「富山之記」（山田孝雄著

「典籍雑攷」付録）には、富山の神保越前守がその館を襲った加賀一揆を討ち、「追い懸け追い廻《は》め追い崩し切り伏せり。截り捨て数千人頭を掻き剗《き》って息《とどめ》を刺し、或は高手小手に搦め取って健《したたか》拷問に所せられし者の囚《めしうど》有り。或は廻文を見出し打鍛えらるる者の囚あり。其外擒《いけどら》れ人黍《びといくら》も夥し」とあるような鎮圧を行ない、そののち「西郡の人夫を以て、弥《いよいよ》堀を鑿り、築地を築き城郭を拵へ名城と謂うべきのみ」と富山城の構築が記されている。しかし永正十八（一五二一）年長尾為景の越中平定の際の遊佐秀盛（畠山義総の守護代）の条書（上杉家文書）にも、「賀州三ケ寺（本泉寺・松岡寺・光教寺）へ御等閑あるべからず」とあり、越中平定とは反長尾勢力の討滅ではあっても、本願寺教団の覆滅ではなく、むしろそれとの提携であった。従って神保氏は、椎名氏が上杉氏を後楯としたのに対して、一向一揆や本願寺に接近して行ったといえる。信玄は謙信との衝突が避けられないと見るとここに着目し、その同盟者北条氏康に一向宗禁制を解除させる好餌をもって本願寺を味方にし、瑞泉寺・勝興寺等北国門徒に神保氏を援けさせ、謙信の虚をつかせようとしたのである。

　永禄三（一五六〇）年、椎名と神保とが戦うと、謙信は長駆して富山城を陥れ、神保長職を追撃して増山城も手に入れた。翌四年川中島決戦をひかえた謙信は、越中に対して春日山の守りを固め、芦名盛氏・大宝寺晴時の援軍を府内に置き、非常の際は能生《のう》・名立《なだち》の線を守備することとし、越中魚津《うおづ》城を前線基地にして河田長親を、その他の諸城には長尾景直・鯵坂《あじさか》長実・三本寺《さんぼんじ》孝長・庄田隼人・川隅三郎左衛門等を駐在させ、越中国人からは人質を徴していた。川中島の激戦はこのように後顧の憂いを絶って行なわれたのである。

永禄九年足利義昭によって甲越相一和がはかられ、謙信の上洛が促されると、その加賀進攻が噂され、本願寺顕如の請いによって甲軍の信越国境への牽制作戦がなされた（顕如上人御書札案留）。「越登賀三州志」は謙信が増山城に神保氏春を攻めたとしているが、文献に謙信出陣を示すものはない。神保氏没落のあと、依然長尾＝椎名連合が越中を制していたのであろう。しかるに永禄十一年甲・駿が事を構えるや、越相三から挟撃された信玄は、巧みな外交によって椎名氏を誘うことに成功した。滔々と東に伸展する本願寺門徒の勢力の前に、椎名康胤はこれと結び、武田氏を後楯に越中の統一と独立を図ったのであろう。憤激した謙信は三月金山城に康胤を攻めたが、信玄の密使長延寺実了（真宗僧侶）は本願寺門主の内意として康胤援助を越中寺院・門徒に説き、信玄の越後攻撃・本庄繁長の叛乱で、ついに越軍の後退を見るにいたった。

翌永禄十二年甲相連合が成立すると、八月謙信は境川を渡り、金山城の根小屋（城下の居宅）を焼き払い、松倉城を巣城（孤立した城）にした。しかし滞陣八十日に及ぶも所期の成果を得られず、上野に出兵した信玄に対処するため、疲弊した人馬を率いて越山しなければならなかった。河田長親の守る富山城も間もなく一向一揆に奪われたようである。

元亀二（一五七二）年三月、謙信はまた越中に入り、富山城を奪還し、椎名軍の主力を破り、瑞泉寺と一応和睦したが、翌三年信玄の西上準備に呼応して瑞泉寺・勝興寺は加賀門徒の援を得て挙兵した。椎名の影は薄くなったが、北国本願寺教団が謙信の前面に立ち上がったのである。金沢御堂の青侍杉浦壱岐法橋が加賀衆を率いて越中河上・五位庄に陣し、謙信は直江景綱等を派遣したが、その到着する以前越軍は五福山《（呉浦）》（婦負郡長沢郷）つづいて神通川渡し場に大敗し、富山城や日宮城も門徒軍の手に落ちた。そこで謙信は決戦正面を越中に求め、翌四年正月富山城を奪い椎名康胤を屈服させたが、帰国しようとするとまた一揆に取り返され、神通川をはさんで対戦が続けられた。しかも椎名浪人が越後海岸を脅したため、境（下新川郡）・市振・たりの木（西頸城郡玉の木）・宮崎（下新川郡）の地下人に槍・小旗を用意させ、敵船が近づけば襲うように命じ、越軍には鉄砲を用意させねばならなかった。

このようなときに信玄の死が確認されたのである。この七月謙信は椎名・神保を服属させて越中を平定し、進んで加・越国境に迫ろうとしていた。謙信が河田長親の部将山田修理進に与えた書状によると、本願寺・加賀一揆・朝倉などは将軍の命を力にしているが、将軍が信長に追放せられた以上、大坂（本願寺）も追いこまれ、加賀一揆討伐の好機でもあると言っている。朝倉義景を滅した信長も、八月二十日、謙信に越中より加賀への進攻を勧めている。このときすでに信長は越前豊原にあり、稲葉一鉄・明智光秀・羽柴秀吉・細川藤孝に南加賀の能美《のみ》・江沼二郡を占領させており、檜屋《ひのや》・大聖《だいしょう》寺《じ》の二城に守兵を置いていた。謙信はこの信長の目覚ましい北進に焦慮し、八月十日加越国境の朝日の要害を攻撃し、加賀進入の宿願を果たそうとした。しかし追いつめられた加賀一揆は、総力をあげてこれに抗し、鉄砲をそろえて越軍を悩ました。鉄砲の知識に乏しい越軍は、謙信の制止も聞かず弾丸のなかを馳せ廻り、柿崎源三も足を射たれ、十六歳の吉江与次（景泰）などはあまりに危険を冒すので、謙信のために引き戻され押し込められてしまった。死なせては両親に申し訳ないと考えたからで、謙信の面目躍如たる指揮ぶりである（中条家文書）。

しかし謙信は北条氏政の上野進出で関東の風雲急を告げるということもあり、一向一揆も早急に撃破できなかったので、ともかく加賀一揆と和睦して八月二十一日帰国した。しかし九月になると、信玄死亡のためか、礪知谷（西頸城郡）方面の武田軍は退却し、危機はひとまず去り、しかも越中門徒は増山城の神保惣右衛門尉とともに九月五日越後方の神保民部大輔を攻め殺し、椎名右衛門大夫（康胤）を攻撃したので、重ねて越中に出馬した。謙信は諸要害を陥れ、神保惣右衛門尉も能登の畠山氏にすがって降を請うにいたったので、十二月帰府し、ただちに関東に馳せ向かった（歴代古案六）。そこで加賀一向一揆は、翌天正二（一五七四）年、南下して織田軍占領地を奪回し、越前を占領して守護代下間頼照のもとに各地に要害を構えた。信長は伊勢長島一揆を討滅し、翌三年八月十五日一斉に越前に進攻して一向一揆を潰走させ、さらに北進して加賀に侵入した。ここに於て加賀・能登は、椎名・神保・一向一揆等中間勢力が瓦解したため、上杉・織田の二大勢力の接触するところとなり、両勢力の拮抗と越尾同盟の破裂を招くことになるのである。

加賀一向衆の混乱　謙信の西進と信長の北進により、百年来「百姓の持ちたる国」として本願寺門徒の支配した一揆国加賀も風前の灯の運命となった。いわゆる一向一揆は在地領主と村落の老百姓《おとな》を含む長衆《おとな》を基幹としており、兵農分離つまり、惣百姓による村落共同体の形成と領主層の統合が進んでくると、内部から解体すべき必然性をもっていた。そしてその中心は金沢御堂であったが、当時それは旗本衆つまり小領主層と大坊主衆とが、本願寺から派遣された門主の代官たる役者（青侍）を中心にして寄合いで運営されていた。そこで集団指導制の弱点からも御堂内部に意見の相違が顕著となり、元亀三年の謙信出陣のとき、杉浦壱岐は一揆の主力を越中に向けようとして、朝倉・浅井を救援しようとする金沢御堂主流派と対立している。天正二年一向一揆が越前を占領したときは、杉浦は北辺防衛の強化を主張したためか、ついに七里三河・坪坂伯耆・下間筑後等主流派から金沢に追い帰され、翌年殺されてしまった（勝授寺文書）。この年武田勝頼は大軍を率いて西上の途につき、杉浦紀伊守にあてて謙信の牽制を依頼しているから、彼の死は反上杉派の没落へとつながるものと言えよう。こうした内部抗争にあたって、上杉・織田の不和が生じ、足利義昭＝本願寺が信長討伐のため謙信と毛利氏とを誘ったのであるから、混乱はますます甚だしくならざるを得ないのである。

天正三年五月武田勝頼を長篠に破った信長は、八月越前を平定しついで加賀に侵入し、湊川（手取川）縁《べり》まで放火した。加賀北二郡（河北郡石川郡）の旗本・組衆は「おのおの粉骨を竭《つく》し、形の如く御本意の姿」に御堂を防衛し、本願寺では七里三河頼周を「御上使」として下向させた。信長には加藤藤兵衛（牛首）柴山八郎右衛門（柴山）などの一向衆も奉公し、湊川を越えることもできたかも知れないが、一つは謙信を刺戟しないために、また謙信と一揆を争わせて消耗させるためにも、北二郡という緩衝地帯を設定して置いたものであろう。

一方越前での大虐殺から身を以て逃れた越前門徒や加賀門徒は、織田の勇兵を独力で防ぎ切れるものでないことを痛感し、怨みを捨てて謙信の出馬を乞うにいたった。九月八日には越前北庄総老・土蔵能勝・河島次正・石場総老・小木吉連・印牧正秀・木田総老・原義親等長衆は河田長親に書を送って「還国の望」を述べ、出陣の際は案内すると言っている（歴代古集）。この文中に「賀州の諸侍中よりも連署を以て、御出馬の儀申し入れらるるの由、目出度珍重に存じ奉り候」とあるから、旗本衆も上杉方に傾いたと見なされる。謙信と信長の盟約はまだ存続していたが、遠交近攻の戦国外交の原則からすれば、早晩崩れ去るべきものであった。しかも足利義昭はしきりに幕府再興を謙信に依頼し、本願寺顕如も浄興寺に命じて謙信の援を請わしめていたのである（浄興寺文書）。

信長は天正元年すでに毛利輝元の使者安国寺恵瓊に、関東に出馬して武田・上杉・北条等の凶徒を征伐すると語ったといわれ、また伊達輝宗に越前平定ののち「若狭・能登・加賀・越中皆以て分国として存分に属し侯」と報じている。いづれも外交上の誇張であるが、その企図は語るに落ちていると言える。しかし天正二年加賀一揆の越前占領などで一時苦境に立った彼は謙信の関東出陣の労を謝し、狩野永徳筆「洛中洛外図屛風」（上杉家所蔵）を贈った。この屛風は六曲一双の右半双に洛中から東山一帯、左半双に洛中・洛西・洛北方面を描いたもので、京都の内外の見るがままの風景、社寺・公武の邸宅・商家・貴紳士庶の生活・老若男女の風俗などが写されている。そしてこれは永禄七（一五四六）年までの京を描いているから、写生とすれば、信長入京以前に永徳自身が第三者か信長に贈ったもの、あるいは入京直後に永徳が贈ったものということになる。古図の模写とすれば、信長が自分の入京以前の都のありさまをわざと永徳に命じて描かせたということになる。謙信に贈与されたこと自体が、きわめて政治的であるから、この洛中洛外の風景には、なにかの政治的配慮が加えられているのかも知れない。この屏風には公武の邸宅や社寺の大建築の屋根が強調されて全体が整えられ、さらに濃彩と全面に配した金雲で華麗な装飾的効果をあげているとともに、貴賤老若男女千数百人のあらゆる生態を活写している。これを地方大名の謙信に贈った信長の胸奥には、すでに京洛を掌中にし天下統一を目指すことを誇示する気持があったのではあるまいか。戦国時代史の面白さはかかる外交上の懸引きにあるとも言える。また謙信と信長は武田勝頼の挟撃を約したが、信長の出兵がなかったため、謙信は山崎専柳斎（秀仙）を岐阜に遣わして信長を詰問した。この時信長は近畿多事のため甲信に出兵できなかったが、来秋九月上旬に甲信出兵の予定であり、大坂へは畿内の兵を、東国へは江・尾・濃・勢・三・遠の兵を向け、かつまた中傷を気にかけることのないようにと弁明している。しかし長篠の役・越前平定ののちは上杉家に対して強気になってきたのもまた当然であった。安土城の経営はその現われである。

信長の城地経営を見ると、彼は決して根拠地を一か所に固定しようとはしていない。その勢力の伸張につれて仮想敵が変わり、政略を変化させねばならないからである。彼は名古屋から清洲・小牧山・岐阜と次第に京都に近づいて行った。そして今や武田軍の主力を撃破した以上、東方の敵は顧慮する必要がなくなったわけで、最も警戒すべきは北国の上杉謙信の西上であった。安土は琵琶湖に面して北国・東海の咽喉を扼する地であり、しかも畿内・西国を制する土地である。京都よりもここに築城したことは、上杉と本願寺との連絡を遮断する意図があったことを明示すると言えよう。しかも越前北ノ庄（福井）に股肱の雄将柴田勝家を置き、浪人中の神保長住を抱えていたのであって、上杉の西上に対して万全の策が取られていたのである。

一方能登では天正二年七月、守護畠山義隆は殺され、幼児義春が七尾城主となっていたが、ここも末期的症状を呈していた。天正四年ごろ長《ちょう》対馬（続連）・三宅備後（長盛）等は信長に応じ、温井《ぬくい》備中（景隆）・長九郎左衛門（綱連）・遊佐四郎衛門（盛光）等は上杉に通じた。そこで謙信ははるかに毛利輝元と結んで信長と断交し、足利義昭の招きに応じて西上を決意するにいたった。三月、日宮城の神保長職の請いにより、謙信は甲州一味の守山城を討伐し（北徴遺文）、畠山義則を七尾城へ還住させるためまず越中に入った。しかし守山・湯山に取りかかろうとしたとき、六動寺川増水のため、三月二十五日放生津の陣を撤して越後に引き揚げざるを得なかった（北徴遺文）。

ところが五月足利義昭は上杉・武田・北条三氏の講和を計らせ、この趣旨によって上杉と本願寺との講和が成立した。謙信は加賀一向衆で反上杉派の奥政尭に書状と馬を贈り、加賀・越後の講和もでき上がったわけである。そこで本願寺は五月に四度目の兵をあげ、信長治下の越前でも二十四日一揆が起こった。前田利家は一揆千人ばかりを捕えて磔刑または釜ゆでの刑に処したという。この越前の危機を救うため、藤丸勝俊・奥政堯等旗本衆は二十八日謙信出馬の有無を尋ね、六月には謙信も「越・賀一和」の上、来る秋に上洛すべきことを小早川隆景に報じている。

しかし上杉と多年死闘してきた加賀一揆のなかには、上杉の被官化することを喜ばない武田系の勢力もあり、謙信の上洛に障害をなしていた。この年松任本誓寺と一身同体であった松任城主鏑木頼信は「逆意の子細」があると見なされ、金沢御堂の七里三河は能美郡山内衆を引き出してその館を攻撃させている。これは謙信南下に反対したためである。また北二郡は誓詞血判を以て門主の掟を守る申し合わせをしていたが、洲崎藤八郎景勝が「かの誓詞を相破り、諸事恣《ほしいまま》の条、衆中として成敗を致」すということになった。この誓詞が前年の天正三年になされたもので、織田と本願寺の第三次講和のときのものであることを考えれば、上杉・織田の両方を仮想敵とする「一味申合」であることは間違いない。しかも洲崎は景勝の実名から上杉に近い豪族と見られ、「諸事恣」とは上杉と結び織田と決戦しようとする急進的行為で反上杉派に殺されたと考えられる。

この年一向一揆の旗本衆は連署して七里三河を本願寺家老下間頼廉に告発しているが、これは七里が鏑木を逆意であると触れたのは、歴然たる謂《いわれ》なき企てであるし、七里下向以来加賀の要害の築造をひき延ばし、大敵を防ぐべき地の利をも用意しなかったためであった。あたかもこのとき、足利義昭は本願寺に命じ、加賀一揆を説諭して謙信を越前に出陣させようとしており、加賀側でも承諾していたので、明白な表現を取ってはいないが、上杉・織田の大敵に対する七里の無為無策を責めつつ、実は上杉謙信の通過を拒もうとしたのである。

七里三河は九月、吉江資堅に越中栂尾・増山両城陥落を祝し、謙信の出馬を待望する旨を述べ、ついで「春以来旗本身上種々異見せしめ候と雖も、同心なく、終に逆心相止まず」、「若し彼の遺恨押し埋められあるに於ては、御出馬の刻《きざみ》、必ずその妨をなすべし」と考え、「鏑木一城に責（攻）め寄せ、既に国中一統に罷り成」ったときに早速出勢されれば満足であると伝えている（吉江文書、河田文書）。しかしこの加賀一向衆の内訌は反織田連合の重大事であったため、謙信は本願寺顕如に事態の円満解決を要望し、本願寺からは下間頼純が下向して、鏑木・奥両氏の赦免ということで、一揆の諸将を鎮め、十一月これに成功して謙信上洛の準備が整うことになった。

霜満軍営秋気清　本願寺の挙兵に応じて謙信は九月ふたたび越中に入り、栂尾・増山を取り、飛州口に防塞を二か所造り、湯山を攻略した。ついで上杉・織田両氏に対して首鼠両端を持している能登七尾城に、柏崎妙楽寺を遣わして和親を求めた。しかし畠山の諸将は義春を擁して義則（永禄八年に七尾出奔）を忌避したため、謙信は征討を決意し、十月津幡・高松・一ノ宮を経て天神河原に営した。長綱連は笠師村（中島町）の番頭、長浦徳昌寺（中島町川崎）、潟崎上向寺、土川村の小森、吉田村の蒲左衛門等に土一揆を起こさせたが、上杉軍はこれを虐殺してしまった。しかし松尾山の七尾城は畠山氏累代の心血をそそいだ名城で、容易に抜くことができなかったので、謙信はまず国内鎮定にあたり、熊木城（中島町）に斎藤帯刀等、富木城に藍浦長門、穴水城に長沢筑前、甲山城に平子《たいらく》和泉等、正院城に長与市景連を配した。七尾城は今や孤立し、謙信も十二月勝興寺にあてて、「城中日を追い力無く候。落居疑あるべからず候歟」（寸錦雑録）と報じている。

謙信はこうして能登で越年し、加賀の紛争がまだ落着しないので、加賀進入の意を守山城の神保氏張に洩らしはしたが、五年三月北条氏政の来侵を聞いて帰国した。そこで長綱連等は逆襲に転じ、熊木城ついで富木城を奪還し穴水城に迫った。これを聞いた謙信は閏七月また西進して越中氷見に入り、十七日天神河原にいたった。長綱連は十六日穴水の囲みを解き、追いすがる越後兵を振り切って七尾に帰った。長沢筑前が熊木中島の常念寺（蓮浄寺）に五百苅と四十俵の地を与えたのは、この時の忠功によるものであろう（蓮浄寺文書写）。

このとき七尾城中では悪疫が流行し、二十三日には城主義春は五歳で病没、二十六日叔父二本松伊賀守が死に、士卒の病死するものも多く士気沮喪した。長綱連は弟連竜を信長のもとに遣わして援軍を求め、鳳至郡小伊勢村番頭等の一揆を催し、なお四十余日にわたって七尾城を固守した。しかし遊佐続光《つぐみつ》・温井景隆等は本来上杉に好みを通じていたから、九月十五日、織田派の筆頭長綱連の一族を殺して開城し、石動山《せきどう》にあった謙信は、河田長親・鯵坂長実に城を受理させた。ついで長沢筑前は珠洲郡松波城を攻めて松波義親（畠山一族）を殺し、能登平定を完了するにいたった。

謙信は信長の軍が七尾落城を知らず、金津口・串・塩沢・粟津口・御幸塚に七里三河を破り、十八日賀州湊川を越え数万騎で陣したのを聞いて、加賀に出陣した。そして七尾落城を聞いて撤退する織田軍を追って千余人を討ち取り、また洪水中の湊川（手取川）に追い落し、「此の如きの万々仕合、年来の信心歓喜」と喜こんでいる。これが謙信と信長との最初にして最後の会戦である。ついでまた能登に帰り二十六日七尾城修築の工を起こし、登城して四方を観望した。長尾和泉守（後世の加筆）（北条高広父子らしい）に報じたところによると、「聞き及び候に従う名地、賀能越金《（要）》目の地形と云い、要害山海相応じ、海頬島々の体迄も、絵像に写し難き景勝迄候」とその風光を賞でている。七尾城本丸から七尾湾を見下したものの、誰しも異存のないところであろう。

伝説によると謙信は九月十三日の明月に酒宴を催し、有名な「霜は軍営に満ちて秋気清し。数行の過雁月三更、越山併せ得たり能州の景。遮莫《さもあらばあれ》家郷の遠征を懐《おも》うは」の七絶の詩を賦したと言われる。この詩は頼山陽の「日本外史」に載せられて人口に膾炙し、史蹟七尾城は畠山氏の拠った名城というよりも、むしろこの詩のために名蹟となったとさえいわれる。しかしこれは頼山陽が添删したもので、「武辺噺聞書」その他の書物では次のようになっている。（括弧傍注は「常山紀談」）。

霜《（露）》満㆓軍営㆒秋気重　数行過雁月《（夜）》三更
越山併得能州景　任地家郷念㆓遠征㆒

およそ謙信は風雅を解した人であって、和歌を詠じたことは珍らしくないが、漢詩はこのほか一生涯に賦したものはない。詩を賦したことは一度もないと断言することはできないが、ただ九月十三夜は落城の二日前でもあり、本丸にのぼって風光を賞したのは二十六日であるから、この詩は後人の仮托であると見なしたほうがよさそうである。

　こうして謙信は島倉泰明・飯田与三右衛門等有功の士に知行を与え、遊佐続光・鯵坂長実等をして政令を発せしめ、能登を支配し加賀旗本衆を被官と化した。しかも畠山義隆の未亡人と幼児の面倒を見ることにし、北条高広に、「沙門の進退にて似合わず候えども（僧侶が縁談を持ち出したのでかくいう）、丹後守《（景広）》（高広の子）三十に成る迄足弱《（女性）》」がなく、謙信が口出しすれば父子とも迷惑と思い黙っていた。しかし義隆御台所は「京の三条殿の息女に候間、年頃も然るべく候かと思い、息をば身《（謙信）》の養子に置き、老母《（未亡人）》をば丹後守に申し合わすべし」と縁談をもちかけている。謙信に叛いたこともある北条氏であるが、それを戦国の習いと割り切って、兵馬の間に人情味のある世話ぶりを示すところ、いかにも謙信らしさの滲み出た逸話であると言える（歴代古案）。

　こうして翌天正六年正月には、芦名盛氏は謙信が能州・加州を入手して納馬したことを祝福している。謙信自身も二月十日には「能越賀存分の儘に申付け。越前も過半手に属し候」と広言し、この上は関左にいたり越山しようとして、先月十九日から陣触れしたと言っている。ただしこの書状は奥の末端が欠けているので宛名は分からないが、内容から太田資正あたりではないかと言われている。従ってこれは政略的な書状であるから、織田軍占領地の南加賀二郡や越前までも手に入れたような誇大な宣伝をしているのである。勿論これら地域の本願寺門徒を上杉方とすれば過半は実質上謙信に属していることにもなる。しかし前年の十二月二十三日、謙信が部将八十余人を注したときは、能登では長景連・遊佐続光・三宅長盛・同小三郎・温井景隆・平高知・西野隼人佑・畠山大隅守・同将監等多くの将士を挙げているが、加賀では下間侍従法橋坊（頼純）・七里三河法橋坊（頼周）・坪坂伯耆守等金沢坊役者のほか藤丸新介（勝俊）にすぎず、越前で全く注記するところがない。この藤丸新介は江沼郡作見の豪族であるが、当時は金沢坊に逃れていたのであるから、加賀能美郡以南には上杉氏の勢力は及んでいなかったのである。ただ本願寺と謙信が結んでいることは、北国農民が背後にあるということであり、これが謙信の強味でもあった。九月十日織田方の柴田勝家・滝川一益・丹羽長秀等四人が堀秀政にあてた書状にも、七尾からの飛脚が一人も来ないので不思議に思っていたところ、末森からの飛脚の話では「能州百姓共悉く謙信と一味を致すに付いて」、末森まで通行ができないと記している。謙信がさきには小笠原・村上・上杉憲政といった名族を援けて大きな長期消耗戦にふみこみ、いままた本願寺や足利義昭という権威と結んだことは、彼の大名意識の未熟さで、信長の中世的権威に対する否定的態度と好い対象となるのであるが、しかし数十万の農民門徒軍と提携し、信長軍を駆逐し、出羽・越後・佐渡・上野・越中・北信濃・飛驒・能登・北加賀を管したこの時点こそは、長尾上杉氏の最絶頂期と見なすべきものであった。

北国の巨星地に墜つ　謙信の勢力が伸張の極に達した時は、本願寺の命旦夕に迫った際であった。

そこで謙信は十月、明春雪融けを期して西上し、両家興亡の合戦をしようと信長に申し入れたところ、信長は扇一本腰にさし、降参して都へ案内しようと言ったので、謙信は信長の努力で取った天下を召し上げることもないから、信長は西国、謙信は東国を治め禁裡を守護しようと言ったという。勿論この話は「北越軍記」の説で信用できることではなく、信長は武田勝頼と謙信をともに討とうとしていた。しかし天正六年一月十九日の謙信の陣触れは率師西上のためではなく、結城晴朝がたびたび越山を催促したため、北陸平定の余威を駆って関東出馬を決意したものであった。二月九日にはこの出陣の命を受けて、越中の小島職鎮が徴集に応じており、河田長親・吉江景資は景資の名で越中諸士に触れ、承諾書をとっている。越中衆への陣触れの書状と一月二十八日の御書が二月九日に越中の吉江景資の手許についているから、小島職鎮は進発の命令書が到着するとただちに請書を提出したわけである。数年前まで謙信を悩ましつづけた越中の兵力は、いまや関東出兵に際して越軍を強化するものとなったのであった。

しかしこの「御陣用意」が単に関東出兵に終わるものかどうかは明らかではない。前年十二月謙信が記した管内将士八十余人には、関東属将を含まず、越後・越中・能登・加賀の将士であることから、関東を討って後顧の憂いを絶ち、しかるのちこれら総力を以て西上しようとしたのかも知れない。これら多数の将士を従えるに至った苦難の道は、さらに京都・本願寺へと続いていたのである。この年二月、謙信は蔵田五郎左衛門に命じ、京都から画工を召し寿像（明治二十一年焼失）を作製させた。

この寿像は謙信のなくなった日にでき上がったのであるが、その裏書をした清胤・澄舜は「兼て死期を知り給う歟、不可思議」としている。離俗出家して法体となり、寿像を画かせて高野山無量光院に納めようとしたのは、死を決して乾坤一擲の西上の途につくためであろうか、または関東平定を最後に遁世しようとしたものであるか、謙信以外には何人も知ることのできない謎と言わねばならない。

ともかく武田信玄・北条氏康とともに東国に雄飛した上杉謙信は、天正六年（戊寅）三月十三日未刻（午後二時）、春日山城に頓死した。享年四十九、不識院殿真光謙信と法諡した。

彼はその厭世的性格からして、さほど体質強健であったとは思われない。永禄八年、三十六歳のとき瘧《おこり》にかかり、左脚は風毒腫ができ、やがて回復したが、一生ちんばで終わった。瘧というのは急性関節炎か小児麻痺のことであろう。一生を合戦に明け暮れした武将ではあるが、天正四年より五年にかけてはとくに越・能・加に転戦し、身体の酷使と初老をすぎた年令から、相当の無理があったのであろう。天正六年二月頃から何となく不安の色があり、三月九日午の刻（十二時）厠で昏倒し人事不省となった。脳出血に襲われたのである。社寺への祈禱も名医の良薬も効なく、病床にあること五日、十三日ついに逝去したのである。太陽暦に換算すれば四月二十九日で脳溢血の多い時期でもあった。しかも謙信は酒好きで、しばしば大盃で痛飲したというから、これがその死を早めたのであろう。

その死因についても、厠の中で刺客に暗殺されたとか、その他色々の伝説がある。しかし養子景勝が小島六郎左衛門に宛てた書状に「去る十三日謙信不慮の虫気（中気）、執《と》り直られず、遠行、力落とし察せしめ候」とあるから、脳出血であることは間違いない。遺骸には甲冑を着せ、これを甕に納めて密閉し、十五日大乗寺良海を導師としてこれを葬った。これから二十年ののち、慶長三（一五九八）年、景勝は会津若松に移ったが、大乗寺・妙観院・宝幢寺は留まって謙信廟を守っていた。しかるに後任の堀秀治がしきりに廟墓移転を促したので、この年八月石榔を掘り起こし、甕棺を輿に納めて会津に移し、石榔小砂利まで余さず携行した。米沢移封のときも同地の御堂に奉安し、のち本丸の東南に祠堂を建て、三月十三日の命日には藩主の参拝がなされた。十三日に宴会をした豪農が隠居閉門に処せられ、またこの日情婦と鰻屋で酒を飲んだ侍が終身禁錮されるなど、藩祖謙信公の祭祀は米沢藩の重大事として三百年間にわたって続けられたのである。

また謙信は終生婦人を近づけず不犯であったから子供がなく、北条氏の人質景虎（元亀元年）と甥の景勝（天正四年）の二人を養子としていた。謙信の死後、遺言で景勝は中城より実城に移り、政権を握ったが、景虎は北条氏政および上杉憲政等の援を得て惣領を主張し、翌天正七年三月、いわゆる御館の乱となり、景勝は景虎と上杉憲政を討ち上杉の家督を相続した。この間、織田信長は着々とその勢力を伸ばし、天正六年四月つまり謙信の死の直後、旧富山城主で亡命していた神保長住（長職の子）を二条城に引見した。越中進撃の準備であることは言うまでもなく、これに飛驒国司姉小路頼綱・佐々成政等をつけて飛州口から越中に侵入、翌七年魚津・松倉・末森等を除き、成政はおおむね越中を平定して富山城に入った。

本願寺顕如は謙信の死を聞いて力を落し、「老若のこらず一味同心馳走簡要」（林西寺文書）と加賀門末に告げた。天正六年十一月の荒木村重等の挙兵で石山は一時を糊塗したが、謙信の死、毛利軍の引き上げにより、翌七年末織田信長に屈し、翌年閏三月顕如は石山を退去した。加賀の一揆はこのときも朝倉残党と結んで蜂起したが、いくばくもなく柴田勝家に討たれ（長家文書）天正十年には最後まで抵抗した白山山麓尾添村民まで皆殺しになってしまった。能登では七尾開城のとき、織田軍を頼って逃れた長連竜が奮戦し、天正六年八月、一たびは長沢筑前の穴水城を抜いたが、敗れて越中氷見の神保氏張《（春）》のもとに逃れた。七尾城の越将鯵坂長実は景勝と景虎の争いで景虎方となり、温井景隆・三宅長盛等七尾の独立を図る国侍に利用されて、平子和泉（甲山）・長景連（正院）・長沢光国（穴水）等上杉の鎮将を攻め、ついで自らも追放されてしまった。そして温井・三宅等及び真宗土民と織田方の長連竜との戦いが続けられたが、天正八年七尾軍は石山落城ののち各方面で破れ、ついに信長に和を請うにいたった。こうして征戦十八年、ついには謙信が自らの命を縮めてまで獲得した北陸の上杉分国は、謙信の死後数年ならずして、織田信長の勢力下に入ってしまったのである。

結　び

謙信にしても信玄にしても、戦いのなかに生まれ育ち、そして戦塵のうちに生涯を終わった。しかも年来の宿願である率師上京をついに果たすことができなかったのである。天下を取ることが必ずしも人間の価値を決定する基準とはならないし、廉直にして一国を守った方が立派な場合も考えられるが、しかし戦国大名が究極の目標を天下に覇を唱えることに置いていた限り、その成否はまたその人間の能力を考える重要な基準となるであろう。

西上の途中で発病した信玄も、出陣の直前に急死した謙信も、いずれも同様の眼で論ぜられ、この不慮の死がなかったならば信長と覇を争ったと説く史家の数も決して少なくはない。しかし織田信長が切りひらいて行ったような、天下統一への荊の道を歩む実力を、はたして両将は持ち合わせていたであろうか。彼等はいずれも経済的には後進性地域の大名であって、動員できる兵力も武器も少なく、中央から離れていたために、その装備もまた粗雑であった。鉄砲隊がようやく威力を発揮しだした戦国大詰めの戦闘に、謙信軍の装備は一向一揆にさえも劣り、越将には鉄砲の威力に対するすべを知らず、無謀にも敵前を駈け廻るものさえあった。ましてその軍隊は農兵的要素が強く、長期の大遠征に適した常備軍ではなかった。謙信が信長軍を加賀に撃破したことは、さきに見たところであるが、これはいわば前哨戦であり、主力部隊の遭遇戦の勝敗と同日に論ぜられるものでないことは勿論である。

しかも本国が後進性小国の場合は、征服地の地士・人民を麾下にくりこまねば大部隊を編成することができない。しかるに謙信は関東・北信・越中・能登と、勇戦力闘これを馬蹄の下に蹂躙しながら、ついに一人の武将をも心服させることはできなかった。無限の生産力を秘めた越後の蒲原平野でさえも、新発田・本庄・色部等有力武将は反覆常ならず、謙信在世中に直領を設定して大名権力を浸透させることはできず、わずかに吉江与次を縁者中条家の継嗣に入れてこれを掌握したに止まったのである。信玄は着実に小規模な征服を進め、深追いをすることもなく、一度手に入れた土地では決して叛乱を起こさせなかった。悲惨な最期を遂げさせた諏訪頼重の遺領も、遺孤を擁して高遠頼継を討つという妙手でこれを心服させてしまった。しかるに謙信が長駆して小田原に迫り、川中島に戦って、空しく士卒を損傷するに止まったのは、やはり戦局を見通し、政情を把握するだけの識見に欠くるところがあったのではなかろうか。彼は清濁併せ呑む大度量に欠け、正義と潔白を標榜したが権威には弱く、出家遁世を志すなど政治家には適しない面があった。その精鋭を率いての果敢な進撃は、彼の一生不犯と大酒と同様に性格の弱さの反映であったかも知れない。鎌倉八幡宮の社前での盛儀に成田長康を殴打したり、本庄繁長を些細なことから殺そうとしたりしているのも、何か抑圧された焦燥感が伏在し、時として激発したような印象を受けるのである。

これに対して信玄は連戦連勝の名将であったが、決して軽挙妄動をしなかった。村上義清が謙信に語ったといわれるように、十里進むところを五里か三里に止めるというやり方である。直情径行の謙信に対して遠謀深慮がもっとも彼に妥当する言葉であろう。謙信が独断専行であったのに対し、彼はよく衆議をいれ、準備に万全を期した。軍事力培養のためにも肌目の細かい民政を布いている。武田家滅亡ののちも、信玄の遺法を勝手に変更できないほど、民情に合致した領国経営がなされた。彼は一代の間、部将の叛乱も土民の一揆も経験することはなかったのである。

戦闘と内治についてばかりでなく、外交政略の綿密さこそ信玄の本領を遺憾なく発揮したものと言える。信玄が駿河に侵入したときは徳川家康とはかり、ついで北条氏政の背後を脅かすため佐竹義重と結び、一方織田信長のもとに使者を遣わし、謙信との講和を提議し、将軍義昭に謙信を諭させるよう依頼している。しかも事成らずと見るや、飛驒を攻略し、上杉分国北辺の重鎮本庄繁長等を叛かせ、為景以来の与力である越中の椎名康胤や加越の本願寺門徒までも動員して、謙信の牽制に成功した。織田信長に対する外交的包囲網はさらに遠大であって、伊勢の北畠、大和の松永、大坂の本願寺、近江の浅井長政、美濃の遠藤胤勝、越前の朝倉義景と結び、信長に焼打ちされた延暦寺僧徒を援け、園城寺を味方にひき入れた。一方信長とは姻戚関係を結びつつ、信長に怨みを懐く将軍義昭を十分に利用し、包囲網の完成をまって、天正元年一月信長打倒の旗幟を翻したのであった。

しかし平和の時代でも、冒険は必要であって周到な準備は必要条件であって十分条件ではない。織田信長が今川義元との決戦に運命を賭けたような決断が、天下統一の大業をなしとげるためには必要であった。山国の信濃の盆地の小領主たちを、一つずつ攻略して行ったやり方では、天下を賭けた大勝負はできないのである。彼が内治と戦略と外交に肝胆を砕いている間に、歳月はいたずらに流れ、社会も戦術も大きく変化して行った。そして彼も壮年期を過ぎ、宿願の西上の軍を起こしたときには、すでに寿命も終わりに近づいていたのであった。まさに「都より甲斐の国へは程遠しおいそぎあれや日は武田殿」（犬筑波集）である。

謙信は四隣に敵が動くと、春日山城の修築を命じているが、そこには本城を衝かれるかも知れぬという危惧が念頭を去らなかったのであって、その弱点は自身よく知悉していたのである。永禄四年川中島の激戦ののち、敗退する越軍を追撃して信玄が長駆春日山に迫まっていたならば、信玄西上の好機はもう少し早く訪れていたのではあるまいか。二度も上洛の機会を持ちながら、中央政局に何等の変化をも与えることができなかった謙信と比較して、信玄は何等かの形で時局収拾をなしとげるだけの才能を持っていたと考えられる。しかしあまりにも熟慮して決断力に欠けた彼には、甲州の山国育ちの幕僚の能力やその社会性をも考え合わせるとき、天下統一の荒療治はやはり難事業であると言わざるを得ない。

謙信が脳出血に襲われず、義昭や顕如の期待通り西上できたと仮定しても、やはりその結果は予想されることであって、加賀平野ないし越前平野で信長軍との会戦が行なわれ、長篠で武田軍が敗走したように、織田軍の鉄砲隊と十万の精鋭によって潰滅的打撃を受けたことであろう。謙信の急死は幾千の北国健児の生命を救ったとさえ極論できるかも知れない。要するに謙信も信玄も、勇猛にして智略に長《た》けた地方的名将というところにその真価があるのであり、父祖の築き上げた地盤を維持し、飛躍的拡大をなした点に、卓越した手腕を認むべきであると思うのである。

参考文献

本書を草するにあたっては、次の著書・論文に示された先人の諸業績を利用させて頂いた。その性質上いちいち注記しなかったが、本書はその多くをこれらに負うものである。なお先輩新潟大学教授植村清二氏からは、とくに御示教を賜わり、蔵書を貸与して頂いた。併せて深甚の謝意を表する次第である。

一　史　料

『越佐史料』巻一～巻六は刊本、以降は稿本
『信濃史料』第一巻～第十四巻
『信濃史料叢書』五冊
『妙法寺記』続史籍集覧、続群書類従、信濃史料叢書
『高白斎記』（駒井政武）甲斐郷土史研究会刊
『二木寿斎記』続群書類従
『甲斐国誌』松平定能撰、百二十三巻
『甲陽軍鑑』二十四冊　小幡景憲
『越後史集』三冊
『北越軍談』写本三十冊　井上鋭夫蔵
『上杉家文書』一・二　東京大学史料編纂所版

『越佐文書宝翰集』長岡市　反町十郎氏蔵
『中条家文書』米沢市　中条敦氏蔵
『本誓寺文書』『記録』高田市　本誓寺蔵
『上杉家文庫』『林泉文庫』米沢市立図書館蔵

二　著　書

内藤　慶助「武田信玄事蹟考」（富山房）　明治37・4
渡辺　世祐「武田信玄の経綸と修養」（創元社）　昭和18・2
奥野　高広「武田信玄」（吉川弘文館）　昭和34・3
新潟県教委「武田・上杉武将展覧会目録」（信濃毎日新聞社）　昭和36・4
布施　秀治「上杉謙信伝」（謙信文庫）　大正6・8
桑田　忠親「戦国武将の手紙」（人物往来社）　昭和37・11
新潟県教育委員会編「奥山庄」　昭和39・3
藩政史研究会編「藩制成立史の綜合研究米沢藩」（吉川弘文館）　昭和38・3
斎藤　秀平「新潟県史上杉時代篇」（野島出版）　昭和37・4
歴史地理学会編「戦国時代史論」（歴史地理学会）　昭和43・2
井上　鋭夫「本願寺」（至文堂）　昭和37・3
赤松俊秀・笠原一男編「真宗史概説」（平楽寺書店）　昭和38・9

奥野高広「戦国大名」（塙書房）　昭和35・2
新城常三「戦国時代の交通」（畝傍書房）　昭和18・9
相田二郎「中世の関所」（畝傍書房）　昭和18・11
小葉田淳「改訂増補日本貨幣流通史」（刀江書院）　昭和18・5
佐々木銀弥「中世の商業」（至文堂）　昭和36・4
宝月圭吾「中世量制史の研究」（吉川弘文館）　昭和36・3
日本学士院編「明治以前日本土木史」（学術振興会）　昭和32・5
宮川満「太閤検地論」第一部（お茶の水書房）　昭和34・4
岩波書店　岩波講座日本歴史　中世2・4（岩波書店）　昭和38・5
小学館　図説日本文化史体系　8　安土桃山時代（小学館）　昭和32・1
山梨県編「山梨県史」五冊　昭和33・4
今井登志喜「歴史学研究法」（東大出版会）　昭和28・3

三　論文

田中久夫「武田氏の妻帯役」日本歴史46号
松平乗道「武田家臣組織小考」甲斐史学4号
標泰江「武田親族衆としての穴山氏の研究」甲斐路
田中義成「甲越事蹟考川中島合戦」史学雑誌一ノ一

田中　義成「甲陽軍鑑考」史学雑誌二ノ二
高島　緑雄「十五・六世紀における甲斐国人の動向」地方史研究十ノ四
伊東多三郎「越後上杉氏の領国支配の成立」吉川弘文館発行『国民生活史研究第一巻政治と生活』所収
伊東多三郎「越後上杉氏研究の二史料」日本歴史一三八号
藤木　久志「国人領主制の確立過程―越後国三浦和田氏の惣領制―」文化21の3
藤木　久志「上杉氏知行制の構造的特質㈠―織豊期大名論の試みとして―」史学雑誌69の2
羽下　徳彦「越後に於ける守護領国制の形成―守護と国人の関係を中心に」史学雑誌68の8
羽下　徳彦「越後に於ける永正―天文年間の戦乱」越佐研究第十七集（昭和36）
水谷　光子「越後における戦国大名領制の形成過程―特に国人層との関係を中心に―」日本史研究64
小　林　　宏「中使考―越後上杉氏領国制の一考察」法学論叢69の4
井上　鋭夫「越後国奥山庄の牓示について」日本歴史一六四号

『謙信と信玄』を読む

池　享

本書の著者井上鋭夫氏は一向一揆の研究者として知られ、吉川弘文館から大著『一向一揆の研究』（一九六八年）が刊行されている。その井上氏が、なぜ『謙信と信玄』なのかといぶかる人もいるかも知れないが、氏は一九五一年から一九六八年まで新潟大学人文学部に勤務しており、その間、精力的な現地調査に基づいて越後中世史に関する論考を多数発表している。一向宗の源流を「ワタリ・タイシ」と呼ばれる非農業民（山の民・川の民）の太子信仰に求め、それまでの一向宗門徒＝農民観を一新したのも、新潟県岩船郡での調査が基礎になっている。

この点については、井上鋭夫『山の民・川の民』（平凡社選書、一九八一年）を参照していただきたいが、中世史家石井進氏はこの本の「解説」で、井上氏の学風は「すばらしいヒラメキ」をもち、「守備範囲外のことでも勇敢にパッパッパッパときめて」ゆくものだったと、教え子の方々が述べていることを紹介している。越後を代表する国人領主中条氏の本拠奥山庄（新潟県胎内市付近）の調査では、道ばたに立っている大きな石（現地では「墓石」とされていた）を、隣接する荒川保（新潟県岩船郡関川村付近）との堺を示す「牓示石」と認定し、これは後に関川村指定の文化財となった。筆者も、この地域を巡見するときは必ず学生に説明していたが、どうも近年の調査で「牓示石」であることは否定されたようである。しかし、井上氏はおおらかな性格で、誤りが明らかになると「この間のはまちがっていたよ、アッハッハ」と笑い飛ばしてはドンドン直していたそうだから、「あの世」でもそれほど苦にはしていないだろう。

その井上氏が「戦国越後の雄」上杉謙信を見逃すはずはなく、作品が面白くないはずもない。本書が刊行されたのは一九六四（昭和三九）年だが、翌々年には新人物往来社から『上杉謙信』を出している。だから、この頃に氏の上杉謙信に対する関心が高まったと想像される。それがなぜかを氏は語っていないが、近世史家伊東多三郎氏を代表とする藩政史研究会により、『藩政成立史の綜合研究米沢藩』が吉川弘文館から刊行されたのが一九六三年である。研究会には新潟大学の同僚小村弌氏や教え子の藤木久志氏が参加し、越後時代の上杉氏の領国体制について分担執筆しているから、これに触発されたに違いあるまい。同書の水準は極めて高く、今日でも上杉領国研究のスタンダードの地位を占めているといって過言ではないのである。これを土台として井上流にアレンジし、かつ、「ライバル」武田信玄と対比させて、「両雄」の人物像を描いたのが本書といえよう。

本書を姉妹編ともいえる『上杉謙信』と比べると、たとえば一五六一（永禄四）年の謙信の関東管領就任について、後者が「東国武士の最高の栄職につくことができた。得意満面、隠しても隠しきれない嬉しさを顔に浮かべていたことであろう」と叙述するのに対し、前者では「鶴ヶ岡八幡宮の社前で憲政から管領職を譲られ」云々と淡々と書いている。また、同年に戦われた最も有名な川中島合戦について、後者が『甲陽軍鑑』の記述をもとに講談調に描くのに対し、前者は概況を述べるにとどまっている。このように、本書の方が軍記物によらず文書などの一次史料をベースとした学術書的色合いが濃くなっている。といっても、無味乾燥な概説が書き連ねられているわけではない。武田信玄侵攻直前の「今川義元なき駿・遠二国は、まさにナチ・ドイツとソ同盟とのポーランド分割前夜の姿そのままである」（一〇五頁）とか、信玄が西上にあたり美濃守護土岐氏一族を大和から美濃に帰らせて挙兵させたのは、「レーニンの封印列車の先駆と言うべきであろうか」（二三〇頁）とか、独特の表現がちりばめられ読む者を飽きさせない。

とはいえ、本書の最大の特徴はあくまで、相互の交渉と軍事力構成・農村都市政策・経済政策・宗教統制の視角から「両雄」を比較し、共通点と相違点を見いだして歴史的評価を下しているところにある。これについて、かいつまんで紹介しておこう。

謙信に関しては、地元出身であり信義に篤い武将との世評も意識してか、最初の方で、軍記物が流布させた謙信悪逆説の根拠となる、実兄晴景からの家督簒奪と義兄長尾政景謀殺を冤罪と切り捨て、「謙信は清廉な義理堅い男であった」（五一頁）と評価している。しかし、プラスの評価はこれくらいで、以後では大義や筋目（伝統的権威）を重んじる謙信を「時代錯誤」（一〇三頁）と断じ、「謙信は、戦国の世に没落してゆく名族や併合されてゆく小領主の味方となって、泥沼の中に足を入れ、空しく奔命に疲れ果てるのであった」（一〇一頁）と総括している。それに引き替え、「信玄にとって必要なものは空虚な権威ではなく、軍事力と経済力であった」（七一頁）と、信玄の現実主義・合理主義を高く評価している。

ここで大事なのは、「川中島の戦は謙信と信玄とが死力を尽くした正面衝突ではなかったこと」（九三頁）である。謙信の決戦正面はあくまで関東であり、川中島の戦いは、同盟相手北条氏康の要請に基づく信玄の陽動作戦でもあった。したがって、北信方面は「本来ならばノモンハン事件のような国境紛争に止まるべきものであった」（九三頁）にもかかわらず、謙信は信玄憎さのあまり自己目的化して、甲相同盟に翻弄され徒らに兵力を消耗させる結果となったのである。これも含めて、井上氏は「謙信の政治的手腕の乏しさ」（一〇五頁）を指摘している。大いに首肯されるところである。

謙信に対する低い評価は、軍事力編成においても見られる。一五七五（天正三）年という最晩年に作成された「御軍役帳」においても「なお払拭できない将士の類型とともに、そこに著しい地域的格差」（一一八頁）があり、領国としての統一は見られないとする。統治方式においても、「譜代の重臣ないしは低身の新参者の台頭による専制的な執政体制を確立できず、逆に有力な国衆に執政参画を認め、これによって法令布達の効果を高めねばならなかったこと自体は、やはり謙信の家臣統制力と領主権の限界を示す」（一二二頁）とする。

この面での信玄に対する評価は、少し込み入っている。武田家中は在地性が強く、常備の専門的武士団に欠けていた。「ここから、騎馬隊を主力とする戦闘方式や、農兵組織に基礎を置く部隊編成や、長期遠征の困難が発生する」（一二六頁）が、「信玄の在地武士統御の巧妙さと、外交的術策と戦機の把握および甲州人の粗食に甘んじて寒気に耐える山国気質」（一二六頁）により数カ国を領有できたとする。要するに、経済発展度の低さが兵農未分離状況を残存させ、織豊権力のような機動性豊かな常備軍団を編成しえず、信玄の才覚によっても如何ともしがたかったということである。こうした考え方は、中世と近世を断絶的にとらえる安良城盛昭氏の理論が圧倒的影響力を有していた、一九六〇年代の研究が共有していたものであり、今日からすると経済と軍事をそう単純に直結できるか疑問だが、ここでは氏の指摘を紹介するに止める。

宗教統制に関しては、専門家らしく突っ込んだ検討をしている。まず謙信の宗教への態度は、「民衆の土俗的修験的宗教が真宗・禅宗・浄土宗・日蓮宗へと進化しつつある事態を無視し、比叡山や高野山への接近に努力した保守性・後進性」（一九八頁）があった。そのため越中で「（領主を）一応従えることをもってたれりとし、その基底をなす農村門徒を動員する教団そのものに対する施策を欠如して」おり、「一向一揆のために、巨大な軍事的エネルギーの消耗を余儀なくされた」（二一七頁）。

信玄は、目的のためには何でも利用する立場から、石山本願寺＝一向一揆に典型的に見られるように「宗教を政治の具として活用して」(二〇五頁)いた。信玄は一方で占いへの依存が強かった。「易は解釈するものの熟慮の結果であるから、信玄は大事決行の前に客観的に深く考える時間を持ったわけであるが……武将としての自主的判断力の弱さ」(二〇一頁)も意味しているという。筆者には思い付きようもない解釈で、学ばせていただいたとしか言い様がない。

以上をまとめて、「謙信は……戦局を見通し、政情を把握するだけの識見に欠く……清濁併せ呑む大度量に欠け、正義と潔白を標榜したが権威には弱く、出家遁世を志すなど政治家には適しない面があった」(二五八頁)。一方「信玄は、連戦連勝の名将であったが、決して軽挙妄動をしなかった。直情径行の謙信に対して遠謀深慮がもっとも彼に妥当する……謙信が独断専行であったのに対し、彼はよく衆議を入れ、準備に万全を期したもの」(二五九頁)と高く評価している。さらに「外交戦略の綿密さこそ信玄の本領を遺憾なく発揮したもの」(二五九頁)と高く評価している。「しかしあまりにも熟慮して決断力に欠けた彼には、甲州の山国育ちの幕僚の能力やその社会性をも考え合わせるとき、天下統一の荒療治はやはり難事業」(二六〇頁)だったとする。

というわけで、「両雄」に資質・能力の違いはあるものの、「彼等はいずれも経済的には後進地域の大名であって、動員できる兵力も武器も少なく、中央から離れていたために、その装備もまた粗雑だった」「その軍隊は農兵的要素が強く、長期の大遠征に適した常備軍ではなかった」(二五七頁)のであり、領国統一・版図拡大を達成し、西上=天下の望みを持ったが挫折した点で共通しているというのが結論である。「要するに、謙信も信玄も、勇猛にして智略に長けた地方的名将というところにその真価がある」(二六一頁)ということになるのである。

筆者としては、「天下統一」を基準とした戦国大名評価や、鉄砲の導入による「戦術革命」説には異論がある。また、一五五三(天文二二)年に出された綸旨により「謙信は越後国内外の敵を逆徒として、これを討伐する勅許を得た」(六七頁)とはいえない(単に勝利を賞されただけ)、反乱を起こした阿賀北衆の本庄繁長を「謙信の執事と呼ぶべき重臣」(一〇六頁)とするのは本庄実仍と混同しているのではないか、といった細かい疑問もある。しかし本書が、ともすれば軍記物などにより偶像化されがちな上杉謙信の実像を、一次史料に基づき具体的に明らかにし、今日にも通用する適切な評価を行っていることに変わりはなく、まさに「好著」と呼ぶに相応しいといえよう。世の「謙信ファン」は、よろしく本書を熟読していただきたい。

(一橋大学教授)

本書の原本は、一九六四年に至文堂（現ぎょうせい）より刊行されました。

著者略歴

一九二三年　石川県に生まれる
一九四八年　東京大学文学部国史学科卒業
新潟大学助教授・教授、金沢大学教授を歴任
一九七四年　没

〔主要著書〕
『本願寺』(至文堂、一九六二年のち講談社学術文庫、二〇〇八年)、『上杉謙信』(新人物往来社、一九六六年)、『一向一揆の研究』(吉川弘文館、一九六八年)、『山の民・川の民』(平凡社、一九八一年、のちちくま学芸文庫、二〇〇七年)

読みなおす日本史

謙信と信玄

二〇一二年(平成二十四)九月一日　第一刷発行

著　者　井《いの》上《うえ》鋭《とし》夫《お》
発行者　前田求恭
発行所　株式会社 吉川弘文館
郵便番号一一三—〇〇三三
東京都文京区本郷七丁目二番八号
電話〇三—三八一三—九一五一〈代表〉
振替口座〇〇一〇〇—五—二四四
http://www.yoshikawa-k.co.jp/
組版＝株式会社キャップス
印刷＝藤原印刷株式会社
製本＝ナショナル製本協同組合
装幀＝清水良洋・渡邉雄哉

ISBN978-4-642-06385-2

読みなおす
日本史

刊行のことば

現代社会では、膨大な数の新刊図書が日々書店に並んでいます。昨今の電子書籍を含めますと、一人の読者が書名すら目にすることができないほどとなっています。ましてや、数年以前に刊行された本は書店の店頭に並ぶことも少なく、良書でありながらめぐり会うことのできない例は、日常的なことになっています。

人文書、とりわけ小社が専門とする歴史書におきましても、広く学界共通の財産として参照されるべきものとなっているにもかかわらず、その多くが現在では市場に出回らず入手、講読に時間と手間がかかるようになってしまっています。歴史の面白さを伝える図書を、読者の手元に届けることができないことは、歴史書出版の一翼を担う小社としても遺憾とするところです。

そこで、良書の発掘を通して、読者と図書をめぐる豊かな関係に寄与すべく、シリーズ「読みなおす日本史」を刊行いたします。本シリーズは、既刊の日本史関係書のなかから、研究の進展に今も寄与し続けているとともに、現在も広く読者に訴える力を有している良書を精選し順次定期的に刊行するものです。これらの知の文化遺産が、ゆるぎない視点からことの本質を説き続ける、確かな水先案内として迎えられることを切に願ってやみません。

二〇一二年四月

吉川弘文館

読みなおす日本史

飛鳥 その古代史と風土　門脇禎二著　二六二五円

犬の日本史 人間とともに歩んだ一万年の物語　谷口研語著　二二〇五円

鉄砲とその時代　三鬼清一郎著　二二〇五円

苗字の歴史　豊田　武著　二二〇五円

謙信と信玄　井上鋭夫著　二四一五円

環境先進国・江戸　鬼頭　宏著　（続　刊）

料理の起源　中尾佐助著　（続　刊）

禅宗の歴史　今枝愛真著　（続　刊）

漢字の社会史 東洋文明を支えた文字の三千年　阿辻哲次著　（続　刊）

暦の語る日本の歴史　内田正男著　（続　刊）

江戸の刑罰　石井良助著　（続　刊）

吉川弘文館